JN410828

난세를 해결할 숨은 인물은 누구인가?

난세를 해결할 숨은 인물은 누구인가?

초판 1쇄 인쇄 2014년 11월 1일
초판 1쇄 발행 2014년 11월 5일

지은이 皇&監
펴낸이 金泰奉
펴낸곳 한솜미디어
등 록 제5-213호

편 집 박창서, 김수정
마케팅 김명준
홍 보 김태일

주 소 (우143-200) 서울시 광진구 구의동 243-22
전 화 (02)454-0492(代)
팩 스 (02)454-0493
이메일 hansom@hansom.co.kr
홈페이지 www.hansom.co.kr

ISBN 978-89-5959-407-8 (03150)

난세를 해결할 숨은 인물은 누구인가?

皇&監 / 지음

한솜미디어

| 목차 |

제4부 나라의 밝은 미래

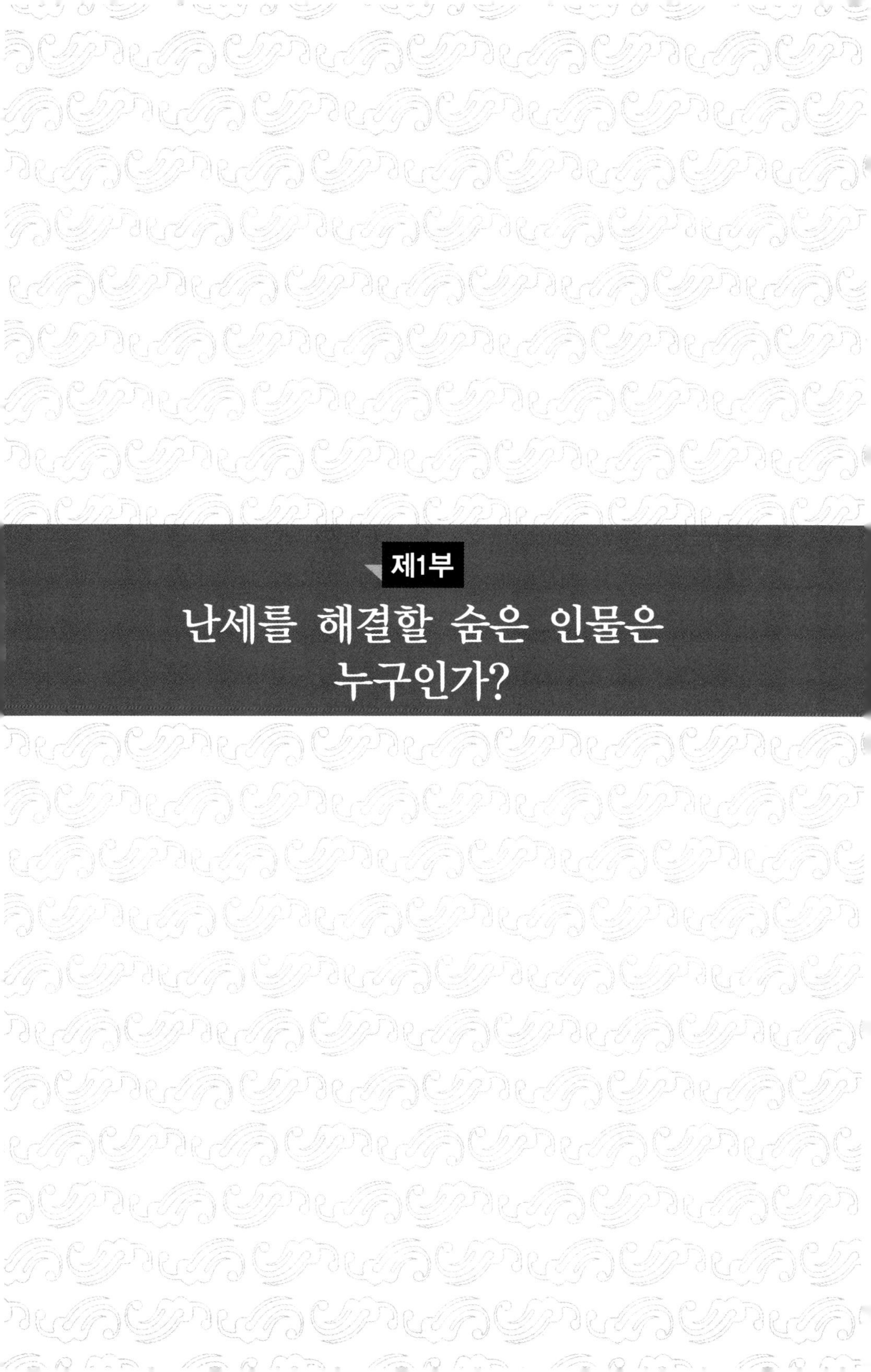

제1부

난세를 해결할 숨은 인물은 누구인가?

영웅을 몰라본 모두의 죄!

지금 대한민국은 여러 가지 아픈 일들로 모두가 각자의 위치에서 엄청난 진통을 겪고 있는 중이다.

각기 다른 수많은 사람들이 어울려 사는 세상이기에 어떤 문제들이 생기는 일은 어쩌면 당연한 일이기도 하지만 저자가 안타까운 것은 수많은 사건들 속에는 분명히 막을 수도, 피할 수도 있는 불행들도 있었다. 하지만 이 모두를 그대로 인간의 삶으로 맞이하는 이 현실이 안타깝다.

저자는 그동안 10년이라는 시간들을 통하여 전 · 현직 대통령에게 불어 닥칠 비운과 전 · 현직 정치인과 공직자, 장 · 차관들의 해임, 파면, 고소고발, 명예 박탈, 유명 연예인들과 유명 인사들의 끝없는 교통사고로 인한 죽음과 자살로 인한 죽음, 이 나라의 불안한 미래에 대하여 미리 알고 이 모두를 해결하는 방법을 수도 없이 말했다.

그러나 저자가 전해 주는 진실을 받아들이지 못하고 각자 마음대로 살다가 안타깝게 이미 이 세상을 떠난 이도 있고, 힘들게 이루어놓은 자신의 귀한 자리에서 해임, 파면당한 자도 있고, 고소고발로 자신의 명예에 먹칠을 한 자도 있고, 병석에 누워 세상 구경도 못하고 있는 자들도 있다.

이 모든 불행의 일들은 분명 저자를 통하였으면 막을 수 있는 일들이었다. 분명 막을 수도 피할 수도 있는 일이었건만 저자를 알지 못하였거나 알고도 믿지 못하여 인간의 삶으로 불어오는 모든 고통과 아픔을 고스란히 다 받고 있으니 실로 안타까운 일이다.

여러분도 궁금할 것이다.

왜 이리 나라가 혼란스럽고 하루도 조용한 날이 없는지?

언제까지 그럴 것인지? 해결책은 과연 무엇일지? 등등 혼란스러운 현실에 대하여 모두가 불안하고 초조하기는 매 마찬가지일 것이다.

또한 이 혼란스러운 세상을 진정으로 구원할 자는 과연 있는 것인지? 있다면 과연 누구일지?

한국 사람일지? 외국계 사람일지? 기타 등등 궁금한 것이 많을 것이다.

나라에 상상을 초월하는 혼란을 막을 자 과연 누구이고,

나라의 혼란을 진정으로 막아낼 방법을 알고 있는 자 과연 누구일까?

그 인물은 이 나라의 대통령도 아니고 장 · 차관도 아니고 승려도 아니고 신부, 목사, 도사, 법사도 아닌, 하늘이 이 땅으로 보낸 진정한 구원자가 아니면 지금의 이 난세를 어느 누구도 해결할 길이 없다.

힘든 이 세상을 살리고 힘든 이 세상을 살아가는 사람들을 살리시고자 하늘께서는 이미 하늘의 구원자를 이 땅으로 보내시었는데 우리들이 모르고 있을 뿐이다.

뭔 큰일만 터지면 하늘도 무심하시지?

하늘이 무심하신 것이 아니라 자상하신 하늘께서는 이미 두 저자 인황님과 사감을 이 땅으로 보내시어 종교세계와는 전혀 차원이 다른 자미국 국가를 세우시어 이 나라의 사람들을 자살의 굴레, 망신의 굴레, 해임, 파면의 굴레, 교통사고의 굴레, 약물중독의 굴레, 질병의 굴레, 고소고발의 굴레에서 구원하여 주고 계신다.

그런데 이 나라의 사람들이 아직 자미국이 존재한다는 사실조차 몰라서 구원받지 못하고 아픔과 고통, 한 치 앞도 알 수 없는 미래에 대한 공포와 불안 속에 하루하루를 힘들게 살아가고 있을 뿐이다.

이뿐만이 아니라 하늘께서는 인황님과 사감을 이 땅에 보내심으로써 이 나라를 전쟁의 굴레에서도 천지원력으로 구원하여 주고 계신다.

이 나라의 사람들이 하늘께서 이 나라에 내려주신 사랑을 몰라서 그렇지 사실은 북한에서는 한국과의 전쟁을 생각하고 계획한 적도 있었다.

그럴 때마다 하늘과 신께서는 김정일의 도발하려는 나쁜 마음을 좋은 마음으로 바꾸게 하는 천지조화를 내리시어 전쟁의 굴레에서도 이 나라를 구원하여 주셨고, 지금도 구원하여 주고 계신 중이다.

현재의 힘든 개인 문제, 기업 문제, 나라 문제, 앞으로 대한민국의 미래를 평화롭게 할 수 있는 해결책을 지닌 자는 영적으로는 하늘이고, 인물로는 구원자 신분으로 이 땅에 인간으로 태어난 인황님과 사감이다.

더 많은 시간 동안 더 많은 사람들이 머리에 머리를 맞대고 더 많은 의견을 내놓아도 현실의 고통을 잠재우기에는 역부족임을 대한민국 국민들은 알게 될 것이다.

또한 힘든 난세를 잠재우고 난세의 이 나라를 진정으로 잘 살게 할 수 있는 사람은 자미국을 이끌어가고 있는 인황님과 사감임을 알게 될 것이다.

빨리 인정하고 인황님과 사감이 있는 자미국으로 오는 자 고통도 빨리 끝나게 되고, 인정하지 않아 늦게 오는 자 늦게 오는 만큼 고통의 시간은 길어지게 된다.

사람들이 타고 다니는 승용차, 열차, 비행기 등도 수시로 안전점검을 받아야 함이 마땅하듯이 우리 소중한 인간 각자의 삶도 점검을 받아야 함이 마땅하다.

자미국에서는 여러분 자신들도 알 수 없는 자신의 인생과 가족들의 인생, 사업체를 점검해 주어 보다 편안하게 행복하게 안전하게 인생을 살 수 있도록 해주는 인간 모두에게 절실히 필요한 행복의 공간이다.

이 세상에는 전기를 점검하는 곳도 있고, 열차를 점검하는 곳도 있고, 비행기를 점검하는 곳도 있고, 가스를 점검하는 곳도 있고, 가전제품을 점검하는 곳 등, 모두가 안전점검을 받고 살아간다.

그런데 결정적으로 가장 소중한 우리 인간의 삶을 점검해주는 곳은 단 한 곳도 없다. 물론 인간의 아픈 몸을 치료해주는 병원은 있지만, 병원에서는 인간의 아픈 몸을 치료해

줄 뿐, 인간의 삶 자체를 점검해 줄 수는 없다.

자미국에 인황님과 사감은 하늘의 대 원력으로 인간 각자의 삶이 왜 힘들어졌는지? 앞으로 어떤 불행한 일이 각자의 인생에 기다리고 있는지?

그리고 기다리고 있는 불행을 어떻게 피해야 하는지? 등등 원인과 해결책 모두를 명쾌하게 제시하여 불행은 피하고 행복과 기쁨, 건강은 맞이하여 편안한 인생을 살게 해주는 진정한 하늘의 일을 하는 신성한 곳이다.

승려, 신부, 목사, 도인, 교황, 나라의 대통령조차도 해내지 못한 인간의 행복한 삶을 만드는 인간 모두에게 절실히 필요한 공간이다. 누구에게는 필요한 공간이고 누구에게는 필요하지 않은 공간이 아닌 인간의 육을 지닌 모두에게 절실히 필요한 공간이다.

대통령뿐만 아니라 각자 나름대로 최정상의 자리에 오른 인간도 공기 없이는 살 수 없고, 일반 서민도 공기 없이는 절대로 살 수 없다.

인간의 생명을 지킴에 있어 공기는 선택이 아니라 필수이듯이 자미국과 인황님, 사감의 존재는 여러분 모두에게 선택이 아닌 필수라고 해도 과언이 아닐 정도로 인간의 삶을 안락하게 책임져 주는 역할을 하는 필수 공간이다.

첨단의학과 종교지도자들의 영적 능력으로도 해결되지 않는 불치의 질병과 국가적인 재난을 멈추고 대한민국을 안정시키고자 이 저자는 하늘의 명을 받아 이 땅에 태어났다.

그동안 이 나라의 수많은 기업인들과 국정을 이끌어가는

고위공직자들 모두는 각자의 자리에서 수많은 국민들에게 욕도 먹고 굴욕도 당하며 참으로 고생들 많았다.

저자가 고생 많았다고 하는 말에 "그들이 무엇을 이루고, 무엇을 했다고 참으로 고생들 많았다"라고 하느냐고 반박하는 독자들도 많겠지만, 저자가 한 "고생들 많았다"가 정말 맞는 말이다.

대통령, 장 · 차관, 정치인, 공직자들의 무책임, 욕심, 허영심으로 이 나라가 이렇게 난세에 처하게 된 것이 아니라 하늘이 보내신 진정한 영웅을 이 나라 대한민국 국민 모두가 알아보지 못한 모두의 책임이다.

대통령과 장 · 차관, 정치인, 고위공직자, 유명 인사도 어찌 보면 평범한 인간이다. 평범한 인간이 어찌 만인간을 구원할 수 있단 말인가?

대통령과 장 · 차관, 정치인, 고위공직자, 학식이 뛰어난 학자, 의사, 판검사, 교황, 승려, 신부, 목사, 역술인, 일반인 모두도 인간의 삶을 살아가면서 모든 것이 부족하고 모자라기에 우리 인간의 능력을 초월한 진짜 하늘의 보호와 사랑을 받아야만 편안할 수 있는 한없이 나약한 존재들이다.

인간은 본래 나약한 존재인데 이 험한 세상에서 국민들 앞에서, 지인들 앞에서 강한 척, 때로는 나약하지 않은 척하며 사느라 그 얼마나 고생들이 많았겠는가?

이 힘든 난세는 진정한 하늘 아니면 어느 누구도 절대로 해결할 수 없다. 이 힘든 난세를 진정한 하늘께서 해결하시고자 인황님과 사감을 이 땅에 보내심으로써 자미국이라는 새로운 세상을 열게 하심으로써 인황님과 사감을 통하여 이 엄청난 구원의 일을 하시고자 한다.

하늘이 하시는 엄청난 구원의 일은?

대통령도, 장 · 차관도, 교황도, 승려도, 목사도, 신부도 아닌 다시 말해 이 세상의 진정한 하늘 아니면 어느 누구도 구원할 수 없다.

그러니 우리 대한민국 국민 모두는 누구를 탓하며 원망하지 말고 우리 모두를 살려주실 수 있는 진정한 하늘의 기운이 내리는 인황님과 사감을 통하여 의식 절차에 따라 하늘께 선택 받음이 가장 현명한 방법이다.

대통령에서부터 일반 서민에 이르기까지 어느 누구를 막론하고 하늘께 선택받아야 인생과 가정, 기업, 나라가 부강해지고 편안해질 수 있다.

위대한 하늘 앞에 대통령이 더 높을 수 없고,

장 · 차관, 정치인, 고위공직자가 더 높을 수 없고,

잘난 학식이나 이론, 지식, 첨단과학, 유명세가 더 높을 수는 없다.

더 높을 수 없다는 말은 인생, 가정, 기업, 국가가 편안할 수 없다는 말과 일맥상통하는 말이다.

육을 지닌 인간이 공기 없이 살 수 없고, 음식물 섭취를 안 하고 살 수 없듯이 하늘의 도움 없이 산다는 것은 공기 없이, 음식물 섭취 안 하고 시름시름 앓다 소리 소문 없이 죽겠다는 말과 같은 의미이다.

그래서 하늘의 도움 없이 산 우리 인류!

대통령도, 장·차관도, 정치인도, 고위공직자도, 유명 인사들도 소리 소문 없이 자살, 교통사고, 약물중독 등으로 세상을 등지는 것이고, 살아 있는 우리 모두도 각자의 고통 속에 시름시름 앓고 있는 중이다.

음식물 섭취를 오랫동안 안 하면 온몸에 힘이 빠져 살 수가 없다가도 음식물을 섭취하고 나면 힘이 다시 생기듯이, 인황님과 사감은 우리 인간의 삶에 이런 존재다.

수많은 고민과 걱정 속에 시름시름 앓던 이들도 인황님과 사감을 통하여 진정한 하늘의 선택을 받으면 언제 시름시름 아팠었나? 할 정도로 건강해지고 밝아진다.

인간으로 태어나 인황님과 사감을 만나는 사람들은 억수로 재수 좋은 행운아 중에 가장 큰 행운아의 사람들이다. 인류는 오랜 세월 진정으로 누구를 기다리고 있는 것인가?

구세주로 불리는 미륵출세, 재림예수, 정도령을 기다리고 있는 것인가? 아니면 자미국에서 말하는 인황님과 사감을 기다리고 있는 것인가?

인류는 진정한 하늘의 길로 인도해 줄, 인황님과 사감을 기다리고 있는 중이었는데, 인황님과 사감이라는 이름을 가르쳐주는 이가 없어 이름조차도 모른 채, 그 누군가를 간절히 기다리고 있었던 것은 아니었는지?

인류가 종교 안에서 학수고대하며 기다리던 난세의 영웅이자 인류의 구원자, 인류의 구세주는 기존에 이미 알려진 미륵, 재림예수, 정도령이 아닌 완전 새로운 이름. 인황님과 사감이라는 이름으로 출현했다.

또한 하늘도 기존의 기독교 · 천주교에서 말하는 하나님이 아닌 세상 어느 누구도 모르는 "태상천존 자미천황님"이라는 새로운 이름으로 오시었다.

태초의 하늘이신 태상천존 자미천황님은 기독교 · 천주교에서 말하는 예수님보다도 더 높고, 불교에서 말하는 석가부처님보다도 더 높고, 도교에서 말하는 강일순 상제님보다도 더 높은 지고 지존하신 분이시다.

예수님, 석가부처님, 강일순 상제님뿐만 아니라 어느 누구도 태상천존 자미천황님 앞에서는 항변을 하거나 함부로 할 수 없을 정도로 지고 지존하신 분으로서 수많은 하늘 중에 최고로 높은 하늘이시다.

예수님, 석가부처님, 강일순 상제님, 삼라만상 모두를 태초로 창조하신 태초의 하늘이시다.

영적으로는 태상천존 자미천황님이 이 나라 민족과 인류 모두를 구원할 진정한 영웅이 되실 것이고, 육적으로는 인황님이 진정한 영웅이 될 것이다.

불치의 질병 치유, 기업들의 세계화, 국가적 재난방지, 국정안정, 인류통합을 이루어내는 대 역사를 꿈이 아닌 현실로 이루어내서 진정한 영웅이 될 것이다.

남들보다 크게 성공하고 출세한 사람들일수록 묻지도 말고 따지지도 말고 자미국으로 들어와 인황님과 함께 그대들도 하늘을 인정하며 사는 진정한 영웅이 되는 멋진 인생, 아름다운 인생, 뜻 깊은 인생을 살아야 더 이상 자신들의 삶에 고통이 친구가 되지 않는다.

자미국의 저자는 인간이 어떻게 행해야 하늘께 귀함의 선택을 받아 인간이 아픔, 슬픔, 고통, 불행, 질병, 파멸 없이 잘 살 수 있는지를 알고 있다. 그 모든 진실은 책을 읽어본 후에 자미국으로 방문하여 1대1 상담을 통해서 각자가 행할 수 있는 방법을 제시해 준다.

자미국을 방문하여 하늘께 예를 올림에 있어 각자의 신분은 중요하지 않다. 각자가 제아무리 높은 신분을 지닌 존재라 할지라도 하늘 밑의 사람이고, 높은 신분을 지니었다 하더라도 하늘의 도움이 절실히 필요한 나약한 존재이기에 인간의 신분은 높으신 하늘 앞에 아무것도 아니다.

하늘은 신분이 높은 대통령보다도 더 높으신 분이다.

진정한 하늘! 태상천존 자미천황님은 천지인 모두를 지휘통솔 하시는 천지인 모두의 대통령 신분이기에 인간이 자신의 높은 신분을 내세워봐야 태상천존 자미천황님 앞에서는 한없이 나약하고 작은 존재일 뿐이다.

시골의 한 동장이 서울시장의 신분과 동장의 신분이 같다고 착각하는 것과 같은 이치이다.

인황님과 사감은 이 세상 그 어느 누구도 밝히지 못한 하늘과 땅의 최고 절대자, 인간의 삶을 구원해 줄 진정한 구원자이신 태초의 대단하신 하늘 태상천존 자미천황님을 밝히는 이 엄청난 일을 행하고 있다.

진정한 하늘을 밝혀내는 시간이 참으로 길었다면 길었고, 힘들었다면 힘든 시간들이었지만 대의를 이루고자 하는 일념 하나로 수많은 시험과 수많은 고통의 시간들을 인내하고 최정상의 자리까지 올라 진실을 전하게 되는 행운을 얻게 되었다.

저자가 겪은 수많은 고통스런 시간들의 결론은 죽어가는 인류를 살리는 방법을 알아가는 뼈아픈 시간들이었다. 하루아침에 힘든 인류를 구하고, 힘든 상황에 처한 나라를 구하는 방법을 알게 된 것이 아니라, 수많은 시련과 수많은 비난과 수많은 고통의 시간을 통하여 알게 된 것이다.

또한 대한민국에 태어나 대한민국에 살고 있는 우리 모두가 아프고 고통의 일들을 겪고 있는 이유는 진정한 하늘을 맞이하기 위해 준비하고 있는 중이다.

제2의 생명인 자식을 품에 안기 위해서는 10달 동안의 고통을 겪어야 하고 산모가 진통을 참아내며 아픔의 고통을 겪어야만 사랑스러운 자식을 드디어 품에 안을 수 있듯이 진정한 하늘의 사랑과 보호를 받아 잘 살기 위한 진정한 하늘이 출현하기 위한 진통의 시간들이었다.

고통과 진통 없이는 아무것도 얻을 수 없듯이, 인간 세상에 대단하신 하늘이 출현하시는데 어찌 인간 세상에 진통이 없을 수 있으랴!

진통이 없으면 하늘 출현을 무엇으로 인간 세상에 전할 수 있고, 인간이 어찌 진정한 하늘 출현을 알아볼 수 있으랴!

우리 대한민국 국민 모두는 지금 우리 모두를 구원해 줄 진정한 하늘을 맞이하는 중이다.

인황님과 사감이 발행한 책을 읽고 공감한 후에 이 나라의 국민들이 진정한 하늘 앞에 순응한다면 이 나라에 살고 있는 개인의 삶은 물론 최강의 부자나라도 될 수 있다.

개인의 삶뿐만 아니라 이 나라 모두가 잘 살 수 있는 정답은 이미 독자들에게 공개되었다.

이 뜻을 따라 개인은 물론 이 나라 국민 모두가 행복한 삶을 사느냐? 불행 연속의 삶을 사느냐는 이제 독자들과 국민들의 판단에 의해 결정되게 된다.

흔한 말로 자세히 정답까지 알려주었으니 이제부터는 땅 짚고 헤엄치기인데 그래도 여러분이 믿지 못하고 받아들이지 못해서 고통의 길로, 질병의 길로, 죽음의 길로, 패가망신의 길로, 고소고발의 길로 가고자 한다면 그 또한 어쩔 수 없는 자신들 운명의 길일 것이다.

너무도 자상하신 하늘께서는 우리 인간이 원하고 바라는 대로 모두를 주신다.

살고자 하는 자에게는 살 길을,

죽고자 하는 자에게는 죽음의 길을 주신다.

살고자 하는 이들은 인황님과 사감을 만나 상담을 통하여 의식 절차에 따라 행하면 된다.

말만하면 현실로 이루어져

저자는 국내 대기업들을 세계 최고의 글로벌 기업으로 만들어주고, 이 나라를 전 세계 최고의 경제대국으로 발전할 수 있도록 하고자 한다.

삼성그룹, 현대자동차그룹, 아모레퍼시픽그룹, SK그룹, LG그룹, 롯데그룹, 교보그룹, CJ그룹을 세계 재벌 30위권 안으로 끌어올리고자 한다.

국내기업들이 자미국에 들어와 인황님, 사감과 함께한다면 외국기업들의 위풍당당함을 국내기업들의 위풍당당함으로 바꾸어놓을 수 있다.

저자의 이력을 말하자면,

1999년도에 6개월 동안 오랜 가뭄으로 인해서 모내기를 못하여 농민들이 깊은 시름에 빠져 있을 때, 그런 농민들을 불쌍히 여기어 농민들을 대신해서 하늘에 비를 내려주시라고 천제를 올림으로써 전국적으로 150m 내외의 비를 내리게 하여 모내기를 할 수 있도록 하였다.

억수로 쏟아지는 폭우를 멈추게도 하였고, 한반도로 올라오는 태풍의 경로를 바꾸어 5년 동안 태풍의 큰 피해에서 대한민국이 자유로울 수 있도록 하였다.

2004년 동짓날에 절기신명공사를 보아 봄 날씨처럼 따뜻했던 영상의 날씨를 겨울 날씨답게 영하 10도로 되돌리는 이적을 만들어 겨울용품 장사가 안 된다고 울상이던 상인들의 입가에 웃음이 감돌게 하였다.

김연아의 우승을 하늘께 고함으로써 세계 최정상의 선수가 되게끔 하였고, 이명박 대통령과 박근혜 대통령의 선거출마 때는 이들의 대통령 당선을 하늘께 고함으로써 현실이 되게 하는 기적과 이적의 일을 행했다.

지난 시절에도 말만하면 현실로 이루어진 신기한 일들이 헤아릴 수 없이 많았다.

저자인 인황은 여러분 개인, 가정, 가문, 기업, 국가의 운명을 송두리째 바꾸어줄 수 있는 대단한 능력을 갖고 있으니 저자와 동시대에 태어나 저자와 함께하는 인생을 살게 될 독자들의 인생에는 엄청난 행운이 함께하게 될 것이다.

인류 탄생 이후 지금까지 세상에 알려지지 않았던 최고의 하늘과 최고 신의 존재를 인황은 밝히고 있다.

최고인 하늘(태상천존 자미천황님)과 최고의 신(천상감찰신명님)과 함께하는 인생은 그야말로 신 나는 인생 그 자체이다.

난세는 더 이상 난세가 아니다

이제 우리 신명들은 인간 세상에 하강하여 인간 세상에서 인간들과 더불어 본격적으로 일을 하고자 한다.

그동안 신의 이름으로 개인의 사리사욕을 채운 모든 인간들과 가짜 신들은 우리 진짜 신들의 하강과 함께 이 땅에서 심판이 있게 될 것이다.

심판이 행해짐에 있어 약간은 이 세상이 혼동의 굴레에 갇히게 될 것이다. 그것은 진짜와 가짜를 판별하기 위한 과정이기에 인간들은 그동안 각자들이 이 땅에서 행한 대가의 결과를 받게 될 것이다.

어느 정도의 심판이 끝나고 하늘과 땅의 진정한 자손들이 가려지고 나면 우리 신들은 이 나라에 자미국이라는 새로운 국가를 세워 그들과 함께 진실을 공유하고 기쁨과 행복을 공유하는 아름답고 평화로운 삶을 살게 할 것이다.

인류가 탄생한 이후 최초로 세워지는 천지인세계통합국가 자미국을 우리가 이 나라에 세우는 것은 대한민국이라는 나라 건국 이후 민족의 최대 경사가 될 것이다.

전 세계 240여 개의 나라를 뒤로하고 우리는 대한민국이라는 나라와 대한민국 안에 있는 인황과 사감이라는 인간 육신

둘을 통하여 천지인 대 역사의 일을 이 땅에서 행할 것이다.

이 땅에서 천지인 대 역사의 일을 행함에 있어 神인 나 천상감찰신명은 기존에 신들이 행했던 일들과는 판이하게 다르게 천지인 대 역사의 일을 행할 것이다.

수많은 나라와 수많은 사람들이 어우러져 나라를 이루어 사는 곳이 인간 세상이다.

수많은 나라 안에 있는 수많은 사람들.

대통령이라는 직책부터 농부에 이르기까지 수많은 계급이 존재하고 있다. 인간 세상이 이렇듯, 신의 세계도 인간 세계와 똑같이 존재하고 있다.

대통령의 일이 쉬워 보여도, 때로는 대통령과 나라의 지도층들이 하는 일들이 일반인들의 마음에 들지 않아 그들이 하는 일들을 일반인들이 하면 더 잘할 것 같지만 막상 일반인들이 행하게 되면 일주일도 못하고 두 손 두 발을 들게 될 것이고, 나라는 더 어지럽게 될 것이다.

신의 세계도 이와 같다.

신이라고 모두 똑같은 신이 아니다.

신의 세계는 인간 세계보다도 더 많은 계급이 존재하고 있고, 계급에 따라 능력도 천차만별이다.

일반인은 대통령이 하는 일, 지도층이 하는 일을 잘해 낼 수 없듯이 일반 신은 대통령 신이 하는 일, 지도부 신이 하는 일을 잘해 낼 수 없다.

이 세상에 수 천 년 동안 존재하고 있는 종교!

나 천상감찰신명은 기존의 종교를 감히 일반 신들이 운영하는 작은 능력의 세계라고 표현하고 싶다.

그렇기에 작은 신들이 운영하는 작은 능력의 세계인 종교를 통해서는 잘난 인간들이 더 이상 얻을 것이 없고, 잘난 대통령과 고위공직자들, 잘난 지도층들, 잘난 기업인들, 사회저명인사들이 종교를 통해서는 더 이상 얻을 것이 없다고 과감히 인간 세상에 공포하는 바이다.

진실이 이러하기에 잘난 대통령과 고위공직자들, 잘난 지도층들, 잘난 기업가들, 사회저명인사들이 종교를 믿으면 믿을수록 자신들의 삶과 자신들의 기업이 편안해지고 나라가 잘되는 것이 아니라 오히려 더 힘들어졌다.

대통령의 위상은 땅에 떨어지고 지도층들은 해임, 파면, 관재 등으로 끝없는 고통을 겪게 되고, 기업들은 뜻하지 않은 우환으로 벌금과 관재, 심지어는 문까지 닫게 되는 고통을 겪게 되지만 고통은 여기서 끝이 아니다.

대통령과 고위공직자들, 지도층들, 기업들, 유명 인사와 유명 연예인들의 삶은 자살과 각종 사고, 각종 이름 모를 질병과 심장마비, 약물중독 등으로 이 세상을 떠나게 되는 고통 연속의 삶을 살게 되는 것이다.

나 천상감찰신명이 인간 세계에 존재를 밝히는 이유는?

작은 신과 작은 종교세계를 비난하고 비판하기 위함이 아니라, 진실을 밝힘으로써 작은 신들이 이루지 못한 인간 세계에 행복과 기쁨, 건강이라는 대 혁신의 세계, 자미국이라는 나라를 세움으로써 수많은 아픔과 고통으로 얼룩진 인간들을 천상감찰신명이라는 이름과 태상천존 자미천황님이라는 이름으로 진정한 구원을 행하기 위함이다.

나 천상감찰신명이 인간 구원을 함에 있어 최우선적으로 이 땅에서 행할 일은 아픔과 고통으로 얼룩진 대통령과 지도층들, 대기업들, 유명 인사들의 삶부터 구원하는 천지인 대역사의 일이다.

일반 서민들의 작은 소원은 종교를 통해서 이룰 수 있다 하지만 큰 사람들의 큰 소원은 작은 종교를 통해서 이룰 수 없기에 작은 종교를 통해서 이룰 수 없는 큰일을 하는 사람들의 큰 소원을 과감히 이루어줄 것이다.

큰 사람들이 질병, 사고, 해임, 파면 등 각종 고통과 아픔에서 과감히 벗어나 자유롭게 행복한 마음으로 나랏일을 하고, 기업을 운영하며 살맛나는 세상을 살 수 있도록 해주는 천지인 대 역사의 일을 자미국을 기점으로, 인황과 사감 육신과 함께 이 땅에서 이룰 것이다.

이것이 천상감찰신명이 이 땅에서 행할 프로젝트이다.

나 천상감찰신명과 함께 인간의 삶을 좀 더 안락하게 좀 더 높게 좀 더 크게, 좀 더 편안하게 이루며 살고 싶은 자들은 나 천상감찰신명이 함께하는 자미국으로 찾아오면 된다.

편안한 삶을 나 천상감찰신명과 이룸에 있어서는 최소한의 절차와 인간이 마땅히 행해야 할 일이 있다.

인간이 마땅히 행해야 할 일들은 1대1 만남의 시간을 통하여 제시하여 줄 것이고, 그 뜻을 인간이 현실로 행하면 "정말 이토록 살맛나는 세상이 있었구나!" 할 정도의 삶이 되도록 분명히 도와줄 것이다.

인간 삶에 반복되고 있는 수많은 고통과 아픔의 일들.

종교와 인간의 노력으로 해결되지 않는 수많은 일들을 나 천상감찰신명은 과감히 이루어내서 인간과 함께 공존공생하며 멋진 삶을 기필코 이루어낼 것이다.

나와 함께하는 인생에는 구설수, 해임, 파면, 고소고발, 자살, 우울증, 약물중독의 불행한 인생이 존재하지 않는다.

또한 이름 모를 불치병, 장애아 출산, 치매, 정신병 등에 절대로 노출되지 않는다.

어느 누구도 감히 해결하지 못하는 대통령의 고통에서부터, 사회지도층들, 대기업들, 유명 인사들의 삶부터 멋지게 구원하여 이 나라를 안정시킬 것이다.

그것이 가능하냐고 묻는다면, 나 천상감찰신명은 주저 없이 가능하다고 대답한다.

어떻게 가능하냐고 묻는다면?

나 천상감찰신명은 "모든 신의 대통령이기에 충분히 가능하다고" 대답한다.

지금까지 종교를 통해서도 인류가 이룰 수 없었던 이유는?

나 천상감찰신명이 움직이지 않고 작은 신들이 움직였기에 불가능했던 것이다.

작은 신들이 움직인 세상과 나 천상감찰신명이 움직이는 세상이 똑같이 진행된다면 말이 안 되지 않는가?

원래 진짜는 마지막에 출현한다.

선천의 시대에는 예수, 석가, 상제 등등이 출현하여 대우를 받았다.

그러나 진짜인 나는 가장 난세인 지금 세상에 출현한다. 왜 하필 전 세계적으로 가장 힘든 난세에 출현하느냐고? 묻는다면, 그것은 "인간의 눈으로 봤을 때, 난세일 뿐이다"라고 나는 단호히 답한다.

신의 대통령인 천상감찰신명이 이 난세가 두려워 출현을 못한다면 신의 대통령이 아니라 아무짝에도 쓸모가 없는 신의 졸장부일 것이다.

또한 이 힘든 난세를 해결하지 못한다면 신의 대통령도 아닐 것이다. 진짜는 마지막에 출현하여 난세의 세상을 아무런 두려움 없이 구원한다.

이것이 기존의 종교와 다른 자미국의 위상이다.

자미국의 인황과 사감을 통하여 나와 함께하는 자들의 인생은 내 위풍당당 기세의 기운을 받아, 인생의 어떠한 시련 앞에서도 더 이상 두렵지 않게 된다.

그렇기에 나라를 책임지는 큰일을 하는 대통령, 지도층들, 대기업 운영자들이 먼저 나의 기운을 받아 이 나라를 살리는 데 전념해야 한다.

대통령과 지도층들이 나라를 어떻게 운영하느냐에 따라 나라의 운명은 판이하게 달라진다. 일반인이 잘한다고 지도층들의 삶과 나라가 달라지는 것이 아니라 국정을 책임진 지도층들이 나라를 어떻게 운영하느냐에 따라 나라와 일반인들의 행불행이 결정된다.

그래서 나 천상감찰신명은 지도층들과 대기업을 먼저 살리는 데 전념하겠다고 하는 것이다.

지도층들을 안정시키면, 이 나라도 자연히 안정되게 될 것이고, 대기업을 활성화시켜서 세계적인 대기업으로 만들면 일반인들은 직장으로 인한 고통에서 좀 더 자유로워지고, 경제적인 부분에서도 안정되어 모두가 혜택을 받아서 골고루 편안한 세상이 자연적으로 이루어진다.

또한 인간에게 예지력과 책임감을 심어주어 각자 맡은 일에 충실하며 책임감을 지니고 일하게 만들면 안전에 있어서도 많이 신경을 쓰게 되기에 수많은 사고도 막을 수 있어 이 세상은 많이 평화로워질 것이다.

또한 천상감찰신명의 인간 삶의 행복프로젝트는 여기서 끝이 아니다.

흔히들 말하는 천재지변!의 일들.

가뭄, 태풍, 홍수로 인한 천재지변의 일들은 인황과 함께 하늘(태상천존 자미천황님)께 천제를 올리면 이 부분은 하늘께서 과감히 들어주실 것이기에, 이 또한 걱정할 일이 아니다.

이 세상에 안 될 일은 하나도 없다.

지금까지는 진정한 하늘과 진정한 신의 강림이 없었기에 인류가 고통스러웠다면 이 세상에 자미국이 개국된 이상, 나의 뜻을 믿고 따른다면 지금까지 인간이 겪은 고통의 일들은 더 이상 인간의 삶에 존재하지 않는다.

기존의 종교가 작은 신들이 운영하는 작은 인간의 소원을 이루는 작은 공간이었다면, 자미국은 큰 하늘과 큰 신이 운영하는 큰 인간의 큰 소원을 이루어주는 큰 공간이기에 자미국과 함께하는 인간의 삶은 행운의 삶이 될 것이다.

자미국의 뜻에 이 나라의 국민 모두가 동참하게 된다면 이 나라는 큰 하늘과 큰 신의 기운을 받아 세계 최고의 경제대국, 세계 최고의 평화로운 나라, 세계 최고의 안정적인 나라로 분명히 급부상하게 된다.

이 멋진 세상을 만들고자 자미국이 개국되었으니 이 나라의 독자 여러분은 대통령에서부터 일반인에 이르기까지 모두 동참하여 멋진 세상 만들어 멋진 세상에서 고통 아픔 없이 잘 살자고 이 저자는 대한민국 국민 모두에게 전하는 바이다.

나랏일을 하는 자미국!

작은 신들이 운영하는 종교!

종교가 작은 사람들의 작은 소원을 이루는 공간이었다면 자미국은 큰 하늘과 큰 신이 큰 사람들의 큰 소원을 이루어주어 모두를 고루 잘 살게 해주는 모든 사람들이 꿈속에서 그리던 행복한 공간이다.

마을 회관에서 나라의 국정에 연관된 큰일을 하지 못함은 당연한 일이고, 마을 동장은 서울시장이 하는 일을 하지 못함도 당연한 일이다.

진실이 이러하듯이 작은 신(마을 동장)들이 운영하는 종교에서 큰일을 할 수 없고 큰 신(대통령, 나랏일을 하는 지도층)들이 하는 일을 하지 못함은 당연한 일이다.

인간 세상에서 어느 정도 성공한 자들이 종교에 자신의 인생과 가족의 인생, 이 나라의 크고 작은 일들에 대하여 의탁하는 일은 대통령이 초등학생에게 나라의 중차대한 국정현안에 대하여 의논하는 것과 같은 이치이고, 서울시장이 서울에 한 번도 와 본 적이 없는 한 시골 동장에게 중요한 일을 의논하는 것과 같은 이치이다.

대통령의 위상 추락, 지도자들에게 순서대로 불어 닥치는 해임과 파면, 성희롱과 세금 미납으로 인한 끝없는 구설수, 고소고발, 병석 투병, 대통령 출마 낙선 및 국회의원 출마 낙선의 고통, 기업들의 뜻하지 않은 기업부도와 구설수, 유명 인사들과 유명 연예인들의 교통사고와 자살, 약물중독, 우울증의 고통과 그 밖에도 수많은 고통들이 있지만 이 모두는 인간의 잘못으로 인한 고통이다.

하지만 대부분은 자신의 길을 자신보다 못한 종교에 의탁한 결과물로 인한 고통들이다. 흔한 말로 유능한 대통령이 나라를 잘 운영하면 그 나라 전체가 태평해지고, 장군이 유능하면 병사들도 싸움에서 이길 확률이 높고, 스승이 유능하면 학생도 유능해질 확률이 높다.

영웅이 영웅을 만든다는 말이 있듯이, 인간이 인생을 살아감에 누구와 접하고 누구와 인생의 크고 작은 일들을 의논하며 누구의 조언을 듣느냐에 따라 인생의 길은 확연히 달라진다.

누구나 자신의 눈높이에서 또는 자신이 처한 상황에서 세상을 보게 된다.

우물 안 개구리라는 말이 있듯이, 개구리는 더 넓고 큰 세상을 못 보았기에 자신이 있는 자신의 공간이 가장 넓고 큰 세상이라고 생각할 것이다.

세상과 타협할 줄 모르고 자신의 것만이 최고라고 우기는 사람들에게 우리는 우물 안 개구리라는 표현을 한다.

작은 신들은 더 넓고 더 높은 (태상천존 자미천황님과 천상감찰신명님) 세상을 못 보았기에 자신들이 알고 있는 세상이 최고라고 생각한다.

자신들이 알고 있는 얄팍한 지식과 이론이 최고인 양 종교 교주들을 통하여 전하지만 우물 안의 개구리(작은 신)보다 더 잘난 우리 현대인들에게는 전혀 어울리지 않는다.

어울리지 않을 뿐만 아니라 오히려 화를 입어 인생 자체가 더 힘들어지게 된다.

더 힘들어지게 되는 이유는?

종교는 우물 안의 개구리이고, 다시 말해 종교는 시골 농부의 삶 정도의 수준이고, 지금 현 세상의 현대인들은 시골을 벗어난 도시 수준이다.

도시 수준의 삶을 살고 있는 대통령과 나라지도층들과 유명 인사들에게 모든 것을 접고 시골로 내려가 농사를 지으라 한다면 죽으면 죽었지 못한다고 반기를 들 것이다. 또한 이들이 시골로 내려가 농사를 짓는다 하여도 기존의 농부들처럼 절대로 농사를 잘 지을 수는 없다.

세상 이치가 이러하듯이, 잘난 자들이 작은 종교에 입문하여 자신들의 소원을 이루고자 빌고 비는 것, 잘되는 길이 아닌 그 자체가 잘난 자들에게는 숨 막히는 일이다.

반대로 농부들에게 도시로 올라와 멋진 옷을 입고 멋진 의자에 앉아 멋지게 폼 잡고 나랏일을 하라고 하면 그들도 숨 막혀 못하겠다고 자신들의 본업인 시골로 내려가 농사일을 하겠다고 말할 것이다.

세상의 모든 것에는 주인이 있기 마련이다. 물건에도 주인이 있고 직업에도 주인이 있다. 자신에게 맞는 곳에서 맞는 일을 할 때 가장 행복할 수 있다.

그렇듯이 종교도 마찬가지이다.

불교, 기독교, 천주교, 무속, 도교, 기타 등등…

이 세상에 존재하고 있는 종교들은 일반 서민들에게는 어쩌면 맞을 수도 있다.

그러나 인간 세상에서 각자의 일에서 남들보다 성공한 자들에게는 전혀 어울리지 않는 곳이다.

나라의 대통령!

잘났든 못났든, 어찌 됐든 인간 세상에서는 최고로 성공한 사람이다. 최고로 성공한 최고의 사람이 자신보다 작은 신이 운영하는 종교에 고개를 숙인다는 것! 그 자체가 위풍당당한 위상을 박탈당하는 것이다.

나라의 대통령뿐만 아니라 지도층들, 유명 인사와 유명 연예인들, 각자의 길에서 최고의 위치에 자리한 자들이 종교에 고개를 숙이고 굿하고 도를 닦는 것은 그 자체만으로도 위상이 깎이는 커다란 수치이다.

그래서 잘난 사람들의 삶과 그 가족의 삶, 심지어는 이 나라가 흔들리고 있는 것이다.

옛날 양반 집안에서는 굿을 한다거나 종교를 찾아가 고개를 함부로 숙이는 것 그 자체가 망신스런 일이었다. 그래서 심지어는 양반집, 사대부 집, 왕의 자손에게는 나이를 떠나 계급이 낮은 사람들이 고개를 숙이며 살았다.

사대부 집, 왕의 자손이 한 살이어도 나이에 상관없이 계급이 낮으면 팔순 노인도 한 살 아기에게 고개를 숙일 정도로 계급을 무척 중요시하였다. 그러나 그것을 부끄러워하거나 불만을 품은 서민들은 없었다. 당연한 일로 생각하며 살았다.

저자가 하고 싶은 말은!

자신의 관리는 남이 해주는 것이 아니라 자신이 해야 한다는 것이다.

성공한 자들의 위상 실추.

성공한 자들이 생각하듯이 주위 사람들과 이 나라의 국민들이 그런 것이 아니라 자신보다 낮은 종교에 찾아가 자신들이 먼저 자신들의 귀한 고개를 숙이고 자존심을 팔았기에 자신들의 위상이 땅에 떨어졌다.

개인과 기업의 부정비리 폭로, 해임, 파면, 우울증, 기업부도, 구설수, 성희롱 파문, 병마로 인한 병원 신세, 가정 파탄, 형제간의 재산 소송, 부모 자식 간의 배신, 자살 등 끝없는 불행이 연속되고 있다.

여러분 각자는 이 세상에서 분명히 할 일이 있고, 있어야 할 곳이 있기 마련인데, 잘난 자들이 가서는 안 되고, 잘난 자들이 해서는 안 될 일들을 육적으로 행하였기에 자신들이 행한 그대로 자신들의 인생과 가족들의 인생, 이 나라의 현실로 불행이 일어나고 있는 것이다.

지도층들이 국민에게 잘못했다고 고개 숙이는 부끄러운 일들이 속출하는 진실은 종교에 찾아가 귀한 고개 숙이는 부끄러운 일들 그만하라는 뜻이다.

국민들에게, 주위 사람들에게 욕먹는 일이 부끄러운 일이 아닌, 자신보다 한참 낮은 신들에게 고개를 숙이는 일이 진정으로 부끄러운 일임을 알아야 한다.

생각들을 해보아라.

국민들에게, 주위 사람들에게 고개를 숙이는 일은 자존심 상하고 기분 나쁘면서 왜 종교에 찾아가 자신들의 귀한 고개를 숙이는 일은 자존심 상하지 않고 기분 나쁘지 않은지?

이상하지 않은가?

옷과 신발 하나를 고를 때도, 자신들이 살 집을 살 때도, 누군가와 약속 장소를 정할 때도, 신중하게 알아보고 결정하면서 왜 종교는 이런 신중함 없이 선택을 하는지?

물론 진실을 몰랐기 때문이다.

진실을 가르쳐주는 이가 없었기 때문이다.

자신의 인생, 소중하지 않은 사람들이 어디 있겠는가?

자신의 인생.

자존심 상하고 상처받는 인생, 우울증의 인생, 자살의 인생, 병석의 인생, 가정불화와 파탄, 기업 부도의 아픈 인생을 살고 싶은 사람들이 어디 있겠는가?

모두 몰랐기 때문이다.

앞에서도 말했듯이 농부는 농사일이 어울리듯이, 이 세상의 모든 것에는 각자에게 어울리는 일이 있다. 종교에 심취하여도 각자의 인생이 더 힘들어지는 사람들은 자신들에게 종교가 맞지 않기 때문이다.

자미국은 이런 사람들을 구원하기 위해서 탄생한 공간이고 자미국은 기존의 종교처럼 종교에서 행했던 일들을 하거나 조금 다르게 변형하여 종교의 일을 행하는 곳이 아닌, 지금까지 종교에서 행했던 일들과는 전혀 새로운 일을 하는 새로운 세상의 공간이다.

구름은 비를 부르고, 큰 바람은 태풍을 부르고, 따가운 햇살은 더위를 부르고, 매섭도록 찬바람은 겨울을 부른다.

자미국의 저자와 함께하시는 하늘 중의 하늘이신 태상천존 자미천황님과 신 중에 최고 신이신 천상감찰신명님은 이 나라에 최고 인물들을 부르시어 종교를 통해서도 이룰 수 없었고 인간의 수많은 노력으로도 이룰 수 없었던 큰 자들의 뜻을 확실히 이루어주시고자 하신다.

큰 바람은 태풍을 부르듯, 큰 하늘과 큰 신은 큰 사람들을 부른다. 또한 큰 하늘과 큰 신은 능력자이시기에 큰 사람의 소원을 크게 이루어주시기에 충분하고도 남는다.

영웅은 영웅을 만든다.

큰 하늘과 큰 신과 함께하는 큰 사람의 인생은, 지금처럼 국민에게 주위 사람들에게 고개 숙이는 비참한 인생이 아닌, 위상 실추의 인생이 아닌, 구설수와 구속 수감, 해임, 파면의 인생이 아닌 큰 소원을 이루는 멋진 인생을 살게 된다.

큰 소원을 이루어 멋진 인생을 살아감에, 자신의 소원을 이루고자 누군가를 억울하게 하거나 누군가의 것을 억지로 빼앗거나 누군가를 힘들게 하지 않고 주위 사람까지 행복하게 하는 멋진 소원을 완성할 수 있게 된다.

종교를 통한 작은 신과 자미국을 통한 큰 신과의 다름이 인간의 행복한 삶과 이 나라의 멋진 발전을 통하여 판이하게 다름이 분명히 증명될 것이다.

자미국이 이토록 대단한 곳이라 하여 모두에게 잘 맞는 것은 결코 아니다.

농부는 농사일이 어울린다고 하였듯이, 일반인들에게는 어쩌면 자미국은 너무 대단한 곳이라 자신들과 안 어울리고 오히려 거추장스러울 수도 있다.

일반인이 몇 백만 원, 몇 천만 원의 옷을 입으면 오히려 거추장스러운 이치와 같다고 보면 된다. 그래서 세상 모든 것에는 주인이 있기 마련이고 자신들이 편히 머물 수 있는 곳은 분명히 있기 마련이다.

자미국은 기존의 종교처럼 자신의 작은 소원을 이루는 공간이 아닌, 대를 위해서 큰 소원을 이루는 곳이기에 작은 소원을 이루며 사는 일반인에게는 자미국의 이상이 너무 높아 무슨 말을 하는지 알아듣지 못할 수도 있다.

자미국에서는 큰일을 하는 사람들과 함께하면서 큰 사람들의 큰 소원을 이루게 해줌으로써 개인은 물론 그와 함께하는 모두도 행복해지는 아름다운 세상을 실현하는 것이 궁극적인 목표이자 이상이다.

대통령이 자미국 뜻에 동참하여 큰 하늘과 큰 신의 도움과 보살핌으로 이 나라를 잘 운영하면 대통령 한 명이 혜택을 누리는 것이 아니라 이 나라 전체가 편안해져 국민 모두가 혜택을 누리게 될 것이다.

대기업들이 자미국 뜻에 동참하여 대기업들이 내수와 수출에 활기를 띠게 되면 기업 하나가 혜택을 보는 것이 아니라 일자리가 창출되고 기업이 안정되기에 수많은 사람들이 직장이 안정되는 혜택을 보게 될 것이다.

스포츠 선수나 가수들이 자미국 뜻에 동참하면 선수는 각종 대회에서 우승을 많이 하고, 가수는 부르는 곡마다 해외에서 인기를 끌게 되면 자연히 대한민국의 위상이 드높아지기에 이 혜택도 우리가 고루 누리게 된다.

큰 하늘, 태상천존 자미천황님과

큰 신, 천상감찰신명님께서는 이렇게 큰일을 행하여 주는 분이시다. 우리가 겪고 있는 수많은 난제들은 큰 하늘과 큰 신께는 난제가 아니다.

우리가 겪고 있는 수많은 난제들을 쉽게 해결할 수 있는 방법을 모두 알고 계시고 지금보다 몇 배는 행복하게 살 수 있게 해주실 수 있는 분들이시다.

그뿐만이 아니라 세계는 지금 천재지변으로 인한 수많은 재앙으로 수많은 인명이 고통을 겪고 있는 중이고, 재산 피해의 고통도 겪고 있는 중이다.

그러나 큰 하늘과 큰 신들과 함께하는 대한민국이 된다면 이 나라는 영원히 천재지변으로 인한 고통에서 자유로워질 수 있게 된다. 큰 하늘과 큰 신은 인간 세상의 모든 고통과 재앙을 행복과 기쁨으로 승화시킬 수 있는 엄청난 천지원력을 행사하는 분이시기에 가능하다.

자미국은 기존의 종교처럼 작은 사람들이 모여 각자의 작은 소원을 이루며 사는 공간이 아닌 나라의 각 분야에서 큰일을 하는 사람들이 모여 큰 소원을 이루어 개인은 물론 나라 전체가 편안해지고 이 나라 안에 사는 사람들까지도 혜택을 고루 보는 세상을 만드는 큰 공간이다.

삼성전자, 현대자동차, SK, LG, 롯데, 현대중공업, GS, 한화그룹 등등 기업 규모가 크면 클수록 종교와 다른 큰 자미국과 함께하여 하늘의 기운, 신의 기운을 크게 받아야 더 크게 발전할 수 있다.

기업을 경영하는 인간들의 지혜와 능력이 비상하더라도 인간에게는 한계가 있다. 그러나 하늘과 신은 한계나 불가능이 없다.

기존의 종교와 함께할 것인가?

아니면 종교와 전혀 다른 자미국과 함께할 것인가?

이것이 여러분 인생의 기쁨과 행복, 부귀영화를 좌우하는 중대한 이정표가 되어줄 것이다.

난세의 영웅 출현인가?

난세에 영웅이 출현한다고 했다.

대한민국이 처한 현재의 난세는 무엇을 의미하는 것일까?

종교인들의 말대로 세상 말세에 온다는 심판의 신호인가? 아니면 멸망의 신호인가?

대한민국이 처한 현재의 난세에 대하여 저자는 진정한 하늘과 신의 강림이라고 말한다. 인간 세상도 정권이 바뀔 때는 한바탕 소동이 일어난다. 물러나야 하는 자에게는 불행이고, 새로 위임받아 오는 자에게는 정권이 바뀔 때까지는 자신이 최고인 세상이기에 행복이다.

새로운 정권으로 바뀜에 전 · 현직 모두가 혜택을 누리게 되는 것은 아니다. 양지가 있으면 음지가 있고 음지가 있으면 양지가 있듯이, 지금의 난세가 모두에게 꼭 난세는 아니라는 얘기이다.

진정한 하늘과 진정한 신의 강림이 이 세상에 공식적으로 이루어지기 전까지의 세상을 살아온 우리네의 삶.

진정으로 열심히 살고, 진정으로 최선을 다한 자가 잘 먹고 잘 사는 바람직한 세상이 아닌, 진정한 자는 뒤로 밀려 때로는 불공평해서 억울하고 때로는 불행한 삶을 사는 답답한 세상이 지금까지의 현실이다.

그러나 진정한 하늘과 신의 강림이 자미국의 인황님과 사감을 통하여 이루어지고 나면 세상은 달라질 것이다.

현재의 난세는 하늘과 땅에서 진짜 밝히기에 들어갔기에 그 파동으로 인한 진동일 뿐이다. 수많은 사람 중에는 나밖에 모르고, 나 자신의 욕심과 야망을 이루기 위해서는 어떠한 방법도 서슴없이 행하는 못된 사람들도 있다.

사람이 사람을 죽임에 있어서도 눈 하나 까딱 안 하는 사람도 있고, 사기 배신을 일삼아 수많은 사람들을 어려움에 처하게 만들고도 죄 의식조차도 없는 사람도 있고, 이간질로 사람과 사람 사이를 멀어지게 만드는 사람도 있다.

부모를 때리고 죽이는 사람도 있고, 인륜과 천륜을 저버리고 자식을 성희롱하고 구타해서 자식을 무참히 죽이는 무섭고도 무서운 행동을 일삼는 사람들이 참으로 많다.

이런 못된 사람들이 많으면 많을수록 선량하고 힘없는 사람들의 피해는 끊이지 않게 되고 사회 전체적으로도 많은 피해를 보게 된다.

선량하고 옳은 사람들이 잘 사는 세상이 되기 위해서는 당연히 못된 자들과 함께하지 말아야 한다.

한 사람의 소중한 인생이 잘못됨에 있어서 잘못된 사람 한 명이면 충분하다.

이것이 인간 세상의 진실이다.

인간 세상이 이러하듯, 신의 세계 또한 마찬가지이다. 수많은 사람들 중에는 좋은 사람도 있고 나쁜 사람도 있듯이,

신도 나쁜 신도 있고 좋은 신도 있다.

인간 세상에서 나쁜 짓을 하는 사람들은 여러 사람들이 더 이상 피해를 보지 않도록 경찰과 검사, 판사 등이 각자가 행한 만큼의 형벌을 내려 때로는 인간 세상과 격리시켜 선량한 사람들을 보호한다.

인간의 도리를 벗어난 나쁜 짓을 한 사람들을 처벌함에 그 처벌에 대하여 일반인은 불평불만을 갖거나 그들을 자유롭게 해달라고 하는 사람들은 없다.

만약 인간 세상에 인간의 잘잘못을 심판하거나, 인간의 잘잘못에 대하여 어떠한 처벌이 없다면 인간 세상은 그 어떠한 못된 짓도 서슴지 않고 행하는 아수라장의 세상이 될 것이다.

법의 처벌은 행복한 사회를 만들기 위해서는 필수 요건이다. 그러나 신의 세계, 영의 세계에 대해서는 아직까지 심판이 없었다.

그러다 보니 신과 영들이 하늘 무서운 줄 모르고 자신들이 행한 나쁜 짓에 대하여 양심의 가책도 없이 아무 스스럼없이 반복에 반복을 거듭하며 행하고 있다. 신과 영들이 행하는 나쁜 짓의 강도는 세월이 갈수록 점점 강해졌고, 그 피해는 고스란히 선량한 인간들이 받게 되었다.

이들이 인간 세상에 행한 만행의 일들은 서로가 서로를 헐뜯게 만들어 서로를 원수 사이로 만들고, 상대의 재산을 갈취하게 만들고, 부모 자식 간 사이를 멀어지게 만들고, 작은 살인은 물론 전쟁을 하게 만들어 서로가 서로를 죽이게 만드는 대형 살인의 일을 만들고, 말과 행동으로 실수를 하게 만들어 망신스럽게 만들고, 각종 병마를 뿌려 인간이 질병에 시달리게 만들어서 정상적인 행복의 삶을 살 수 없도록 인간의 삶을 끝도 없이 피폐하게 만들고 있다.

나쁜 신과 나쁜 영들이 인간 세상에 행한 만행의 일들은 이루 다 나열할 수가 없을 정도로 광범위하다.

진짜 하늘 태상천존 자미천황님과 진짜 神인 천상감찰신명님의 존재가 이 세상에 밝혀지기 전까지 이들은 자신들이 행하고 싶은 대로 행하는 그야말로 안하무인이었고 자신들 자유의 세상이었다.

진짜 하늘의 존재가 밝혀지기 전까지는 이 세상 어느 누구도 자신들의 만행에 대하여 아는 사람들이 없으니 그야말로 인간들의 삶을 고통의 길로 몰아가는 것은 땅 짚고 헤엄치기식으로 쉬운 일들이었다.

진짜 하늘과 진짜 신이 자미국의 인황님, 사감과 함께하시면서 하실 일은 인간의 몸에 숨어들어 인간들로 하여금 갖은 만행을 저지르게끔 인간들을 나쁘게 조정하는 이들을 불러들여 심판하시는 일을 하실 것이다.

인간들이 이들의 굴레에서 벗어나지 못하면 인간의 삶은 영원히 행복할 수 없다. 저급 신들은 절대로 어느 인간도 행복해지는 것을 원하지 않는다.

인간의 몸으로 숨어 들어와 인간으로 하여금 만행을 저지르게 할 때, 꼭 인간 자신의 마음처럼 행하게 만들기에 인간은 자신의 마음인지 저급 신에게 조정당하고 있는 것인지 어느 누구도 분별하기 힘들 정도다.

심지어 유능한 승려도, 신부도, 목사도, 교황도, 나라의 대통령도. 진짜 하늘과 진짜 신 이외에는 이 세상 어느 누구도 알 수가 없다. 그렇기에 수많은 시간 동안 수많은 사람들이 이들의 희생양이 된 것이다.

지금 이 순간도 저급 신들은 대통령 육신의 몸뿐만이 아니라 전 국민의 몸으로 숨어 들어가 서로가 서로를 헐뜯게 만들고 있고, 건강한 육신의 몸과 마음을 정신없게 만들어 말실수, 행동 실수를 하게 만든다.

사고를 유발하고 , 질병을 만들어 수많은 사람들이 병원 신세를 지게 만들고 있으며, 우울하게 만들어 우울증, 불면증으로 눈물짓게 만들고, 부모 자식 간에, 친구 간에, 지인 간에 오해를 하게 만들고, 싸움을 하게 만들고, 고소고발하게 만들어 인간의 삶에 끝없는 상처를 남기고 있다.

이 책을 읽어보는 대한민국의 사람들은 자미국으로 속히 방문하여 자신의 몸으로 숨어 들어와 자신의 삶을 끝없이 처참하게 만들고 있는 저급 신들과 이별하는 법을 배우고, 하늘과 신의 도움으로 저급 신과 저급 영을 심판 받게 하여 행복의 삶을 추구하여야 한다.

저급 신과 저급 영들은 절대로 자신들의 만행을 뉘우치지 않기에 그들은 인간 괴롭히는 일도 포기하지 않는다.

그러다 보면 결국은 끝없는 피해를 보게 되는 것은 나약한 우리 인간들이다.

저급 영들은 대한민국의 사람들이 자미국의 인황님과 사감을 만나 행복해지는 것이 싫어서 못 가게끔 자미국에 대하여 갖은 욕을 해서 가지 못하도록 방해해도 그들과의 싸움에서 이기고 와야 한다.

그들과의 싸움에서 이기지 못하고 자미국에 들어와서 인황님과 사감을 만나지 못하면 영원히 그들이 조정하는 대로 영원히 불행한 삶을 살게 된다.

인생이 불행해지는 데는 한 사람 잘못 만나면 되듯이, 인생이 불행해지기 위해서는 저급 신과 저급 영 하나면 충분하다.

지금까지는 이 진실을 전해 주는 사람이 없어 그들에게 소중한 인생을 저당 잡힌 채, 아프고 힘들게 살았다면 이제는 자미국의 인황님과 사감을 통하여 그들의 굴레에서 벗어나 자유의 인생, 행복의 인생을 살아야 한다.

예를 들어 독사가 자신의 몸을 칭칭 감고 있다고 생각해 보아라. 그 얼마나 무섭고 숨이 막힐지. 우리의 귀한 몸과 인생, 가족들의 몸과 인생, 이 나라를 저급 신과 저급 영이 칭칭 감고 있다고 생각해 보아라.

자미국에 올까? 말까? 생각할 시간이 어디 있겠는가?

나 살기 위해서, 가족 살리기 위해서, 나라 살리기 위해서 무조건 와야 한다. 독사가 인간의 몸을 칭칭 감고 있을 때 일반인은 그 독사를 다루지 못한다.

자칫 독사를 잘못 건드리면 당사자는 물론 주위 사람까지 피해를 보게 된다. 그 독사를 다룰 수 있는 사람이 분명 따로 있듯이, 저급 신과 저급 영을 종교를 통하여 잘못 건드리면 오히려 더 크게 잘못된다는 진실을 알아야 한다.

고압 전기를 일반인이 잘못 건드리면 감전되어 목숨이 위험하다. 모든 분야에는 분명 전문가가 있고, 전문가가 손을 대야 아무런 탈이 없다.

수많은 세월의 시간 동안 종교에서 인간의 삶에 손을 댄 결과 모두가 아프며 힘들어 하고 모두가 살기 힘들다고 아우성들이고 개인은 물론 나라 전체가 힘들어 난리다.

종교는 그동안 자신들이 인간들을 구원하고자 하였으나 자신들의 뜻과는 너무나 다르게 인간들을 더 힘들게 인도했기에 더 많은 인간의 행복을 위해서 진정으로 모두가 잘못을 인정하고 인간의 삶을 행복으로 만들어주는 자미국으로 인도하여야 함이 마땅하다 할 것이다.

또한 이 책을 보는 대한민국의 국민들은 자신들이 그동안 종교에 자신의 인생, 자신의 가족, 자신의 사업체, 이 나라를 의탁한 일이 그 얼마나 잘못된 일이었는지 인정하며 자미국으로 집결하여야 한다.

자미국의 인황님과 사감은 절대로 인간의 삶을 지금보다 더 힘들게 억울하게 병원 신세지는 아픈 인생 만들지 않는다.

병원 신세 지는 아픈 인생 만들지 않는다는 말은? 아예 병원에 안 간다는 말이 아니라, 흔한 감기나 작은 외상으로 정형외과에는 갈 수도 있다.

저자가 말하는 병원 신세라는 말은, 예를 들면 RJS 회장 같은 큰 병을 말하는 것이다.

또한 심장마비, 뇌졸중, 희귀병 같은 큰 병으로 인한 병원 입원을 말하는 것이다. 이 모든 증상들은 저급 신과 저급 영들이 만드는 병마이기에 차단이 얼마든지 가능하다. 물론 자미국과 연결되면 자주 감기에 걸리던 사람들도 감기에 걸리지 않아 신기하다 말한다. 그러나 감기로 인해 인생이 망가지거나 삶에 큰 피해를 입을 정도는 아니다.

자미국의 인황님과 사감은 최첨단 장비로도 밝힐 수 없는 수많은 희귀병 원인 밝히기, 정상인으로 만들기, 아예 희귀병과 장애 발생 억제의 큰일을 고루 행하고 있다.

또한 일류 정신과 의사도 완치 못하는 정신병 치유까지 행하고 있다. 자미국의 인황님과 사감을 만나서 함께하면 우울증, 불면증, 정신병. 치매 모두를 치료뿐만이 아니라 아예 예방해 주기에 인간 세상에서 고치지 못하는 병마로부터 완전 자유로워질 수 있다.

인간의 성공 앞에, 병마는 재산으로도 어쩔 수 없다.

태산 같은 재산과 태산 같은 기업, 태산 같은 부귀영화를 누리고 있다 하여도 자신과 가족 누군가가 큰 병에 걸려 병원 신세를 지게 되면 당사자는 물론 가족 모두는 그 얼마나 슬프고 서글프겠는가? 이 모두는 저급 영들이 인간에게 뿌리는 악의 기운으로 인한 일들이다.

저급 신과 저급 영들을 다룰 수 있는 전문가는 이 세상에 진짜 하늘 태상천존 자미천황님과 진짜 神인 천상감찰신명님 외에는 없다. 태상천존 자미천황님과 천상감찰신명님은 저급 신과 저급 영에게 칭칭 감긴 채, 숨도 제대로 못 쉬고 사는 불쌍하고 가련한 우리 대한민국 사람들을 구원하러 오시었고 이 나라를 구원하러 오시었다.

기존의 종교처럼 종교를 세워 우리 인간을 힘들게 하러 오신 것이 아니라 진정한 구원을 하러 오신 너무도 고맙고 감사한, 구원자 분들이시다.

자미국의 인황님과 사감은 하늘의 말씀과 신의 말씀을 듣고 인류를 구원하는 중이다.

이 책을 보는 독자들은 자미국의 저자와 함께 자신은 물론 자신의 가족, 자신의 기업, 또한 이 나라로 몰래 스며들어와 인간의 귀중한 삶과 기업, 이 나라를 좀먹고 있는 저급 신과 저급 영들은 하늘과 신의 심판을 받아 그들이 지금까지 행한 대가를 마땅히 받게 만들어 인간은 이들의 조종에서 자유로워지는 인생을 사는 데 전념해야 한다.

저급 신과 저급 영과 함께하면 할수록 나약한 우리 인간의 삶과 기업, 나라는 서서히 무너지게 된다. 지금까지의 세상은 저급 신과 저급 영이 인간을 자신들의 마음대로 휘두르는 무법천지의 세상이었다.

다시 말해 주권을 인간이 쥐고 있던 세상이 아닌, 그들이 쥐고 흔들었던 그들의 세상이었다면, 자미국의 인황님과 사감을 만나서 함께하는 인생은 우리 인간이 주인 되는 인간 세상이 될 것이다.

진정한 하늘과 신께서는 그들에게 빼앗겼던 우리 인간의 정신, 마음, 생각, 건강, 가족, 기업, 이 나라를 차례대로 순서대로 찾아주실 것이다.

인간 세계로 표현하자면, 그들이 지배 통치하던 세상은, 진짜 하늘과 신, 우리 인간이 그들을 지배 통치하는 세상으로 바뀌는 것이다.

대통령, 국회의원, 각 부처의 장 · 차관도 임기가 끝나면 새로운 사람에게 그 자리를 물려주고 떠나게 되어 있다.

세상사 이치가 이러한데, 종교세계는 임기도 없이 예수, 석가, 상제, 성모마리아 기타 등등이 흔한 말로 해먹어도 너무 오래 해먹었고, 해도 해도 너무 오래 2,000년~3,000년 동안 장기 집권했다.

인간 세계의 대통령도 장 · 차관도, 기업의 회장도, 음식점, 의료계 사장도, 일류 가수와 선수 등 흔한 말로 아무리 잘난 세상에 모든 것에도 임기가 있기 마련인데, 예수, 석가, 상제 기타 등등은 어찌하여 임기가 없는지 참으로 답답한 일이다.

한 사람에게 대통령의 자리, 장 · 차관의 자리를 영원히 주지 않고 임기를 정해 놓은 이유?

독자 여러분은 대충 알고 있을 것이다. 그런데 중요한 영적 세계를 다루는 일을 예수, 석가, 상제 등등에게 몰아서 준다면 이 세상은 어찌 될까?

지금처럼 아수라장의 세상이 된다.

예수, 석가, 상제, 성모마리아 기타 등등이 그 아무리 잘났다 하더라도 이제는 바뀌어야 우리 사람들이 지금보다 더욱 더 편안한 삶을 영위할 수 있게 된다.

인간의 삶을 더욱 힘들게 만든 저급 신 , 저급 영의 시대만이 아니라, 예수의 시대, 석가의 시대, 상제의 시대, 그 모든 세상도 이제는 끝나고 진정한 하늘과 신과 함께하는 우리 인간이 주인이 되는 인간 시대가 되어야 한다.

진짜 하늘 태상천존 자미천황님과 神인 천상감찰신명님께서는 이 멋진 세상을 인간 세상에 펼쳐주시려 존재를 밝히시는 진정으로 멋진 분들이시다.

양지가 있으면 음지가 있듯이, 지금까지는 저급 신과 저급영, 예수, 석가, 상제, 성모마리아 기타 등등이 인간의 추앙과 대우를 받아 그들이 행복했던 그들은 양지였고, 우리 인간은 끝없이 그들에게 굴복하는 음지였다면, 이제는 이 세상을 하늘과 신께서는 바꾸어주실 것이다.

불쌍하고 바보처럼 산, 너무도 착한 우리 인간에게 이제는 양지의 삶을 주실 것이고, 그동안 우리 인간의 삶을 행복의 삶으로 인도하지 못한 모두에게는 음지의 삶을 주실 것이다.

이것이 인류가 그동안 종교에서 말했던 참 심판의 진면목이다.

세상의 모든 것에는 영원한 것이 없듯이,

진짜 하늘과 신이 존재하는 한,

영원한 양지도 없고, 영원한 음지도 없다.

다시 말해 영원한 강자도 없고, 영원한 약자도 없다는 말과 같은 말이다.

진짜 하늘과 신은 억울한 자들의 누명을 벗겨주고, 약자들과 선한 자들의 삶을 윤택하게 만들어주시는 참 하늘이고 참 신이시다.

그동안 그들의 그늘과 그들의 핍박 속에서 제대로 숨도 못 쉬고, 하고 싶은 말도 제대로 못하고 너무도 아프게 살아온 너무나 불쌍하고도 불쌍한 우리 대한민국의 사람들!

현직 대통령부터 전직 대통령.

전 · 현직 고위 간부급들부터 일반 서민에 이르기까지 불쌍하지 않은 사람이 없다.

저자가 불쌍하다고 하는 이유는?

못 살아서 불쌍하다는 말이 아니라, 어느 누구를 막론하고 저급 신과 저급 영의 시달림을 안 받은 사람들이 없기에, 그들에게 끝없는 시달림을 받으며 살아온 우리 국민이 너무도 불쌍하고 눈물 나도록 불쌍해서 안타깝다는 뜻이다.

같은 민족끼리 욕을 하고,

부모 자식 간에 원수가 되고,

부모 자식, 형제간에 재산 싸움을 하며 막말을 하고, 믿었던 자에게 사기 배신을 당하고, 열정을 바친 기업을 아차 하는 순간에 부도로 잃게 된다.

사랑하는 가족들을 어느 날 갑자기 우울증, 자살, 약물중독, 이름 모를 병마로 저 세상으로 보내고, 그들로 인해 인간이 겪게 되는 고통은 이루 다 헤아릴 수는 없지만, 수많은 불행을 겪으며 살아가고 있다.

그러나 이 수많은 고통의 일들 중에는 인간이 분명히 막을 수 있는 일들이 참으로 많은데, 그대로 당하고 있으니 안타깝고 불쌍하다. 이 상황에서 불쌍하다! 안타깝다!라는 말 외에 다른 어떤 말이 필요할까?

자미국에서는 기존의 종교에서 행하지 못한 진정한 구원의 일을 행하고 있다.

자미국의 인황님과 사감을 만나 절차에 따라 의식을 행하여 인간의 삶을 힘들게 하는 그들을 하늘과 신의 대 능력으로 그들과 이별하게 되면, 금이 간 부모 자식 사이, 형제 사이, 지인 사이도 언제 서로 미워했냐는 듯이 된다.

그동안 서로에 대해서 몰랐던 서로의 진심도 알게 되는 기적, 이적이 일어나 서로 아끼고 사랑하며 타협하는 멋진 사이로 변하게 되고, 그동안 그 무언가에 억눌려 항상 답답하고, 우울하고, 불안하고, 짜증나던 마음도 삶에 대한 무한한 희망으로 바뀌는 살맛나는 세상으로 변한다.

항상 몸에 병이 있었던 자들은 건강한 몸으로 변하게 되고, 직장과 가정, 그 어느 곳에 안정을 못하던 사람들은 안정을 하게 되어 행복한 가정생활, 행복한 직장생활을 하게 된다.

자미국의 인황님과 사감을 통하여 그들의 굴레에서 벗어나는 의식을 행하게 되면 인간이 누리게 되는 행복, 기쁨은 이루 헤아릴 수 없을 정도로 많고도 많다.

자미국의 인황님과 사감을 통하여 하늘과 신께 선택을 받게 되면 그야말로 살맛나는 세상, 희망적인 세상, 웃음과 행복이 함께하는 세상이 된다.

항상 근심 걱정 속에 살다 자미국의 인황님과 사감을 만나 행복을 찾은 사람들의 말은? 너무도 행복 해! "내가 이렇게 행복해도 되나?"라는 행복의 걱정이 생겼다 한다.

이 얼마나 살맛나는 세상이란 말이던가?

"내가 이렇게 행복해도 되나?"가 고민이니.

항상 기도 못 펴고 음지에서 오랜 세월 살다 보니 하늘과 신께서 주신 진정한 행복에 기뻐하는 모습이 어찌 보면 기쁜 일이고, 어찌 보면 슬픈 일이다.

그동안 얼마나 그들의 그늘 속에서 힘들게 살았으면, 고통에 익숙해졌으면 행복이 고민이라 하겠는가?

이 세상에 공짜는 없고, 소중한 그 무엇인가를 얻음에 있어 저절로 되는 것은 없다. 독자들도 이 살맛나는 세상을 누리기 위해서는 자신의 삶과 자신의 가족, 기업에 스며들어와 있는 그들과의 싸움에서 기필코 싸워 이겨야 한다.

그들이 자미국을 부정하게 만들고, 욕하게 만들어 못 가게 하더라도 그들이 뿌리는 부정의 마음 기필코 이기고 자미국으로 와야 한다.

행복의 삶을 누리기 위한 첫 번째 관문은!

그들과의 싸움에서 이기는 것이다. 그들과의 싸움에서 지고 자미국에 못 들어오면 영원히 그들의 그늘에서 아프고 슬픈 음지의 인생을 살아야 함을 한시도 잊어서는 안 된다. 본인만 그들이 쳐놓은 음지 인생을 사는 것이 아니라 가족도, 기업도, 건강도 음지 인생 살게 됨을 명심해야 한다.

각자 나름대로 자신의 인생을 지키고자, 소중한 가족을 지키고자, 기업을 지키고자, 이 나라를 지키고자 각자 위치에서 최선을 다한 우리 대한민국의 사람들!

한 번만 더 젖 먹던 힘까지 내서 그들과의 싸움에서 이기고 자미국으로 들어와서 인황님과 사감의 뜻에 따라 행복한 인생을 현실로 실현하는 멋진 인생으로 살기를 두 저자는 간절히 원하고 바란다.

RJS 회장도 이제 병원 신세 그만지고, 자미국으로 입문하여 건강한 육신의 몸으로 자신이 평생 일구어놓은 A그룹이라는 거대 기업으로 당당히 걸어 나가야 하지 않는가?

자신의 모든 혼이 담긴 자신의 기업과 이렇게 이별한다면 살아서도 죽어서도 자신의 가슴에 한이 되고 원이 될 것이다. 당사자는 이미 병원 신세를 지고 있는 입장이라 자미국에 오고 싶어도 못 오는 입장이다.

가족들이라도 지인들이라도 RJS 회장을 대신하여 자미국으로 찾아와 RJS 회장이 하늘의 보호, 신의 보호를 받는 의식을 행하여 줌이 마땅하지 않을까?

미리 안 된다 하지 말고 최선을 다해 본 뒤에 안 된다 함이 옳다 생각한다.

A그룹이라는 세계 속의 거대 기업!

처음부터 이렇게 크게 될 줄 알고 시작한 일이 아니다.

자미국 일도 미리부터 되니 안 되니 하지 말고 A그룹이라는 거대 기업을 만들어갈 때, 될 것이라는 마음으로 최선에 최선을 다했듯이, A그룹을 만든 의심 없는 마음! 될 것이라는 긍정적인 마음으로 자미국을 믿고 따르면 가능할 것이다.

열정은 열정을 불러 타인에게 인정받게 되고,

최선은 최선을 불러 매출 신장을 만들고,

끝없는 믿음은 믿음을 불러 세계 속의 기업을 만들 듯이, 자미국에 대한 열정과 자미국의 뜻을 따르고자 하는 최선, 인황님과 사감, 진짜 하늘, 신에 대한 믿음은 불가능을 현실의 가능으로 이루기에 충분하다.

A그룹이라는 기업을 인류 속의 기업으로 만드는 초창기

때, 처음부터 "되기는 뭐가 돼. 불가능 해!"라는 부정의 마음으로 처음부터 포기했다면 현재의 기업은 이 세상에 없을 것이다.

바로 그 마음.

의심 없는 마음, 될 것이라는 믿음의 마음, 수많은 시련 속에서도 굴하지 않던 그 마음을 자미국에 바친다면 A그룹이라는 거대한 기업을 일으켜 세웠듯이 병석에 누워 있는 자신의 몸도 일으켜 세울 수 있다.

지금의 A그룹을 만들었음에 분명히 혼자의 힘으로 이룬 것은 아니다. 수많은 사람들과 함께하여 이루었듯이, 육신의 건강을 찾는 것도 같은 이치이다.

자미국의 인황님, 사감과 함께하면서 열정을 바쳐야 한다.

열정 없이 행한 일에 대한 결과는 중간에 포기이고 결과도 좋지 않다.

수많은 사람들과 A그룹을 세웠듯이, 이제는 자미국과 함께 자신의 몸을 일으켜 세우는데 열중해서, 건강한 몸으로 돌아와 자신의 혼이 서린 A그룹으로 나아가 자신이 일구어 놓은 기업을 자신 스스로 정리할 것은 정리해야 되지 않을까?

가족들도 RJS 회장이 이렇게 할 수 있도록 해줌이 도리 아닐까? 하고 이 저자는 생각한다.

사람이 감기든 암이든 작은 병이든 큰 병에 걸리는 이유는? 육신의 몸에 어떤 병균인지 세균인지 그 무엇인가가 침투했기 때문이다.

몸 안에 들어온 병균을 이기기 위해 우리 인간은 감기처럼 작은 병은 약과 주사로 치료하고, 암처럼 큰 병은 혹 제거 수술을 한다. 그러나 암은 혹 제거 수술을 하였음에도 불구하고 재발한다. 그러나 여기서 우리가 알아야 할 것이 있다.

우리 몸에 침투한 병균의 정체!

물론 인간 세상에서 환경오염으로 인한 침투와 불 청결로 인한 병균의 침투도 있지만, 대부분 병균의 정체는 인간의 삶을 끝없이 힘들게 하는 저급 신과 저급 영이 인간 육신의 몸으로 들어옴으로써 인간이 병마에 걸리게 되는 것이 대부분이며, 악신과 악령으로 인한 파장과 종교를 잘못 믿음으로써 그에 대한 파장의 결과이다.

병마의 원인이 저급 신과 저급 영, 악신과 악령의 파장이다 보니 의사를 통해서 분명히 혹을 제거했음에도 불구하고 다른 곳으로 전이되어 재발되는 것이다. 다시 말해 인간의 몸으로 들어온 저급 신과 저급 영, 악신과 악령이 인간 몸의 다른 곳으로 이동했음을 알리는 신호이다.

최첨단 의료기계로 인간의 몸에 이미 생긴 혹을 찍을 수 있고, 제거할 수 있을지는 모르지만, 형체도 없는 저급 신과 영, 악신과 악령을 최첨단 의료기계로 찍기에는 역부족이다. 자미국에는 인간을 치료하는 최첨단 의료기계는 없다.

자미국에서는 최첨단 의료기계와 의사들의 이론과 학식, 의술, 경험으로도 해결하지 못하는 영적 세계를 이 세상 그 누구보다도 정확하고 정밀하게, 잘못된 영의 파장으로 인하여 인간이 겪고 있는 인간의 병을 치료하는 일을 하는 곳이다.

흔한 말로 의사가 눈에 보이는 혹을 제거하듯이, 인황님과 사감은 인간의 몸에 소리 소문도 없이 들어와 인간 육신의 몸에 자리 잡은 악신과 악령을 제거하신다.

자미국이라 표현하였지만 정확히 말하자면 인황님, 사감과 함께하시는 태상천존 자미천황님과 천상감찰신명님의 대 능력으로 행해지는 일이다.

RJS 회장의 병명은 급성 심근경색이라 한다.

급성 심근경색도 혹과 같은 이치의 또 하나의 작용일 뿐이다.

감기도 걸리면 사람마다 증상이 다르듯이, 인간의 몸에 악신과 악령이 침투하면 사람마다 증상이 다르게 일어난다.

자미국의 인황님, 사감과 이미 인연을 맺은 사람 중에서도 급성 심근경색의 위험에서 벗어난 사람이 3명 있고, 암의 위험에서 벗어나 건강하게 살고 있는 사람이 4명이다.

또한 그동안 수많은 전염병이 우리나라 사람들의 건강을 위협했을 때도, 자미국의 사람들과 그의 가족들 모두는 너무도 건강하고 무탈하게 태상천존 자미천황님과 천상감찰신명님의 보호를 받았다.

자미국의 사람들은 어떤 전염병도, 희귀병도, 암도, 각종 질병도 두려워하지 않는다.

그러나 알아야 될 것이 있다.

인간의 병도 오래 되면 만성이 되어 의사도 못 고치듯이, 악신과 악령의 조화도 마찬가지다. 그 아무리 잘난 하늘과 신이 인간을 살려주신다 하여도 악신과 악령으로 인한 인간의 병이 너무 오래되면 이 또한 만성이 되어 치료가 불가능할 수도 있음을 알아야 한다.

인간의 가장 행복한 삶의 영위 방법은?

자신은 물론 자신 가족의 인생과 건강에 이상이 없을 때, 자미국에 입문하여 인황님과 사감의 가르침대로 사는 것이 자신의 모든 것을 악으로부터 보호 받는 길이지만, 두 저자가 세상 그 어느 누구도 알 수 없는 진정한 하늘과 신의 공부를 하는 과정이 너무 오래 걸리다 보니 이미 잘못된 사람들이 이 세상에 너무 많아 안타깝다.

하지만 이제부터라도 우리는 해내야 한다.

건강한 사람들은 자신과 자신 가족의 건강을 영원히 지키기 위해서 자미국 사람이 되어야 하고, 이미 상처를 입은 사람들도 안 된다고, 불가능하다고 좌절하지 말고 더 열심히 자미국 인황님과 사감 뜻에 동참하여야 한다.

크게 성공, 출세하여 많은 사람들에게 존경과 대우를 받으며 잘 살다가 하루아침에 병석에 누워 있는 신세가 되는 사람들과 이 세상을 떠나가는 사람들을 보고 건강한 사람들도 타산지석으로 삼아야 한다.

그들의 그 안타까운 신세가 내 신세, 내 가족의 신세가 될 수도 있음을 한시도 잊지 말고 자미국의 인황님과 사감 뜻에 동참하여 건강뿐만 아니라 자신의 소중한 모든 것들을 악신과 악령들에게 빼앗기지 말아야 한다.

악으로부터 우리 인간을 영원히 지켜주실 수 있는 분은 예수, 석가, 상제, 성모마리아, 교황, 승려, 신부, 목사, 가족들이 아니라 진정한 하늘 태상천존 자미천황님과 천상감찰신명님임을 다시 상기하여야 한다.

예수, 석가, 상제, 성모마리아, 교황, 승려, 신부, 목사 등등이 이 세상을 몇 천 년이라는 시간 동안 서로 돌아가면서 인류를 구원하겠다고 큰소리 뻥뻥 쳤지만, 구원은커녕 인간 세상은 갈수록 전 세계가 정신을 못 차릴 정도로 아수라장의 난장판 세상이 되어가고 있다.

화산 폭발, 지진, 쓰나미, 태풍, 허리케인, 전쟁의 공포, 비행기 추락, 열차 사고, 배의 침몰, 끝없는 전염병과 질병의 출현 등 어디가 끝일지조차 알 수 없는 공포의 일은 세계적으로 계속 일어나고 있다.

지금은 초창기라 대한민국을 기점으로 출발하여 대한민국을 살리고, 세계를 살리는 자미국으로 급부상하게 될 것이다. 대한민국의 사람들도 지금은 몰라서 못 오고 있을 뿐이고, 세계인도 몰라서 못 오고 있을 뿐이다.

이 세상에 자미국의 출범이 늦어 각자의 위치에서 원인조차도 모른 채 각자의 사연으로 참으로 많이도 아팠다.

그러나 인간 삶의 모든 것을 정밀히 진단해 주고 치료해 주는 인간 삶의 행복과 건강, 전쟁, 천재지변, 모두를 책임져 주는 진짜 하늘의 공간, 신의 공간이 생긴 이상 우리는 더 이상 예전처럼 아프지 않아도 된다.

예수, 석가, 상제, 교황, 신부, 승려 등이 구원한 세상이 현실로는 하나도 이루어지지 않은 말로만의 세상이었다면 자미국의 세상은 그들이 말했던 구원, 아니 그보다 몇 차원 높은 구원을 현실로 이루는 진정한 구원을 실현하는 세상이다.

개인의 구원은 물론, 기업의 구원, 나라의 구원, 세계 구원을 현실로 이루어낼, 진짜 하늘 태상천존 자미천황님과 진짜 神인 천상감찰신명님의 인간 구원 프로젝트!

이 대단한 진실을 전하는 자미국의 인황님과 사감!

행복의 기회, 건강한 삶의 기회, 평화와 사랑이 넘치는 삶의 기회를 잡을 여러분들.

저자와 여러분들! 이 정도면 우리 모두는 진정한 행운아임에 틀림없다.

물론 진짜 하늘 태상천존 자미천황님과 신이신 천상감찰신명님을 저자 인황님과 사감이 수많은 인고의 시간 끝내 찾았지만, 이 대단한 분들을 찾아낸 인황님과 사감!

말할 것도 없이 인류 행운의 주인공이 분명하고, 인황님과 사감이 전하는 진실 따라 행복의 인생을 거머쥘 여러분들!

우리 모두는 엄청난 행운의 주인공임에 틀림없다.

이 글을 쓴 지 이틀이 지난 지금 A그룹 RJS 회장이 병원에서 치료 받다 이제는 자택으로 옮겨 치료를 받을 것이라는 소식이 전해졌다.

인간 세상에서 말하듯이, 병원에서 자택으로 옮겨 치료받으라는 뜻이 아니라, 병원에 의지하며 치료 받는 것을 자미국으로 옮겨서 자미국의 인황님과 사감에게 의지하며 하늘과 신의 정기로 치료 받으라는 뜻이다.

난세를 해결하고자

명산대천을 두루 주유천하하며 기도수행 하던 어느 날!

하늘과 땅의 큰 기운을 받아 신비스런 일을 현실로 이룰 수 있는 경지에 도달하게 되었다.

저자는 그저 말을 했을 뿐이고, 마음만 먹었을 뿐이고, 생각만 했을 뿐인데 그 모든 것들이 현실로 그대로 이루어지는 이적과 기적의 일들이 저자의 삶과 이 나라, 심지어는 세계의 안과 밖에서 그대로 일어났다.

저자의 신분은 하늘과 땅이 인류에게 내리는 명을 하늘과 땅을 대신하여 인류에게 내리는 명 대행자 신분이다.

저자는 천지인세계통합국가 자미국을 이 나라의 중심부에 세워 인간의 삶을 살면서 우리 인간의 학식, 이론, 통계, 기술, 의술, 과학의 힘, 종교의 힘 등등 그 어떤 방법으로도 막을 수 없는 인간 세계의 수많은 고통과 근심 걱정, 천재지변의 수많은 위험에서 우리 인류를 구원하는 천지대업의 일을 현실로 이루고자 천계의 천명을 받아 무소불위하고도 신령스런 천지원력을 지니고 인간 세상으로 태어났다.

지금 대한민국은 개인의 삶뿐만이 아니라 전체적으로 수많은 위기에 처해 있는 상황이다. 대한민국뿐만 아니라 전 세계도 수많은 위험과 고통, 천재지변의 일들로 매우 불안하고 답답한 상황이다.

이 수많은 난제들을 해결하고자 수많은 의견들을 각계, 각층에서, 각 나라에서 제시하고 있지만 현실로 다가오는 위험의 일들을 해결하기에는 역부족이고 개인과 나라의 안과 밖에서 각기 다르게 일어나는 망신의 일, 해임, 파면, 원인 모를 각종 질병과 병마, 기업 붕괴의 일, 끝없는 사건 사고의 일들을 막기에는 모두가 역부족이다.

저자는 인간의 수많은 난세를 진정으로 해결할 제2의 예수이자 제2의 석가이다. 아니 힘든 인간의 삶을 진정으로 구원해 줄 진정한 영웅 중의 영웅으로 길이길이 남게 될 이 시대의 모두가 진정으로 기다린 자가 맞는지 아닌지는 독자 여러분들이 저자를 만나 힘든 자신의 삶을 의탁해 본 뒤에 각자의 삶과 각자의 가정, 각자의 기업, 이 나라가 어떻게 변하는지를 경험해 본 뒤에 판단함이 옳다 하겠다.

흔히들 말하는 하늘이 있고, 예수가 있고, 석가가 있고, 신이 있다면 쓰러져 가는 이 나라와 인류를 이대로 지켜만 보고 있지는 않을 것이다. 어떤 방법을 동원해서라도 고통 속에 잠들어 있는 우리 민족과 세계 인류를 불쌍히 여기시어 분명 구원해 주실 것이다.

고통과 아픔, 질병 등 수많은 사건 사고에 휘말려 있는 우리 인류를 구원해 주시고자 대단하신 하늘께서 선천세상의 시대에는 예수와 석가를 이 세상에 보내셨다면 후천세상의 시대에는 자미국을 통하여 인황과 사감을 이 땅에 보내시어 우리 인류를 구원하시고자 한다. 이것이 우리 인류가 진정으로 원하는 구원의 실현이다.

선천세상의 시대에는 예수와 부처의 이름으로.

후천세상의 시대에는 인황과 사감의 이름으로.

하늘과 땅의 진정한 인류 구원의 이름은 인황과 사감, 그리고 자미국이다.

하늘과 땅의 진정한 인류 구원의 이름!

인황과 사감은 인간의 모든 고통을 하늘과 땅의 대 능력으로 구원하고 인간 각자의 소구소망을 현실로 이루어내는 인류 최대의 영웅으로 길이길이 남게 될 인류 최초의 영웅 중의 영웅이 분명하다.

인간 세상에 존재하고 있는 수많은 사연과 수많은 슬픔과 고통들은 하늘과 땅의 진정한 대 능력과 함께한다면 해결 못할 문제는 하나도 없다. 자미국은 기존의 종교세계와는 완전 차원이 다른 새로운 세계이기에 인간이 겪고 있는 어떠한 문제도 해결 못할 일이 없다.

대통령부터 일반 서민에 이르기까지 겪고 있는 인생살이의 고민 걱정은 모두가 다르다.

저자는 인간 세상의 정상에 오른 대통령의 고민 걱정부터 일반 서민의 고민 걱정 모두를 해결할 명쾌한 해답과 방법을 모두 알게 되었다.

그래서 책을 집필하여 많은 이들이 인황과 사감의 도움으로 근심 걱정은 모두 저 멀리 허공으로 훨훨 날려버리고, 고민 걱정 없는 마음 편한 인생을 대한민국 국민들이 진정으로 살기를 바라는 마음으로 오랜 세월의 수행 과정을 마치고 책을 집필하여 널리 알리고 있다.

전·현직 대통령과 전·현직 장·차관, 전·현직 정치인, 전·현직 공직자, 기업인에 이르기까지 이들에게 불어 닥치는 끊이지 않는 불운과 불행한 일들의 근원, 이름 모를 질병의 근원, 고소고발의 근원, 해임, 파면의 근원, 단명, 심장마비의 근원, 자살의 근원, 장애아 출산의 근원, 부부이별, 교통사고로 인한 죽음 등등 수많은 인간 고통의 근원과 해결책 모두를 오랜 세월의 수행 과정을 통하여 모두 알게 되었다.

이 책을 통하여 자미국과 함께하고 인황, 사감과 함께하는 자들의 인생은 더 이상 아픔과 슬픔, 고통과 불행의 인생이 아닌 행복, 기쁨, 건강, 사랑이 샘솟는 이상향의 무릉도원세계와 같은 삶이 함께할 것이라고 두 저자는 자신 있게 말한다.

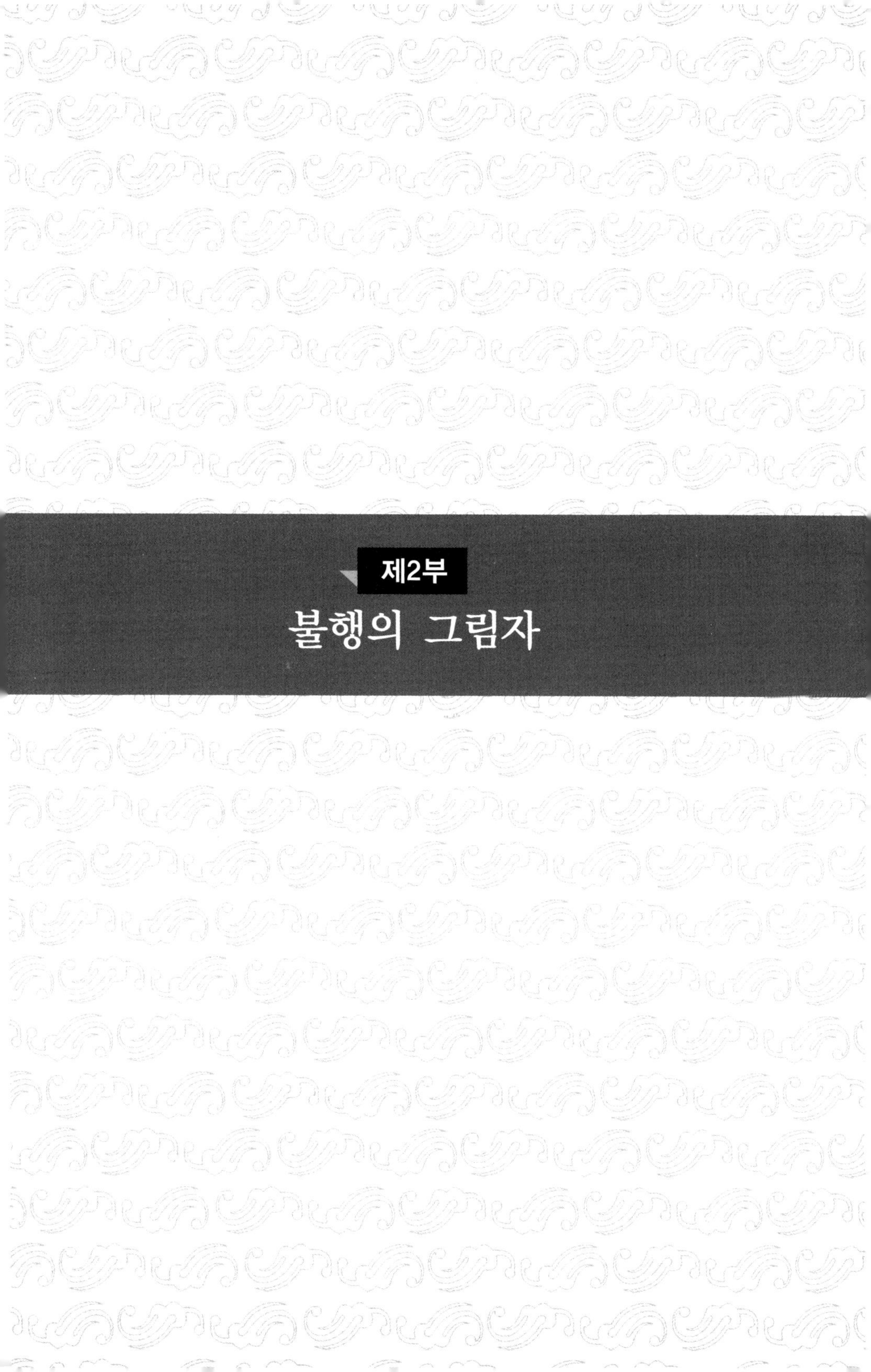

제2부
불행의 그림자

청와대와 국회를 휘감은 악의 기운

저급 신과 영, 악의 기운은 인간 각자의 몸으로만 숨어 들어와 인간의 건강과 행복만 해치는 것이 아니라, 청와대와 국회로까지 숨어 들어와 이 나라의 대통령과 장 · 차관, 국회의원 모두의 명예와 인생에 먹칠을 하고 있다.

전직 대통령과 현직 대통령들의 끝없는 비운의 정체는 다름 아닌, 저급 신과 영, 악의 기운이다.

사람들의 말대로, 청와대의 기운이 다 되어서, 인간의 자리가 아닌 신의 자리라서가 아니라, 저급 신과 영, 악들이 인간의 몸을 칭칭 감고 있듯이, 청와대와 전 · 현직 대통령의 몸을 칭칭 감고 있기 때문에 끝없는 비운을 맞게 되는 것이다.

대통령도 영의 세계에 대해서는 알 수가 없기에 영들이 뿌리는 악의 파장을 피하지 못하고, 악들을 이기지 못하다 보니 피해를 보게 되는 것이다.

그래서 전 · 현직 대통령 모두는 어느 누구를 막론하고 열심히 했든, 잘했든, 못했든, 어찌 됐든 대통령의 자리에 앉고 나면 행운의 주인공이 되는 것이 아니라 어떤 사연으로든 비운의 주인공이 되는 것이다.

자꾸 대통령들에게 안 좋은 일들이 생기니 청와대 터를 옮겨야 된다는 말도 나오고는 있지만 청와대 터를 옮긴다고 하여 악의 파장이 끝나지 않음을 저자는 전하는 바이다.

여러분들의 이해를 돕고자 동화 하나를 인용한다.

한 마을이 있었다.

그 마을에 원님으로 온 자들은 하룻밤을 못 견디고 온 당일 날 밤 모두 죽었다. 불행의 일이 반복되자 그 마을에 방이 붙었다. 원님 자리를 자처하는 자에게는 수많은 재산을 준다는 방이 붙었다.

그러나 원님 자리에 앉으면 그날 밤 죽게 된다는 것을 그 마을 사람과 다른 마을에서도 익히 알고 있던 터라 아무리 재산이 좋아도 원님을 하겠다고 나서는 사람들은 없었다.

그러던 어느 날 한 여자가 자신이 원님을 하겠다고 스스로 자처하고 나섰다. 그 여인은 원님 자리를 자처한 날, 방에 붙었듯이 많은 상금을 받아 자신의 집으로 향했다.

마을 사람들은 그 여인이 타 가지고 가는 많은 상금을 전혀 부러워하지 않았다.

죽음을 담보로 받아가는 일확천금보다는 그래도 사는 것이 좋다고 생각했기 때문이다. 그 여인은 병든 아버지를 모시고 살고 있었는데 집이 너무 가난해서 항상 배고픔에 시달리며 살았다.

하루는 조금 남은 쌀로 밥을 지어 아버지를 드리고 조금 남은 밥을 먹으려 할 때, 배고픔에 괴로워하는 두꺼비가 찾아왔다. 여인은 자신의 적은 밥을 두꺼비와 나누어 먹었다.

그 후에도 두꺼비는 계속 찾아왔고, 여인은 두꺼비와 자신의 밥을 계속해서 나누어 먹었다. 시간이 지나자 두꺼비는 서서히 기운도 차리고 살도 올라 항상 여인과 함께 생활하며 지냈다.

그러나 갈수록 생활은 궁핍해졌다.

여인은 병든 아버지라도 실컷 먹이고 행복하게 해드리고자 원님이 되면 죽는다는 것을 알면서도 원님의 자리를 자처하게 되었는데 여인은 원님 자리로 가는 전날 밤 울면서 두꺼비에게 이렇게 말했다.

"나 대신 아버지를 잘 부탁해."

다음 날 날이 밝자, 관에서는 그 여인을 데리러 왔다. 여인이 집을 나서는데, 두꺼비도 그 여인을 따라 나섰다. 여인이 두꺼비에게 자꾸 집으로 가라고 해도 두꺼비는 여인을 따라 관아까지 갔고, 원님이 머무르는 방!

그 방에 들어가면 모두가 그날 밤 죽게 된다는 죽음의 방으로 여인과 두꺼비는 함께 들어갔다. 밤이 깊어지자 온 방을 휘감고도 남을 정도로 큰 지네가 나타나 여인의 목숨을 위협하자 그 여인의 가슴에 안겨 있던 두꺼비가 여인의 품을 빠져나와 여인의 목숨을 위협하는 지네와 싸워 지네에게서 여인은 구하고 자신은 여인 대신 죽었다는 얘기이다.

원님으로 취임한 자들이 하룻밤을 못 버티고 죽게 된 이유는! 지네 때문이었다.

다음 날 아침, 관아 사람들은 새로 취임한 여자 원님도 죽었겠지 하면서 방문을 열었는데, 여자 원님은 멀쩡히 살아 있었다.

그리고 집채만 한 큰 지네가 죽어 있었다.

죽어 있는 지네를 보고 관아 사람들은 원님들을 죽인 정체가 지네였음을 알게 되었다.

이 이야기처럼 전 · 현직 대통령의 삶과 대통령 가족들의 삶을 비운의 삶으로 이끄는 존재는 다름 아닌, 저급 신과 저급 영, 악신과 악령이다.

저급 신과 영, 악신과 악령들은 청와대 온 전체를 칭칭 감고 있고 대통령으로 임명받아 오는 대통령 육신의 온몸과 인생을 칭칭 감고 괴롭히고 있어서 전 · 현직 대통령들에게 비운의 일이 끝없이 생기는 것이다.

저자가 예를 들은 동화 속 얘기처럼, 원님을 죽이는 지네와 싸워 이긴 자는 원님 당사자도 아닌, 원님을 호위하는 호위병도 아닌, 여인에게 진정으로 은혜를 갚고자 한 두꺼비였다.

저급 신과 저급 영, 악신, 악령들과 싸워 이길 수 있는 자는 대통령 자신도 아니고, 대통령 가족들도 아니고, 대통령을 호위하는 경호실장도 아니고 예수, 석가, 상제, 승려, 신부, 목사도 아닌 태상천존 자미천황님과 함께하고 천상감찰신명님과 함께하여 악의 굴레에서 이 나라를 진정으로 구하고자 하는 열정과 진심이 가득한 인황님과 사감임을 전하는 바이다.

역대 대통령부터 현재의 대통령에 이르기까지.

취임 당시 때나 퇴임 후.

각자 나름대로 비운의 주인공이 되었다.

취임 당시 때나 퇴임 후.

행운의 주인공이 된 대통령이 없다는 사실!

이 얼마나 가슴 아픈 일이던가?

나라가 존재하는 한, 앞으로도 대통령은 계속하여 선출될 것이다. 그러나 과거와 현재가 명확히 증명해 주듯이, 어느 누구도 저급 신과 영, 악의 파장을 피하지는 못할 것이다.

그들이 뿌리는 악의 파장은?

말실수, 행동 실수, 횡령, 무책임, 서로 책임 전달, 누명 씌우기, 명예 실추, 의욕 상실, 재임 중 파면 등이다.

그들이 뿌리는 악의 파장을 받으면 대통령 자신도 모르게 국민들의 쓴소리가 잔소리나 저주의 소리로 들려 대통령 자신도 국민과 나라에 대한 진심의 마음보다는 자신도 모르게 국민들을 이기려 하는 나쁜 마음이 생기게 된다.

때로는 국민들의 소리가 듣기 싫어 중간에 그만둘까? 하는 포기의 모진 마음도 든다. 악이 뿌리는 이 시험을 잘 통과하였다 해도 악의 파장은 거기서 끝이 아니라 쉼 없이 대통령의 명예와 마음을 괴롭게 하여 스스로 목숨을 끊게 하거나 누구로 하여금 총살을 당하게도 하고, 횡령에 연루되어 감옥신세와 은둔 신세의 비운의 삶을 만든다.

그들이 뿌리는 악의 기운은 너무도 지독하여 대통령조차도 눈치 채기 어렵고, 국민들도 눈치 채기 어렵고 종교지도자들도 눈치 채기 어렵다.

비운의 대통령, 비운의 나라를 악의 굴레에서 구할 수 있는 사람은 육적으로는 인황님과 사감이고, 영적으로는 태상천존 자미천황님과 천상감찰신명님이시다.

이제는 악의 밥이 되는 인생 끝내야 한다.

악의 파장이 끝나면 대통령은 물론 국민들과 이 나라 역시 편안하게 된다.

자미국을 통하여 악의 기운을 소멸하고 나면, 대통령과 국민들 사이는 의사소통이 잘될 것이고, 서로가 서로를 진심으로 아끼고 사랑하고, 격려해 주고, 축하해 주고, 힘을 실어주는 진정으로 멋진 세상, 멋진 나라가 될 것이다.

자미국의 인황님과 사감은 이런 세상을 만들고자 한다. 한 가정도 잘되기 위해서는 우선 부모님이 안정되어야 한다. 부모님이 안정되어 자식들을 잘 보살펴주어야 자식들도 안정감을 찾아 매사 하는 일에 적극적이고, 긍정적인 마음으로 서로를 아끼고 사랑해, 웃음 넘치는 편안한 가정이 된다. 부모가 계속 싸우면 아이들은 불안에 떨게 된다.

그러다 보면 학습 능률도 안 오르고 불량 청소년이 되기도 한다. 이 나라도 잘되기 위해서는 우선 이 나라와 국민들을 대신해 큰 나랏일을 하는 대통령과 장 · 차관, 국회의원, 고위공직자들의 마음을 안정시켜야 한다.

대통령과 장 · 차관, 국회의원, 고위공직자들이 안정되지 못한 상태에서 나라를 운영하면 국정을 운영하는 당사자들만 피해를 입는 것이 아니라 이 나라 국민들 모두 불안과 초조 속에 힘들게 된다.

국민들이 불안과 초조 속에 휩싸이다 보면 일의 능률도 안

오르니 경제발전 저하의 결과를 낳게 되고 책임감도 떨어지다 보니 작고 큰 사고로 연결되어 인명 피해, 재산 피해의 결과를 낳게 되고, 서로가 서로를 믿지 못하다 보니 크고 작은 싸움과 사건이 일어나는 등, 수많은 피해를 우리나라 전 국민이 입게 된다.

이 모두를 해결하는 방법은?

진짜 하늘과 신의 은혜를 입어 대통령과 장 · 차관, 국회의원, 고위공직자들이 악의 굴레에서 벗어나 하늘의 따뜻한 마음으로 이 나라를 운영해 줄 때, 국민들 모두와 이 나라도 안정되어 서로 행복할 수 있다.

물론 많은 사람들이 모여 사는 사회이기에 작은 충돌은 끝없이 생길 수밖에 없다. 많은 사람들이 모여 사는 사회이기에 생기는 작은 충돌은 어쩌면 이 나라를 더 발전시킬 수 있는 발전의 원동력이 될 수 있으나, 악의 파장으로 인한 충돌은 서로를 힘들게 하고 서로를 망치게 할 뿐이다.

악의 파장으로 인한 충돌은 작든, 크든 서로를 망치게 할 뿐 발전에 아무런 도움도 되지 않는다.

저자인 인황님과 사감.

자미국을 개국하고 인간의 몸과 기업으로 들어와 있는 악의 굴레에서 인간과 기업을 구원함에 정말로 죽을 뻔도 했다.

이 엄청난 악을 이기는 진실.

하루아침에, 저절로, 자동으로, 기도로, 쉽게 알게 된 것이 아니라 악들과 싸워서 악의 굴레에서 인간을 구원함에 정말로, 몇 번 실제로 그 악들에게 악의 저주로 죽을 뻔도 했다.

이 높은 단계가 되기 위해 인황님과 사감은 악들에게 수도 없이 해코지 당했다. 눈뜬 채로 생과 사의 길을 오가며 그들을 이기는 법과 그들의 정체에 대하여 알게 된 것이다.

자미국 개국 10년.

10년이라는 시간 동안 악의 굴레에 갇혀 있는 인류를 우리나라 사람들을 구하는 경지에 이르기까지와 지금에 완성된 내가 되기까지의 과정에서 겪은 고통과 아픔들.

종교처럼 작은 인간의 소원을 이루어주는 곳이 아닌, 이 나라의 대통령부터 장 · 차관을 구하는 방법을 알아가는 과정에서 겪은 고통과 아픔들.

대통령과 장 · 차관, 일반인에 이르기부터 이 나라에 계속되는 비운의 원인 밝히기부터 답을 알아가는 과정의 시간들을 어떻게 힘들었다고, 어떻게 고통스러웠다고 표현할 수도 없을 정도로 정말 엄청난 소용돌이의 오랜 시간들을 통하여 위대한 진실을 알게 되었다.

그러나 내가 겪은 고통의 시간들을 통하여 많은 사람들이 저자가 전한 진실을 알게 되어 자미국을 통하여 각자가 행복해질 수 있다면, 내가 그동안 죽을 정도로 힘들었던 고통의 세월에 대한 보상을 받는다는 마음으로 인류를 구하는 이 중차대한 일을 행하고 있다.

이 중차대한 일을 행함에 있어, 저자가 착하고 의협심이 강해서 행하는 것은 결코 아니다.

저자 역시 인간의 육신을 지니고 있다 보니, 태상천존 자미천황님, 천상감찰신명님의 기운과 원력과 가르침이 없다면 불가능한 일이다.

하늘님과 신명님의 가르침이 없는 날은, 나도 인간의 마음으로 돌아가기에 때로는 이기적인 마음, 포기의 마음, 원망의 마음, 질투의 마음이 든다.

나 개인의 행복과 성공을 누리기 위한 일이 아닌, 나 개인과 상관없는 인류를 구하는 이 높은 하늘의 일, 신의 일, 인류의 일을 내가 왜하고 있는 것인지?

내가 왜 해야 되는 것인지? 이 힘든 일을 한다고 세상에서 알아주는 것도 아니고, 나라에서 표창장을 주는 것도 아니고, 자격증을 따서 명성을 누릴 수 있는 것도 아닌, 남들은 때 되면 철따라, 날짜 따라 여행도 다니며 인생을 즐기건만, 나는 계절이 바뀌는 줄도 모르고 산다.

자미국 안에서 인류를 구하는 하늘 공부, 신의 공부에 여념이 없으니, 이런 나 자신을 바라보며 나 자신의 인생이 한 없이 불쌍하다는 생각이 들어 눈물을 흘리며, 가슴을 쥐어뜯어가며 인류를 진정으로 구원하는 하늘 공부, 신의 공부를 한 세월이 어느 덧 15년이 되었다.

하늘 공부, 신의 공부를 함에 있어, 어느 날은 하늘의 마음이 되어 인류를 바라보는 공부도 하였고, 신의 마음이 되어 인류를 바라보는 공부도 하였고, 악이 되어 인류를 바라보는 공부도 하였고, 천상세계에 올라 천상세계, 사후세계, 영의 세계, 조상님 세계를 알아가는 공부도 하였다.

이미 이 세상을 떠난 혼령들과 함께하면서 혼령의 마음을 아는 공부도 하였고, 살아 있는 대통령의 생령은 물론 유명 인사, 유명 연예인들의 생령(살아 있는 영, 흔히 혼이라고 알고 있고, 마음이라고도 한다)과 함께했다.

그러면서 매체를 통해서도 그들이 차마 높은 직책과 유명세 때문에 말 못하는 가슴 아픈 사연을 알게 되는 인간 세계로 표현하자면 실제로 천상세계, 신의 세계, 인간 세계를 골고루 체험 학습하였다.

인간 세계를 체험 학습하기 전과 인간의 생령을 접하여 그들의 진짜 마음을 알기 전에는 대통령과 장 · 차관들, 유명 인사와 유명 연예인, 성공한 자들, 부자들 모두를 나도 세상 사람들처럼 모두가 행복하고 강한 사람들인지 알았다.

대통령이라는 직책의 자리!

누가 봐도 부러운 자리, 선망의 자리 아니던가? 세상에서는 돈을 투자해서라도 대통령이라는 자리를 얻고 싶어 한다. 돈을 투자해서라도 그 자리를 얻고 싶어 한다는 얘기는 그만큼 선망의 자리이기 때문 아니겠는가?

장 · 차관 자리, 각계각층으로 다르기는 하지만 수많은 유명 인사의 자리, 일류 스타의 자리 또한 수많은 사람들에게 부러움을 받을 만한 선망의 자리가 분명하다.

저자 역시 하늘과 신의 대 능력으로 생령을 통해서 그들의 마음을 알기 전에는 그들은 고민 걱정도 없이 많은 사람들의 존경을 받으며 매체를 통해서 보이듯이 멋진 집에 멋진 차, 멋진 옷을 입고 근심 걱정 없이 잘사는 줄 알았다.

그러나 진정한 하늘과 신의 대 능력으로 그들의 마음을 알고는 처음에 많이 놀라웠다.

화려하고 찬란한 그들의 겉모습 뒤에는 너무도 많은 사기 배신의 상처와 눈물이 있었고, 높은 직책 때문에, 인기 때문에, 다시 말해 만인의 사람이기에 행동의 규제, 말의 규제를 받음으로써, 그런 삶이 자신들에게는 그 얼마나 외롭고 고독한 인생인지도 알게 되었다.

사기배신, 가족 사망, 질병으로 받은 상처와 눈물, 지독한 외로움과 고독, 정말 하고 싶은 말을 못하고 가슴에 묻고 사는 인생의 아픔은 그 아무리 높은 직책으로도, 화려함으로도, 인기로도, 찬란한 조명불로도, 많은 재산으로도 채울 수 없는 너무도 큰 아픔이라는 것을 알게 되었다.

세상 누구도 모르는 그들의 내면에 깊게 깔린 아픔을 알고 나니, 유명 인사들, 성공하여 각자 자리에서 정상에 오른 자들, 재벌 자신과 재벌 2세들의 약물중독과 사고와 자살의 원인도 알게 되었다.

세상 사람들은 물론 저자 또한 이 진실을 알기 전에는 "세상의 모든 것을 다 가진 저 사람들이 무엇이 아쉬워 자살을 하고, 무엇이 괴로워 우울증에 걸리고, 정신병원을 다니고, 마약성 약물을 복용하여 자신의 인생을 망치는지" 도무지 이해가 가지 않았다.

일반인이 보기에는 일반인들이 그토록 갖고 싶어 하는 명예와 권력, 재산, 인기, 존경 등 그야말로 일반인들이 갖고 싶어 하는 모든 것을 다 가진 그들이 무엇이 아쉬워서? 그들의 아픔과 그들의 자살이 이해되지 않았다.

그러나 명예와 권력, 인기 정상에 오른 이들을 구원하기 위하여 이들의 마음을 직접 느끼는 시간들은 한마디로 표현하자면 너무도 아프고, 너무도 답답하여 죽고 싶다는 마음이 나도 모르게 들 정도로 아프고 답답하였다.

세상 모두가 잠든 시간.

그들은 깊은 잠에 들지 못하고 별을 바라보며, 달을 바라보며, 무릎에 얼굴을 묻은 채, 베개를 안고, 이불을 안고, 멈추지 않는 눈물을 흘리고 또 흘리고, 그래도 눈물과 아픔은 식을 줄을 모르니, 눈물 속에 밤을 지새운 채, 명예와 직책 때문에 눈물은 뒤로하고 자신의 진짜 마음과 다른 웃음의 가면을 쓰고 국민들 앞에, 직원들 앞에, 시청자들 앞에 설 때는 자신의 진정한 마음과는 달리 웃음과 당당함으로 나선다.

아무도 없는 곳에서는 그 어느 누구보다도 눈물도, 아픔도, 나약함도 많은 불쌍한 사람이 웃음의 가면과 당당함의 가면을 쓰니, 진짜 하늘과 진짜 신이 아니라면 가면 뒤에 숨은 그들의 아픔을 어느 누가 알 수 있으랴?

그들의 가면 뒤에 숨은 아픔과 슬픔, 괴로움!

가족도, 지인도 모르기에 그들의 불행을 막지 못하고, 도와주지 못하는 것이다.

성공한 자들의 불행한 인생과 아픈 인생.

공부하는 과정 동안 정말 그들이 흘리는 눈물과 아픔을 느끼는 마음을 그대로 재현하는 시간 동안은 가슴이 찢어지는 아픔의 시간이었다.

흔한 말로 생살이 찢어져도 그 자체만으로도 아픈데, 상처나 아픈 곳에 소금을 뿌리는 정도의 정말 '쓰라림의 아픔'이었다.

때로는 만사가 귀찮고, 모든 것을 포기하고 싶은 마음이 마음 깊은 곳에서 일어났다.

이 아픔의 시간을 보내면서, 남부럽지 않은 자들이 왜 자살을 하는지? 알게 되었다.

자미국의 인황님과 사감이 하는 구원은 기존의 종교처럼 기도를 통해, 경전을 통해서, 부처님 말씀, 예수님 말씀을 통하여 말로 하는 구원이 아닌, 인황님과 사감이 직접 삶의 체험을 통하여 하는 진정한 구원 중에 구원의 일을 현실로 실현하는 구원이다.

장 · 차관들이 때로는 서민들의 삶을 알고자, 각 분야의 체험현장을 통하여 서민 삶의 고통을 아는 과정을 거치듯, 인황님과 사감은 일반인의 삶부터 대통령의 삶, 전부를 하늘과 신의 가르침을 현실로 수행하였다.

그러면서 직접 그들의 인생에 뛰어들어 그들의 마음이 되어 그들과 똑같이 눈물의 시간, 아픔의 시간, 고통의 시간, 체험의 시간을 통하여 아픔과 고통의 원인과 해결법까지 알게 된 진정으로 고귀하고도 존귀한 진실 중의 진실이다.

하늘과 신께서는 인류에게 말씀하신다.

무릎 속에 얼굴 묻고 울지 말고, 아무도 없는 빈방, 베란다에서 하늘 바라보며, 별을 바라보며, 달을 바라보며, 베개나 이불로 입 틀어막고 아픈 눈물짓지 말고 자미국에 인황과 사감을 통하여 나를 만나 나를 붙들고 시원하게 울고 진정한 구원받으라 하신다.

하늘과 신께서는 인류의 아픈 마음을 기쁨의 마음으로, 부정적인 마음은 긍정적인 마음으로, 눈물은 웃음으로, 자살하고픈 마음은 살고 싶은 마음으로, 미움의 마음은 사랑의 마음으로 순식간에 변화시켜 주신다.

웃음의 가면을 쓰고 억지로 웃는 인생이 아닌, 진정으로 기뻐서, 신나서 웃는 현실의 웃음을 준다 하신다.

대통령부터 일반인에 이르기까지 각자가 각자의 사연으로 아프고 슬픈 이유!

모두가 다르듯이 원인과 해결법 또한 다르다 하신다.

인간 세상에 정형외과도 있고, 내과, 외과, 성형외과, 이비인후과도 있고, 산부인과도 있고, 한의원도 있고, 치과 등 모두가 다르게 있고, 아픈 사람들도 아픈 정도와 부위에 따라 각자에게 맞게 가야 하는 병원이 따로 있듯이, 하늘세계와 신의 세계 또한 마찬가지라 하신다.

절로 가야 할 사람, 교회로 가야 할 사람, 도교로 가야 할 사람, 산속으로 가서 기도해야 할 사람, 무당집으로 가야 할 사람, 자미국으로 가야 할 사람 등 모두 다르다.

원인과 치료법 또한 다르기에 원인과 치료법은 1대 1 상담을 통하여 공개한다.

절이나 교회나 도교처럼 정해진 이론과 형식, 반복되는 경전, 성경의 내용대로 행하는 자미국과 인황님, 사감, 태상천존 자미천황님, 천상감찰신명님이 아니시기에 이론과 형식, 경전의 반복되는 내용에 따라 행하는 자미국이 아니기에 딱 이거다 하고 정해 놓고 말할 수가 없다.

항상 원인과 해결책은 1대1로 인황님과 사감의 상담을 통하여 원인과 해결법을 밝힌다. 인생을 살면서 자신이 얻고자 하는 소중한 그 무엇인가를 얻고자 할 때, 자신의 피나는 노력과 열정, 금전이 들어가듯이, 자미국에 입문하여 행복의 인생, 기쁨의 인생을 하늘과 신의 보살핌으로 누리게 됨에 있어 절대 공짜로 얻을 수는 없다.

각자에 맞는 열정과 믿음, 금전 또한 들어감을 알아야 한다.

금액 또한 상담을 통하여 원인과 해결책을 찾은 후, 금액도 결정된다.

정치인들 당사자가 편해야 편안한 나라, 편안한 국민의 삶을 만들 수 있다.

여당과 야당의 국회의원들이 하루가 멀다고 서로 싸우는 이유 또한 악들의 파장이다. 국회의원이 되어 국회의원 자리에 앉으면 국회의원들로 하여금 악들은 자신의 잘남 외에는 아무것도 안 보이고, 안 들리게 조정하여, 하루가 멀다 하고 서로의 잘남을 내세우며 상대를 헐뜯으며 자신의 명예에 먹칠을 하는 일을 계속 하게 만든다.

흔한 말로 정치를 하러 정치인이 된 것인지, 싸움하러 정치인이 된 것인지조차 모를 정도로 하루가 멀다 하고 싸우고 있으니 이 얼마나 낭패란 말인가?

정치인이라는 꿈을 현실로 이루어 자신들이 그토록 원하던 자리에 앉게 되면 모두가 그러는 것은 아니지만 대부분 독해지고, 싸움도 못하던 사람들이 싸움을 하게 되고, 배려 많던 사람들도 배려의 마음보다는 상대를 헐뜯는 못난 모습으로 변하게 된다.

사람들은 못되게 변한 이들의 모습을 보고,

“먹고 살만 하니깐.”

“권력을 손에 쥐고 나니깐 눈에 보이는 것이 없어서.”

그러는 것이라고 한다.

물론 인간성의 문제도 있지만, 어떠한 빙의로 인한 파장의 영향이 더 크다.

자미국에서는 인간성이 문제였든, 악신과 악령의 빙의로 인한 파장의 영향이든, 자미국의 인황님, 사감이 전하는 진실의 말을 믿고 의지하며 진짜 하늘과 신의 존재를 믿고 따른다면 불가능은 없다.

자미국의 도움 없이 인간의 노력으로 이룰 수 있는 부분을 자미국에서 재탕하고자 자미국이 개국된 것이 아니라, 인간의 노력과 열정으로 이루지 못하는 부분, 흔히 말해 인간의 힘으로 어찌 해볼 도리가 없는 부분을 하늘과 신의 능력으로 이루어가는 행복 실현의 자미국이다.

인생사를 살아감에 태산 같은 권력과 태산 같은 재산, 높은 인기로도 어찌 해볼 도리가 없는 개인의 답답함, 가족의 답답함, 기업의 답답함이 있다.

각자의 답답함을 가슴에 안고 있자니 속이 터질 지경이라 이를 해결해 보고자 종교의 힘을 빌리기도 하지만, 종교의 힘으로도 인간 각자가 겪고 있는 문제점을 해결하기에는 이미 역부족임을 수많은 세월의 시간 동안 많은 사람들이 종교를 믿음으로써 증명된 확실한 사실이다.

자미국에서 종교를 굳이 부정하지 않는다 해도 수많은 사람들은 이미 종교가 인간의 삶을 책임져 주고 안락하게 해주기에는 역부족임을 알고 있다.

그러나 종교가 아닌, 그 어떤 새로운 세상이 이 세상에 없으니 종교의 허점을 알면서도 어쩔 수 없이 다니고 있는 사람들이 과반수다. 자미국은 기존 종교 세상의 모든 것을 탈피한 기존의 종교와 완전 색다른 곳이다.

인간의 꿈을 현실로 좀 더 빨리 이룰 수 있도록 도와주고, 각자가 어렵게 얻은 명예와 권력, 재산을 안전하게 지킬 수 있도록 도와주고, 자신의 건강과 부귀영화는 물론 자신의 가족과 기업을 지켜준다.

인간의 건강을 각종 병마와 각종 사건사고에서 보호해 주고 지켜주어, 건강한 육신의 삶을 살 수 있도록 도와주고, 맑은 정신과 맑은 마음, 맑은 생각을 북돋아주어 세상을 긍정의 마음과 생각으로 살 수 있도록 정신과 마음을 안정시켜주는 공간이 자미국이다.

인간의 행복을 지켜주고 인간의 삶에 끝없는 희망과 건강을 선사해 주는 공간으로써, 우리 인간에게 절대적이며 꿈의 공간이 될 자미국이자 인황님과 사감이다.

각자의 기업과 가족.

인간이 지키고 싶다는 마음만으로 절대 지킬 수 없다. 인간의 간절한 마음만으로 소중한 것을 얻고 지킬 수 있다면 하늘의 존재, 신의 존재, 조상님의 존재는 필요 없을 것이다.

이 세상에 생존하는 수많은 사람들의 재주가 모두 다르듯, 하늘의 능력, 신의 능력, 조상님 능력 모두 다르다.

우리 인간이 잘 살 수 있는 길은 인간의 노력과 하늘의 도움, 신의 도움, 조상님의 도움이 더해져야 진정으로 행복한 삶을 살 수 있게 된다.

노력하지 않는 인간의 삶에 하늘과 신, 조상님의 도움은 무용지물이고, 노력하는 인간의 삶에 하늘과 신, 조상님의 도움이 빠지면 인간의 노력은 무용지물이 된다.

각자 공들여 놓은 인생과 가족, 기업, 이 나라가 고루 편안하게 잘 사는 길은 진정한 하늘과 신, 조상님을 이제는 인정하고 받아들여 인간의 힘과 노력으로 안 되는 부분들에 대해서 도움을 받아야 한다.

인간 세상 각 분야에는 전문가가 있다. 일반인이 전문가 보다 더 잘할 수 없듯이, 인간이 하늘과 신, 조상님이 하는 부분을 이분들보다 더 잘할 수 없다.

아무리 맛난 고기도 물의 역할을 할 수는 없다. 고기는 고기로서의 역할이 있고 물은 물로서의 역할이 분명 있다. 마찬가지로 인간은 인간으로서의 역할과 능력이 분명 있다.

인간이 아무리 잘났어도 하늘과 신, 조상님의 역할까지 할 수 없고, 능력 또한 지닐 수는 없다. 인간의 노력과 역할에 하늘과 신, 조상님의 도움이 더해진다면 이 세상은 참으로 살맛나는 삶이 될 것이다.

유명가수가 노래를 잘한다 해서 자신의 무대를 자신이 직접 멋있게 꾸미고 노래를 작사 작곡까지 잘하는 것이 아니라,

여러 가지가 골고루 자신에게 맞게 잘 어우러져야 유명한 가수가 될 수 있듯이, 인간의 삶이 편안해지기 위해서는 하늘과 신, 조상님의 도움은 절대적이다.

자미국의 인황님과 사감은 행복한 인류를 위해 하늘과 신, 조상님을 잃어버린 인류에게 진정한 하늘과 신, 조상님을 찾아주고 인간의 몸 안에 함께하고 있는 악귀 잡귀와는 영원히 분리시켜 잘 살 수 있도록 해주는 일을 하고 있다.

자신의 인생과 가족, 기업의 행복, 기쁨, 건강이 필요한 사람들은 자미국에 예약을 한 뒤 저자와 친견 상담을 한 뒤, 절차에 따라 행하여 하늘과 신, 조상님이 주는 행복, 기쁨, 건강을 받아 잘 살면 된다.

자미국에서 말하는 하늘님은, 기존에 기독교와 천주교에서 예수가 말했던 종교적 관념의 하나님 아버지를 말하는 것이 아니라, 천지만생만물 모두를 태초로 창조하신 태초의 하늘로서, 기독교에서 말하는 하나님까지 창조하시고 모든 인간과 신을 지휘 통솔하시는 천상지상의 총사령관님 역할을 하시는 높고도 높은 하늘을 말한다.

신은 무속세계에서 말하는 인간의 삶을 더 힘들게 하고 아프게 하는 무속계의 신을 말하는 것이 아니라, 지금까지 세상 어디에서도 밝히지 못한 인간의 삶을 진정으로 이롭게 하는 신을 말하며, 무속세계에서 말하는 모든 신들을 거느리고 지휘 통솔하시는 모든 신의 최고를 말한다.

조상님은 인간의 삶을 살다 육을 잃은 모든 영가를 말하는 것이 아니라, 사후세계에서 천지자연의 이치를 진짜 하늘과 진짜 신의 도움으로 깨달아 살아 있는 자손을 도와 줄 수 있는 힘이 생긴 조상님을 말한다.

자미국에서 하는 모든 것들은 단어로는 세상에 이미 알려진 것과 같지만 의미는 완전 다르다. 자미국에서 행하는 모든 것들은 세상에서 행한 적이 없는 전혀 새로운 것을 행한다.

하늘과 신, 조상님의 도움을 받지 못한 사람들이 인생의 굴곡을 겪은 사례들이다.

01~03대 이승만 대통령
하야 후 하와이로 망명

05~09대 박정희 대통령
시해

11~12대 전두환 대통령
감옥살이, 동생 구속

13~13대 노태우 대통령
감옥살이

14~14대 김영삼 대통령
아들 구속, IMF사태발생
삼풍백화점과 성수대교 붕괴, 선박침몰, 여객기 추락

15~15대 김대중 대통령
아들 구속

16~16대 노무현 대통령
형 구속, 투신자살

17~17대 이명박 대통령
형 구속, 영부인과 아들 검찰 조사, 4대강 개발 비리의혹

CNR 총리 지명 후보자
동영상 파문 15일 만에 사퇴

산케이 신문 서울지국장
명예 훼손으로 고소당해 검찰조사

CKD 청와대 대변인
대통령 미국 순방 중 성추문 사임

DYD 새 정부 국무총리 지명자
후보 사퇴

EHD 전 헌법재판소장
후보 사퇴

DBS 해수부 장관
실언으로 전격 경질

GKR 법무차관
성 접대 논란으로 법무차관 사퇴

DNR 대검총장
혼외 아들 의혹으로 사임

WJS 동부지검 검사
피의자와 성관계

CKD 제주 지검장
음란혐의 사임

GML 전 국회의장
골프장 성추문 사건

여성대통령 취임 이후 성추문 사건이 끊이지 않고 일어나고 있는데 여러분 모두도 자유로울 수 없다. 자기 가족이나 친인척 중에 결혼하시 못하고 청춘에 죽은 당대와 윗대 조상님들이 있는 사람들과 권력과 명예를 시기 질투하는 귀신들이 들어오면 이처럼 망신살이 뻗친다.

고위인사 육신의 몸 안에서 청춘에 돌아간 조상님이 성욕이 발동해서 성추행을 했든 악귀잡귀 귀신들이 성추행했든 외형상 행위자는 인간인 고위인사이기에 진위여부를 떠나서 자신의 명예에 치명적인 먹칠을 했다.

조상님이든 악귀잡귀 귀신들이든 이들을 물리치고 권력과 명예를 지킬 수 있는 길은 자미국에 들어와서 입천제를 올리는 것이 가장 유일한 길이다.

입천제를 올려 조상님들은 천상 자미천궁으로 보내드리

고, 귀신들은 왔던 곳으로 돌려보내 성추문의 파문뿐만 아니라 어떤 파문에도 어떤 누구도 휩싸이는 피해를 보지 말아야 한다.

검사와 피의자 성관계 사임.

제주 지검장 성추문 사건으로 사임.

법무차관 성 접대 사건으로 낙마.

이들도 마찬가지로 본인들이 그런 것이 아니라 몸 안에 있는 영적 존재들이 그들을 조정하여 일어난 망신스런 일들이다.

사건의 심판이 끝났다고 하여 이들의 인생에 불행이 끝난 것은 아니다. 영적 존재들은 그들의 몸 안에서, 또는 그들의 인생 그 어딘가에 숨어 지금과는 다른 방법으로 그들을 괴롭힐 일을 연구 중이다.

성추문의 피해를 입은 당사자들이 이 문제를 해결하지 못하면 자신의 자손들 그 누군가에게 조상청춘귀와 원혼귀, 악귀잡귀, 사탄마귀 귀신들이 들어가 자식들의 인생에도 망신살이 뻗칠 일이 생기게 된다.

조상님은 천상세계로 보내드리고 악귀잡귀는 자신과 자신 가족들의 삶에서 몰아내야 더 이상 본인은 물론 가족들도 피해를 안 보게 된다.

악귀잡귀로 인한 암은 수술해도 또다시 재발하듯이 인생의 파문 또한 자신이 망신의 일을 겪었다고 해결된 것이 아니라, 이 또한 재발함을 알아야 한다. 저자의 설명을 듣고 생각들을 해보아라. 정령 본인들이 그런 것인지?

아니면 자신의 의지와 전혀 상관없는 일이라 사건이 끝난 지금도 기가 막혀 억울한지를?

자신이 한 일이라고 인정하면 굳이 자미국에 안 찾아와도 된다. 저자의 말처럼 본인이 스스로 행하긴 행하였지만 전혀 자신의 의지와 상관없이 일어난 일이라는 생각이 들면 서둘러 찾아와야 된다.

흔한 말로 자신의 의지와 상관없는 '귀신에게 홀린 듯한 느낌'이면 주저 말고 자미국으로 찾아와 자신을 홀린 귀신을 보내는 의식을 반드시 행하여 더 이상 귀신에게 홀린 인생 살면 안 된다.

귀신에게 완전히 홀리면 자신의 권위도 잃어버리게 되어, 자신이 해서는 안 되는 일도 아무 생각 없이 귀신이 조정하는 대로 행하게 된다.

그리고 어느 순간 자신의 모습으로 돌아오면,

"난 안 했다"라는 말을 하게 된다.

국민들은 그들의 모습과 말을 듣고, 오리발 내민다고 하는데,

"난 안했다"는 자신의 말도 맞는 말이고, "오리발 내민다"는 국민들의 말도 맞는 말이다.

엄밀히 말하면 인간 자신이 한 것이 아니라, 자신의 몸에 들어온 귀신과 한이 많은 조상 영혼이 인간 육신을 통해서 하게 만든 것이다.

그러니, 인간 자신이 안 했다는 말도 맞는 말이고, 진정으로 행한 귀신과 조상 영혼들은 자신들이 인간으로 하여금 행

하게 만들어놓고 자신들이 행했다 하지 않고 인간이 행한 것처럼 인간에게 뒤집어씌워 인간의 삶을 망신스럽게 하니, "오리발 내민다"는 국민들의 말도 맞는 말이다.

그러나 이 세상의 사람들은 영의 세계에 대하여 알 수가 없기에, 인간이 그랬는지, 귀신에게 인간이 조정당하여 그랬는지 알 수 없기에, 망신과 피해는 귀신에게 홀려 귀신이 시키는 대로 행한 나약한 인간의 몫이다.

흔한 말로 성공한 자리에 오른 지성과 인성을 갖춘 잘난 그들이 무엇이 아쉬워 자신의 명예에 먹칠을 하는 멍청한 짓들을 하겠는가? 귀신에게 홀리고 원과 한이 많은 각자의 조상 영가들에게 빙의되면 인간의 잘난 지성과 인성으로도 제어를 할 수 없게 된다.

귀신들에게 홀리고 원과 한이 많은 각자의 조상에게 빙의되는 그 순간은 인간의 아이큐는 제로에 가깝게 되고, 인간의 정신력 또한 제로에 가깝게 되고, 인간의 생각 또한 무의식 상태가 되기에 성추문을 일으키게 되는 것이고, 직책에 맞지도 않는 바보 같은 말, 애기 같은 말, 무책임한 말을 하게 되어 자신의 위상에 먹칠을 하게 된다.

영의 세계, 귀신의 세계, 조상 영가의 세계, 하늘세계, 신의 세계를 몰라 인간이 피해를 보게 되는 일은 한두 가지가 아니다.

피해를 본 많은 잘난 사람들.

분명 종교가 있었던 사람들도 많다.

그러나 저자가 말했듯이, 종교에서는 귀신의 조화, 한이 많은 조상 영가들이 뿌리는 나쁜 일을 해결하여 인간이 그들에게서 피해를 안 보는 행복의 인생, 억울하지 않은 인생, 절대로 만들어줄 수 없다.

잘못된 종교에 의지하다 보면 자신의 명예와 재산, 가족은 물론 모든 것이 더 힘들고 망신스러운 인생 살게 된다.

인간의 권력과 명예와 돈과 목숨을 빼앗아가려는 악귀잡귀 귀신들은 헤아릴 수 없이 많지만 인간은 전혀 그들에게 대응할 생각도 못하고 완전 무방비 상태로 살아가고 있다.

인간의 소중한 재산을 도둑들에게서 지키고자 회사와 가정의 현관문에 잠금장치를 철저히 하고 비밀번호를 수시로 바꾸듯이, 이제는 자미국을 통하여 인간의 육신과 인간의 삶을 악들에게서 지키고자 잠금장치를 철저히 해야 한다.

집과 현관문에 잠금장치를 하여 인간의 도둑을 막듯이, 인간 육신의 몸에 잠금장치를 하여 귀신들의 침입을 막아야 망신의 일들이 생기지 않는다.

인간의 육과 인생으로 귀신들이 침입하지 못하게 하는 장치를 천인합체의식이라 하는데 이것에 대해서는 뒷부분에서 자세히 설명할 것이다.

천인합체의식을 행하지 않으면 청춘에 죽은 조상과 귀신으로 인한 관재, 손재, 망신살을 해결할 수 없다. 그러면 평생 고생하여 벌어들인 큰 재산과 권력, 명예, 건강, 목숨, 가족, 기업 모두가 언제 어떻게 사라질지 모르는 시한폭탄의 인생이니 자미국을 통하여 천인합체의식을 행하여 귀신들의 행패로부터 자신은 물론 가족, 기업, 이 나라가 구원받아야 한다.

성추문과 비리폭로, 뇌물수수로 검찰에 소환되어 사회적으로 망신당하고 구치소, 교도소에 수감되어 매장당하는 사람들은 어서 빨리 귀신들의 존재를 자미국에 들어와서 소멸시켜야 또 다른 사건사고의 재발을 막을 수 있다.

악과 귀신으로 인한 피해는 어제 오늘의 일이 아니고 피해를 본 사람들 또한 한두 명이 아니다.

우리의 기억 속에서 사라진 일들일 수도 있지만 수많은 사례들을 통하여 타산지석으로 삼아 하루빨리 자미국을 통하여 귀신들의 홀림에서 벗어나 개인은 물론 가족, 기업, 이 나라 모두가 구원받는 현명한 방법을 선택해야 한다.

국제그룹 해체

국제그룹은 1947년 창업자 양정모 회장이 부산 동구 범일동에 세웠던 고무신 생산 업체 국제고무공장에서 출발했다. 이 공장의 고무신 브랜드는 '왕자표 고무신'이었다.

1960년 3월 범일동 공장에서 불이 나 62명이 숨지고 39명이 다쳤다. 1962년 국제고무공업은 국내 회사로는 최초로 미국에 농구화를 수출했다. 1973년 사명을 국제상사로 바꾸고 증권거래소에 주식을 상장했다.

국제상사는 1981년 국산 신발 브랜드인 '프로스펙스'를 만들었다. 프로스펙스는 미국 마라톤 전문 월간지 〈런너스 월드(Runners World)〉로부터 별 5개 등급을 받으며 미국 6대 스포츠화로 선정됐다.

1975년 국제상사는 종합상사로 지정됐고 국제그룹은 1970년대 중화학, 섬유, 건설 분야 등에 진출하며 성창섬유, 국제상선, 신동제지, 동해투자금융 등을 세웠다.

1977년 연합철강과 그 계열사인 연합물산, 연합개발, 연합해운을 한꺼번에 인수했다. 국제그룹은 1980년대 21개 계열사를 두며 재계 서열 7위에 오를 정도로 급성장하였으나 그 후 악재에 악재가 겹치면서 많은 고통을 겪게 되었다.

잘나가던 사람, 잘나가던 기업이 어떤 사건으로 해임, 파면, 파산의 일을 겪으면 악재를 만났다고들 한다.

사람들이 말하는 악재!의 진실.

악한 귀신을 만났다는 뜻이다.

물론 악한 귀신의 역할은 사람이 한다.

그러나 사람의 눈에는 자신의 몸에 있는 악한 귀신이 보이지도 들리지도 않고, 자신의 기업에 있는 악한 귀신, 상대의 몸에 있는 악한 귀신이 전혀 보이지도 들리지도 않기에,

때로는 자신의 몸에 들어와 있는 자신의 귀신으로 인해,

때로는 자신의 가족 몸에 들어와 있는 가족 귀신으로 인해,

때로는 사업 동반자에게 들어와 있는 지인의 귀신으로 인해 피해를 보게 된다.

하지만 사람들은 많은 피해를 보고 난 이후에도 진실을 알지 못하여 귀신의 존재를 해결하지 못하고 그대로 귀신을 방치하다 보니 제2의 피해, 제3의 피해를 입게 되고, 결국은 해임, 파면, 파멸, 기업 도산, 자살이란 엄청난 피해를 입게 된다.

사람과 사람 사이에서 사람에게 피해를 입히는 존재가 수많은 사람들의 생각처럼 사람이었다면 오히려 다행일 수도 있다.

무슨 말인가 하면?

피해를 입힌 상대가 자신이 알고 있는 가족이나 지인이라면, 물론 자신은 피해를 입어 죽을 정도로 속은 상하겠지만 자신에게 피해를 입힌 가족이나 지인은 흔한 말로 성공할 것

아니던가?

그러나 자신에게 피해를 입힌 상대도 자신과는 다른 사연으로 어느 시점에 가보면 같이 망가져 있다.

자신을 망가뜨린 사람도 망가져 있다!

사람들은 벌 받았다고 알고 있지만, 벌 받아서가 아니라 상대 또한 사람인지라 귀신의 장난을 이기지 못한 것이다.

이처럼 귀신의 장난을 이기지 못하면 자신은 물론 가족, 지인, 어느 누구에게도 득이 되지 않고, 서로가 서로를 소리 없이 망가뜨리고 죽여서 서로 힘들 뿐이다.

이 상황에서 득을 보는 자는,

망가진 자도 아니고, 상대를 망가뜨려 상대의 직위, 명예, 기업을 빼앗아간 자도 아니고, 오로지 인간을 망가뜨리고자 하는 욕망으로 가득한 귀신과 저급 신과 저급 영뿐이다.

그들은 인간의 피눈물 앞에서도 꿈쩍 안 한다.

그들은 인간의 피눈물 앞에 인간을 망가뜨릴 제2, 제3, 제4 등등 끝없는 음모에 들어간다.

그들이 음모를 꾸며 인간을 망가뜨리고자 할 때는 반드시, 인간 육신을 통해서 한다. 자신의 음모를 실행할 인간을 고를 때, 그들은 못난 인간보다는 잘난 인간, 다시 말해 성공한 사람들을 노린다.

악들은 잘나서 잘나가던 사람들이 망가져 피눈물을 흘리고, 많은 사람들에게 망신당할 때, 악들은 쾌감을 느낀다고 하늘께서 가르쳐주시면서, 악들에게 인간의 행복, 기쁨, 명예, 가족, 기업, 건강, 생명을 빼앗기기 싫은 사람들은 악의 굴레에서 벗어날 수 있는 입천제와 천인합체의식을 하루빨리 행한 뒤에 인간의 삶을 살라 하신다.

그 길만이 인간의 소중한 모든 것을 지킬 수 있는 유일한 방법이라 하신다.

국제그룹 역시 악을 만나지 않고 자미국에 인황님과 사감을 먼저 만났다면, 지금쯤은 세계 속의 엄청난 기업이 되었을 것이다. 국제그룹뿐만 아니라 악의 장난으로 인해 피해를 봐서 무너진 개인과 기업은 이루 다 나열할 수 없을 정도로 광범위하게 많이 있다.

그러나 지금까지는 개인 파면, 기업 파면의 범인을 각자가 알고 있는 지인들로 잘못 알고 있었을 뿐이다.

자미국에 인황님과 사감, 하늘이신 태상천존 자미천황님, 신이신 천상감찰신명님께서는 수많은 잘난 인류 그 어느 누구도 몰랐던 인간의 불행한 삶의 진범을 밝혀내고 엄중하게 심판하여 악의 굴레, 귀신의 굴레에서 인류를 구원하는 일을 행하고자 이 땅에 왔다.

이 책을 보는 독자들은 하루 속히 자미국으로 찾아와 자신의 인생, 가족, 기업을 힘들게 하는 진범을 하늘과 신의 대능력으로 밝혀내고 심판하는 일에 적극 협조하여 그동안 잃어버렸던 명예, 자존심, 가족, 기업 모두를 찾아야 한다.

이 세상에 사고나 자살로 청춘에 저 세상으로 가고 싶어 간 사람 한 명도 없고, 자신의 가족과 기업을 몰락시키고 싶어 몰락시킨 사람 한 명도 없고, 행복 · 기쁨 · 건강 · 생명 · 가족 · 기업 · 악들에게 저당 잡히고 싶어 저당 잡힌 사람 한 명도 없고, 귀신에게 홀려 망신의 인생 살고 싶어서 망신당하는 인생을 살고 있는 사람 한 명도 없다.

이 모두는 이 세상에 진정한 영적 지도자가 없고, 진짜 하늘과 신이 없는 상태에서 가짜 하늘과 가짜 신들이 진짜 하늘과 진짜 神인 양, 인간을 현혹하고 지배 통치하여 이루어진 결과이고, 사람들은 종교 교주들이 전하는 말이 인간의 삶을 더 힘들게 한다는 사실조차도 모른 채, 그들이 전하는 말을 현실로 행하여 이루어진 결과이다.

인황님과 사감은 진짜 하늘과 신의 가르침을 받아 그동안 인간이 무엇을 잘못 행하였는지? 무엇으로 인하여 인간이 이토록 힘들어졌는지?

어떻게 하면 악의 굴레에서 벗어날 수 있는지?

어떻게 악과 귀신들에게, 저급 신과 저급 영들에게 인간의 소중한 것을 안 뺏길 수 있는지 등 인류 행복의 프로젝트를 현실로 이루는 인류 탄생 이후 역사상 그 어느 누구도 행하지 못한 신비롭고도 신기한 일을 행하기에, 자미국에 입문하여 직접 의식에 참가해 보기 전에는 인간의 생각으로 어떤 의식을 어떻게 행하는지 감히 예측할 수조차 없다.

인황님과 사감이 행하는 의식을 세상 어디에서 본 적이 있어야 예측을 하든, 감을 잡든 할 것 아니겠는가?

자미국 의식에 참석하기 전.

의식이 대충 이렇겠지! 또는 종교와 조금 다르게 이렇게 행하겠지! 하며 생각하고 온 모든 사람들은 의식에 들어가면 세상 어디에서도 본 적이 없는 위대한 의식에 어안이 벙벙해 어쩔 줄 몰라 한다.

이 세상에 그 유능한 검사, 판사, 명탐정, 경찰총장이 있다 해도 이렇게 적나라하게 모든 것을 다 밝혀낼 수 있는 검사, 판사, 명탐정은 없을 것이라 하면서 감탄에 감탄, 경악에 경악을 금치 못하는 엄청난 하늘과 땅의 대 역사가 되고도 남을 대 의식이다.

각자의 기업을 오래도록 지켜낼 수 있는 존재는 창업자나 재벌총수가 아니라 하늘과 신이시다. 그러므로 성공한 기업들을 더 크게 세계적 기업으로 성공 발전시켜 줄 수 있는 존재 역시 하늘과 신이시니 기업인들은 너 나 할 것 없이 필히 자미국으로 들어와서 하늘과 신의 기운을 받고서 기업을 운영해야 크게 발전시킬 수 있다.

인간의 능력은 한계가 있으나 하늘과 신은 한계점이 없으시다. 기업인들은 한 치 앞도 알 수 없는 불확실한 미래세계를 경영하고 있기에 앞날을 모두 정확히 알고 계시는 하늘과 신의 절대적인 도움이 필요하다.

대우그룹 해체

1999년 7월 한국재계의 서열 2위 대우그룹의 김우중(金宇中) 회장이 퇴진하고 그룹이 해체되었다. 대우그룹은 1970년대 다른 대기업들이 진출하기를 꺼려한 동유럽·베트남·남아프리카공화국 등 해외사업 확장에 나서 큰 성과를 올렸다.

주력사업이던 대우자동차는 폴란드 · 루마니아 · 우크라이나 · 인도 · 중앙아시아 · 중국에 사업을 확대하여 세계 10대 자동차업체 중 하나로 성장하였다.

1997년 말 한국에 금융위기가 발생하였으나 대우그룹은 해외사업을 지속하는 한편, 오히려 쌍용자동차를 인수하는 등 확장전략을 전개하며 대우그룹은 승승장구하였다.

이렇게 승승장구하던 대우그룹에도 어느 순간부터 뜻하지 못한 악순환이 찾아왔다.

김우중 회장은 정부와 채권단의 압력, 기존 경영진의 문책을 요구하는 대우노동조합의 요구로 결국 사퇴까지 하는 악순환의 일을 겪었다.

재계 2위의 대우그룹 역시 악순환의 이유가 IMF 때문이든, 확장이전 때문이든, 자금 조달의 어려움 때문이든, 누구에게 밉게 보였기 때문이든, 물론 어렵게 된 데에는 분명히 인간적인 원인이 있다.

그러나 진짜 하늘과 신과 함께하면, 하늘과 신께서는 인간이 힘들어지기 전에 인간에게 지혜와 예지, 능력을 주시어 인간이 위험의 일에 빠지지 않도록 보호해 주신다.

인간은 인간 스스로 한 치 앞도 알 수 없다.

인간이 마음먹은 대로, 계획한 대로 모든 일이 척척 진행되고 결과도 좋게 나오고, 가족과 건강도 매일 좋다면 하늘과 신의 도움은 우리 인간에게는 필요 없다.

그러나 인간의 삶은 그렇지가 않다.

아무런 걸림돌 없이 승승장구하던 사람도, 승승장구하던 기업도 자신의 뜻과 상관없이 자신도 예측하지 못한 불상사가 일어난다. 우리 인간은 한 치 앞도 모르기에, 자신에게 어떤 불상사가 일어날지 전혀 예측할 수 없다.

좋은 결과든, 나쁜 결과든, 현실로 나타나기 전에는 어떤 인간도 자신의 앞날을 예측할 수 없다.

그러나 진짜 하늘과 신께서는 인간의 미래, 세계의 미래에 대하여 모든 것을 다 아시기에 사업 확장을 지금 해야 하는지? 더 있다 해야 하는지?

아니면 확장하면 안 되기에 하지 말아야 하는지? 등을 인황님과 사감을 통하여 전해 주시기에 인황님과 사감을 만나 하늘과 신의 말씀을 통하면서 인생사를 살아간다면 인간이기에 겪을 수밖에 없는 수많은 고통의 굴레에서 가족, 기업 모두를 안전하게 지킬 수 있게 된다.

여러분에게 인황님과 사감의 존재, 하늘과 신의 존재는 이와 같다.

인간이 무엇인가를 행하고자 할 때,

행하기 이전에 하늘과 신의 도움을 받고 행한다면, 지금처럼 실패와 좌절은 100프로 없다.

하늘과 신의 도움으로 행하라고 하면 행하고, 행하지 말라 하면 행하지 않으면 되고, 하늘과 신의 도움을 받아 인생을 미리 알고 살아가게 된다면 이보다 편한 인생은 없을 것이다.

하늘과 신은 수많은 인간의 마음!

모두 알고 계시기에 함께해야 할 사람, 피해야 할 사람 모두를 가르쳐주시고, 함께하는 사람으로 인해서 피해를 볼 일이 있게 되면 상대의 악의 마음을 선의 마음으로 돌리는 기적, 이적을 보이시어 절대로 인간으로 인하여 어떤 피해도 보지 않도록 절대 보호를 해주신다.

이미 지난 일이지만 대우그룹도 미리 진짜 하늘과 진짜 신을 전하는 인황님을 만났다면 이런 불상사는 절대로 자신의 인생으로 일어나지 않았다.

인황님은 종교처럼 “무조건 믿고 따라라”가 아니라 인간의 뛰어난 학식과 경험, 명예, 재력, 권력으로도 인간의 힘으로도 어찌 해볼 도리가 없는 인간의 파멸, 기업의 파멸을 막아주는 엄청난 일을 행해주고 있다.

세계 속의 기업도, 악귀잡귀의 장난에는 바람 앞에 촛불 신세이다. 이런 나약한 인류를 하늘과 신께서는 지금 우리의 인생인 현생은 물론 다음 생까지 영원히 악의 굴레에서 구원하시고자 이 땅에 하늘의 명 대행자 인황님을 보내셨다.

인황님은 지금까지 종교 교주가 행했던 일들을 행하는, 흔한 말로 종교 재탕의 일을 하는 사람이 아닌, 세상 어느 누구도 해결하지 못한 악의 굴레에서 인류와 기업을 구원하는 인류 구원의 대 사명을 띠고 이 땅에 태어났다.

기독교와 천주교를 통해서도, 불교와 무속을 통해서도, 도교와 명당자리를 통해서도, 명예와 재력, 권력을 통해서도 이룰 수 없었던 부분을 확실히 해내어 인류 각자에게 맞는 웃음과 성공을 선사해 주는 일을 하고 있다.

그러니, 독자 여러분은 우선 인황님을 만나 각자의 몸과 가족의 몸, 기업으로 숨어 들어와서 자신은 물론 가족들의 삶, 기업의 운명을 좀먹고 있는 악들을 인황님의 능력으로 물리쳐 대우그룹과 같은 불행의 일을 더 이상 한 명도, 한 기업도 겪지 말아야 한다.

잘난 인간을 가지고 노는 악을 이겨낼 수 사람은 이 세상에 육적으로는 인황님 한 사람뿐이고, 영적으로는 진정한 하늘 태상천존 자미천황님과 神이신 천상감찰신명님뿐이다.

잘난 인간의 삶과 잘난 기업에 인황님의 힘이 합쳐지고, 잘난 인간의 지혜와 인간의 열정과 인간의 노력에다가 악을 물리치는 인황님의 대 능력, 하늘과 신의 대 능력이 합쳐진다면 각자는 물론 기업, 이 나라는 지금보다 엄청 빠른 속도로 급성장을 하게 될 것이고, 서로 밝게 웃으며 사는 세상 또한 빠른 속도로 이 세상에 정착하게 될 것이다.

A그룹에 대한 책을 쓰기 시작한 이틀 후.

RJS회장이 자택으로 옮긴다는 말이 있어, 저자는 자택으로 옮기라는 말이 아니라 자미국으로 옮기라는 뜻이라고 쓴 부분이 있는데 이틀이 지난 지금.

이제는 미국으로 옮길 수도 있다는 말이 나오고 있다.

저자는 또 말한다.

미국이 아니라 자미국이라고.

처음에는 자택, 지금은 미국.

자택과 미국을 합치면 자미국이 된다.

자미국에서 인류를 살리는 책을 쓰고 있으니, RJS회장에게도 어떤 메시지는 분명 전달되고 있나 보다.

그러나 자미국이라는 곳을 모르고 인간이다 보니 어떤 메시지는 분명 전해지기는 전해지는데, 연결을 못하다 보니 처음에는 자택, 이제는 미국.

자미국으로 점점 가까워지고 있다.

이 세상에 태어나 처음 걸음마를 배울 때, 부모님의 손을 잡고 한 발짝 한 발짝, 조심스럽게 발을 떼며 걸음마를 배웠다. 한 발짝이 두 발짝이 되고, 두 발짝이 세 발짝이 되어 나중에는 부모님 도움 없이도 혼자 걸을 수 있고, 혼자 걷다 나중에는 뛸 수 있는 상태로까지 발전하게 된다.

지금 RJS회장의 몸 상태는 몹시 안 좋은 상태다. 심근경색 발병 전에는 가족들의 부축을 받아 RJS회장은 가족들의 도움을 받아 걷고 있었다.

RJS회장의 그런 모습을 본 대부분의 사람들은 '많이 아픈가 보다' 하고 생각하겠지만, 저자는 '자미국 오는 연습을 하고 있다'라는 생각이 들었다.

부축을 받고 힘들게 걷는 모습 속에서!

꼭 어린아이가 부모님의 도움을 받아 세상을 향해 걷고 뛰기 위해 온갖 힘을 쓰듯, 저자의 눈에는 RJS회장님이 자미국으로 오기 위해, 자미국을 만나 지금과는 또 다른 세상을 살기 위해 연습하고 있는 모습으로 보였었다.

병마에서 벗어나 건강한 모습으로 돌아오기를 바라는 마음으로 가족의 부축에 의지하고, 의학의 힘에 의지하는, 그 간절함 그대로를 하늘께 올려 하늘의 도움을 받는다면 과연 어떤 결과가 나타날지 저자 또한 궁금해진다.

의학의 힘으로도 안 되는 부분들, 돈의 힘으로도 안 되는 부분들이 정말 하늘의 힘으로 현실에서 이루어진다면 우리 나약한 인간에게 이보다 더 큰 하늘의 선물은 없을 것이고, 이보다 더 큰 행운은 없을 것이다.

수많은 사람들이 모여 사는 인간 세상. 수많은 사람들 숫자만큼이나 불행의 사건들도 수없이 많다. 인간의 끝없는 노력에 하늘의 대 능력이 인간의 삶에 함께한다면 인간 세상은 지금처럼 아프지도 고통스럽지도 않게 된다.

기업의 해체로 인한 고통, 인간의 뜻하지 않은 병마로 인한 고통의 실체는, 인간적으로 원인이 있든 없든, 대부분은 원과 한이 많은 각자 조상 영혼의 파장과 악신들의 파장으로 인한 것이기에 하늘과 함께하는 인생을 살면서, 그들의 파장을 막는다면 당연히 인간의 삶은 건강해진다.

재벌가의 비운

겉으로 보기에는 호화스러운 재벌가!

그러나 그 뒷면에는 세상 사람들이 알지 못하는 우환과 사건사고, 구속수감, 기업의 몰락, 자살 등 말 못할 불행들이 수없이 일어나고 있다. 하지만 원인도 모르고 해법도 찾지 못한 채 전전긍긍하며 살아가고 있다.

SK그룹 회장의 비운, 한화그룹 회장의 불운, 그밖에 기업들의 경영부진, 관재, 횡령, 사건사고 등의 불행과 잘나가는 고위공직자들의 갑작스런 파면, 해임, 구속으로 인한 불운과 몰락 등, 한 치 앞도 알 수 없는 불안한 인생길을 살아가고 있다.

이병철 · 정주영 창업주 차남 아들 모두 불행한 운명을 맞이하게 되었고, 김우중 대우그룹 회장도 교통사고로 아깝게 장남을 잃었다.

최원석 전 동아그룹 회장의 차남 최모 씨가 불의의 사고로 사망한 소식이 알려지면서 잊고 있었던 재벌가 황태자들의 비운이 새삼 회자되고 있다.

지난 2010년 자택에서 투신자살한 이재찬 전 새한미디어 사장이 최 전 회장의 사위여서 재벌가의 불운한 가족사도 관심 대상이 되고 있다.

현대가 · 삼성가 · LG가 · SK가 등 국내의 재벌집안 대부분은 가족을 가슴에 묻는 슬픔을 겪었다. 사고, 병사, 자살 등 사연은 다양했다.

특히 재벌가에서 금지옥엽으로 키운 황태자를 먼저 보내야 했던 경우는 가족들의 슬픔과 함께 경영 구도와 후계순위에도 상당한 영향을 미쳤다.

최원석 전 동아그룹 회장의 차남은 경기 가평군 설악면 미사리 홍천강에서 익사했다. 최씨는 이날 별장에 딸린 선착장에서 물놀이를 하러 물에 뛰어들었다가 갑작스럽게 심장마비로 변을 당했다고 한다.

최씨는 지난 2011년 3월부터 학교법인 공산학원의 이사를 맡아 이사장인 최 전 회장과 함께 동아방송 예술대학을 이끌어왔다. 기업인으로서 한창 일할 나이에 유명을 달리했다.

재벌가 현대의 비운은 1982년 정 창업주의 장남인 인천제철 사장이 교통사고로 49세에 유명을 달리했다. 새벽에 울산에서 서울로 올라오던 중 경부고속도로에서 트레일러 차를 들이받은 것이다.

정몽필 전 사장은 당시 일본에서 귀국하는 정 창업주를 마중하기 위해 공항으로 가던 길이었다고 한다. 정 창업주로선 청천벽력과 같은 소식이었다. 장남을 잃은 정 창업주는 "하늘이 나를 버렸다"는 말로 주위에 비통함을 전했다고 한다.

눈물이 채 마르기도 전인 1990년 현대가에 또다시 비보가 날아들었다. 정 창업주의 4남인 전 현대알루미늄 회장이 스스로 목숨을 끊었다.

당시 45세이던 몽우 씨는 심한 우울증을 앓다가 서울 강남 역삼동 모 호텔에서 음독자살했다.

악재는 여기서 끝나지 않았다. 정 창업주의 5남인 전 현대그룹 회장이 2003년 '현대 비자금' 관련, 검찰의 수사를 받던 도중 서울 계동 본사 12층 자신의 사무실에서 창문을 열고 투신했다.

정 창업주의 뒤를 이어 대북 사업 바통을 이어받았던 그의 자살은 세간에 커다란 충격을 주었다.

삼성가에도 가슴에 묻은 가족들이 적지 않다. 고 이병철 삼성그룹 창업주의 차남인 전 새한그룹 회장이 대표적이다. 이창희 전 회장은 1991년 백혈병으로 미국에서 치료 중 58세의 아까운 나이에 유명을 달리했다.

더욱 안타까운 사실은 그의 둘째 아들인 전 새한미디어 사장도 46세의 젊은 나이에 아버지 곁으로 갔다는 점이다. 한때 전도유망한 젊은 기업인으로 불렸던 그는 2010년 자신의 아파트에서 몸을 던졌다.

쌍용가의 자손도 2011년 스스로 목숨을 끊었다.

그는 서울 종로구에 위치한 자신의 오피스텔 화장실에서 문고리에 목을 맸다.

김우중 전 대우그룹 회장도 1990년 장남을 잃었다.

장남은 미국 유학 중 교통사고로 23세에 요절했다. 특히 장남이 사고를 당한 이유가 미국을 방문하기 위해 공항에 도착한 어머니를 마중하러 나가던 길이어서 김 전 회장 부부의 마음을 더 아프게 했다.

김 전 회장 부부는 장남의 영혼을 달래기 위해 이듬해 아들의 이름을 딴 선재미술관을 설립했다. 김 전 회장 부부는 1994년 '인기 탤런트 Lee(24세) 씨가 장남을 닮았다'는 이유로 양아들을 삼아 화제가 되기도 했다.

김 전 회장 부부는 특히 대우그룹이 공중 분해된 이후에도 장남의 유골이 안치돼 있는 안산별장을 2000년까지 매각하지 못하는 등 유난히 강한 집착을 보였다. 그러나 해당 별장이 감추어진 부동산으로 전해지면서 현재 장남의 유해는 다른 곳으로 옮겨진 상태다.

롯데가에도 비슷한 사례가 있다. 신격호 롯데그룹 총괄회장의 넷째 동생인 신준호 롯데우유 회장은 장남을 잃었다. 장남은 2005년 여행 차 태국에 방문했다가 콘도 베란다에서 추락해 사망했다.

두산가에서는 전 두산그룹 회장이 2009년 11월 자살해 재계에 충격을 가져왔다.

SK가에선 유독 폐암으로 인한 병사가 많다.

SK그룹 창업주는 1973년 48세의 젊은 나이에 폐암으로 타계했다. 이어 2대 회장을 맡은 전 회장도 68세가 되던 1998년 폐암으로 천수를 누리지 못했다. 여기에 창업주의 장남인 전 SK케미칼 회장도 50세이던 2000년 폐암으로 숨을 거뒀다.

– 출처 〈프리미엄조선〉, "재벌은 행복한가?"에서 인용

재벌가의 슬픔을 자미국에서 말하는 이유는?

이 모든 부분들은 하늘! 신과 함께하면 충분히 막을 수 있는 부분이기에 하늘과 신과 함께하여 불행과 아픔의 인생 살지 말라고 말하는 것이다.

또한 자미국이 이 땅에 너무 늦게 존재를 밝힘으로써 불행을 겪은 이들은 오랜 세월 가슴에 묻고 살아온 사랑하는 가족들의 영혼을 자미국에 인황님과 사감을 통하여 만나 서로 하고팠던 애기들을 한 후 사랑하는 가족의 영혼을 입천제를 통하여 진정한 하늘나라 천상 자미천궁으로 보내주어 영혼의 소원을 이루어주어야 한다.

사랑하는 가족들의 영혼들은 호화찬란한 납골묘나 종교 안에 있고 싶은 것이 아니라 진짜 극락세계, 천국세계가 있다면 이제는 그곳에 다시 태어나 편히 쉬고 싶어 한다.

종교 안에서 말했던 천국세계, 극락세계.

천국세계, 극락세계보다 더 좋은 곳은 천상에 자미천궁이라는 곳이다. 천상 자미천궁에는 하늘 중에 하늘이신 태초의 하늘, 태상천존 자미천황님이 계시는 곳이다.

사랑하는 가족의 영혼이 편안하고 행복할 수 있는 입천제를 행하여 천상 자미천궁으로 사랑하는 가족들의 영혼을 올려 보내준다면 죽은 영혼들에게는 최대의 선물이 될 것이다.

죽은 영혼들은 호화찬란한 묘나 호화찬란한 제사상을 원하고 바라는 것이 아니라 영원히 춥지 않고 영원히 배고프지 않은 세상, 진짜 하늘세상을 원하고 바란다.

진짜 하늘이 계신 천상 자미천궁으로 오르면 천상 자미천궁에 있는 진짜 하늘의 사람들과 다정하게 행복하게 매일 매일 기쁜 나날을 보내게 됨으로써 자신의 슬픈 처지를 잊게 된다.

그러나 사랑하는 가족의 영혼이 천상 자미천궁에 오르지 못하고 구천을 방황하고, 종교를 방황하고, 가족들의 곁을 맴돌며 슬퍼하고 아파하면 가족들의 인생과 기업에는 비운의 일이 계속해서 생기게 된다.

자미국에 인황님과 사감이 행하는 입천제의식을 통하여 그토록 그리웠던 가족의 영혼을 만나, 그동안 어느 곳에서 무엇을 하며 어떻게 지냈는지 그동안 가슴에 묻고 지낸 아픔들을 가족의 영혼을 만나 대화함으로써 죽은 영혼도 산 사람도 가슴에 맺힌 원과 한을 풀어야 한다.

자미국의 인황님은 죽은 영혼을 부르는 데 1인자이고, 사감은 죽은 영혼들이 산 사람들에게 전하고자 하는 말을 전달하는 1인자이다.

종교처럼 죽은 영혼을 불러 굿을 하거나 천도를 하는 것이 아니라, 죽은 영혼과 산 자손을 확실히 만나게 해줌으로써 서로의 가슴에 맺혔던 원과 한을 100프로 풀어내는 신기하고도 경이로운 의식 중의 하나이다.

대화의 시간이 끝나면 천상법도에 따라 가족의 영혼은 그토록 가고 싶었던 진짜 하늘님이 계신 천상 자미천궁으로 올라 하루하루 즐겁고 행복한 하늘세상의 삶을 누리게 되는 귀한 하늘의 의식이다.

입천제는 종교의 굿과 천도재처럼, 해마다 때마다 반복해서 행하는 의식이 아니라, 자신의 일생일대에 딱 한 번만 할 수 있는 의식이다.

입천제는 또한 기존의 굿과 천도재가 아니기에 각자가 어떤 종교를 믿고 있든 종교에 얽매이지 않아도 된다.

입천제는 종교의식이 아닌, 진정한 하늘의식이기에 어떤 부담도 가질 필요 없다.

세상 사람들은 종교를 잘못 바꾸면 후한이 있다고 알고 있는 사람들이 거의 대부분인데, 자미국으로 여러분들이 들어오게 되는 일. 자미국은 종교가 아니기에, 여러분들이 자미국으로 온다 해도 종교를 바꾸는 일이 아니다.

그렇기에 어떤 후한도 없다.

오히려 그동안 여러분 인생과 가족들의 인생, 기업, 이 나라의 끝없는 비운의 원인과 해결책을 알게 된다. 비운의 원인을 알아야 막을 것이 아닌가? 비운의 원인을 몰라서 막지 못하고 속수무책으로 있으면 자신 인생으로 비운의 일은 계속해서 일어날 수밖에 없다.

자미국에서는 기존의 종교처럼 하늘세계, 영의 세계, 신의 세계, 사후세계에 대해서도 전하지만, 그동안 종교에서 행하지 못한 인간의 행복 실현을 현실로 이루어주는 인간 행복 실현의 공간이다.

또한 자미국에서 전하는 하늘세계, 영의 세계, 신의 세계, 사후세계는 기존에 여러분들이 알고 있었던 내용과는 완전히 다르다.

종교와 완전히 다른 자미국에서는 종교에서 그동안 전했던 내용과는 전혀 다른 내용과 전혀 다른 의식을 통하여 인간의 삶을 구원하고 있다.

종교에서 말로만 외쳤던 구원이 아닌, 인간의 눈과 삶으로 확실히 확인이 되는 자신 있는 구원을 하고 있고, 종교에서 말하듯이 죽어서의 구원이 아닌, 살아 있는 인간의 삶을 구원하는 살아 있는 구원을 한다.

눈에 보이는 구원! 삶으로 확인이 되는 구원!

진짜 하늘이 아니면 절대로 불가능한 일이다. 지금까지의 종교는 믿고 따를수록, 인간의 삶이 편안해지는 것이 아니라 더 힘들어지고 더 불행해졌다.

종교에 회의를 느끼고 종교를 떠나고자 하는 사람들을 붙잡고자 종교에서는 죽어서의 구원을 외치며 사람들을 붙잡았다.

그러나 자미국에서는 종교와 정반대로 살아 있는 사람들의 마음과 삶부터 구원하는 인간 구원을 최대 목표로 하고, 죽어서의 구원은 그 다음으로 하고 있다.

저자가 말한 내용이 사실이라면 너무도 멋진 태상천존 자미천황님! 천상감찰신명님! 인황님! 사감! 아니던가?

살아 있는 우리 인간의 삶을 소중히 여겨주시어 살아 있는 우리 인간을 구원해 주시고자 하시는 태상천존 자미천황님! 천상감찰신명님!

진짜 하늘과 신이 아니라면 절대로 불가능한 일이다.

자신의 가족, 인생, 기업을 아끼고 사랑하는 사람들은 인간의 삶을 소중히 여겨주시는 진짜 하늘과 신을 만나 따뜻하고 포근한 사랑과 보호 받으면 된다.

인류는 누구를 기다렸나?

난세가 영웅을 만들고 난세가 영웅을 부르고 있다. 나라에 알 수 없는 상상을 초월하는 혼란이 계속해서 이어지는 것은 하늘과 땅의 영웅을 인간 세계에 전하기 위함이다.

하늘과 땅은 오래전부터, 인간 태고 때부터 설계되었던 하늘과 땅의 계획을 이제는 이 세상에 보낸 하늘의 영웅(인황님과 사감, 자미국 뜻에 동참하게 될 여러분들)을 통하여 현실로 이루시기 위함이다.

첨단과학문명시대이지만 인간들의 능력으로는 한 치 앞도 알 수 없고, 눈앞으로 갑자기 다가오는 무섭고 두려운 자신과 가족의 죽음과 인생의 몰락에 대한 불안 초조를 감당하지 못하고 해결방법을 찾을 수 없어 아픔과 슬픔으로 가슴에 멍이 든 채 이 세상을 살아가고 있는 불쌍하고 나약한 우리 인류를 구원해 주시고자 함이다.

인간의 능력은 많이 부족하지만 하늘과 땅께서 부족하고 모자란 인간의 부족 부분을 수시로 채워주시면 우리네의 삶은 충족될 수 있다.

하늘은 인간의 불행한 인생을 행복한 인생으로 바꾸어줄 수 있는 대단한 능력이 있으니 더 이상 인생을 근심과 걱정 속에 살아가지 않아도 된다.

인류는 오랜 세월 진정으로 누구를 기다리고 있었나?

구세주로 불리는 미륵출세, 재림예수, 정도령을 기다리고 있는 것인가?

인류가 종교 안에서 학수고대하며 기다리던 난세의 영웅이자 인류의 구원자, 인류의 구세주는 영적으로는 태상천존 자미천황님이시고 육적으로는 인황님이다.

또한 이 영광과 이 기쁨을 누릴 자는, 태상천존 자미천황님의 말씀에 순응하여 태상천존 자미천황님께 선택받고 인황님께 선택받은 자들이다.

숭배자와 종교 교주들이 수십, 수백, 수천 년 동안 갈고 닦아도 못 이루고 석가모니부처, 예수, 성모, 증산상제도 이루지 못한 구원과 영생, 도통을 이룰 수 있는 분은 이 세상에 태상천존 자미천황님 단 한 분뿐이다.

불치의 질병 치유, 기업들의 세계화, 국가적 재난방지, 국정안정을 이루어낼 진정한 하늘!

이 시대에 태어나 자미국을 알게 됨으로써 태상천존 자미천황님을 알고 살아간다는 것은 우리 인류에게 가장 경사스러운 일이 되고도 남을 정도의 축복이자 영광의 일이다.

이 땅에 태어나 크게 성공하고 출세하기 싫은 사람들은 하나도 없다. 하지만 그 뜻을 이루고 못 이루고는 인간의 노력에 하늘과 신의 도움이 있어야 한다.

지금 크게 성공하여 많은 돈을 번 부자들과 높은 권력과 명예를 누리는 권력자와 사회지도층 인사들은 하늘과 신이 도와주셨기에 가능한 일이었다.

여러분이 지금까지 알고 있었던 종교적 숭배자가 도와준 것이 아니라 인간의 삶을 소중히 여기는 태상천존 자미천황님과 천상감찰신명님께서 도와주셨단 얘기다.

진실이 이러한데, 이 진실을 모르고 자신의 출세, 부귀영화를 자신이 믿는 종교의 숭배자가 도와주었는지 알고 각자 종교의 숭배자에게 감사하다고 하니 자신의 인생, 기업은 더 힘들어질 수밖에 없는 것이다.

자신의 인생, 기업을 지켜주고 도와주신 주인공 분에게 감사함을 올려야 자신의 인생, 기업이 날로 행복해지고 번창해진다.

고위공직자가 되어 높은 자리에 앉아 권력을 휘두르는 무소불위의 권력자가 되었어도, 기업을 거대한 그룹으로 발전시켜 돈이 태산처럼 많은 재벌총수가 되었어도 절대로 자만, 거만, 교만하지 말 것이며

하늘과 신, 인황님이 내리시는 명을 거역하고 자미국으로 들어오지 않으면 여러분을 몰락시키는 악신과 악령들의 만행을 어느 누구도 막아낼 수 없다.

하늘과 신, 인황님께 보호받지 못하고 살아가면 국민들의 민심이 하루아침에 돌변할 만한 커다란 사건사고가 발생하여 권력자의 자리에서 물러나고, 탄탄대로를 걷던 아무리 큰 재벌그룹일지라도 몰락하여 역사 속으로 사라진다는 점을 명심하고 살아남기 위해서 자미국으로 들어와야 한다.

큰 인물들은 자미국과 함께해야

지금부터 말하는 내용들은 가상세계 이야기가 아니고 계시를 받아 현실로 이루어낼 엄청난 일들이다.

자미국이 이 땅에 우뚝 서고 국민들이 자미국을 인정하고 자미국의 뜻에 동참한다면 이 나라는 세상의 중심이 되어 국난에 종지부를 찍을 수 있는 새로운 세상이 펼쳐지게 될 것이다.

하늘의 절대자, 땅의 절대자, 인간의 절대자께서 저자를 통하여 천지인을 통합하는 천지대역사를 실행에 옮기시고자 책을 집필해 여러분에게 알리고 있다.

저자는 이 세상의 종교세계에서 흔히 말하는 도인, 도사, 법사, 무당, 보살, 신부, 목사, 승려가 아닌 하늘과 신의 명을 대신해서 인류에게 명을 내리는 하늘의 명 대행자이다.

인류의 미완성을 완성으로 이끌어줄 자미국의 뜻에 동참하는 것은 여러분 모두가 잘되는 지름길이고 나라가 초강국으로 발전하는 일이다.

우리 인류가 원하고 바라는 아름다운 세상을 현실로 이루려면 천지인의 절대자께서 원하고 바라는 뜻을 우리 인간이 마땅히 받들어야 한다.

18대 대통령과 19대 국회의원들 그리고 대한민국 국민들은 나라의 찬란한 미래, 상상을 초월하는 대한민국의 위풍당당한 미래를 위해 아주 중대하고도 위대한 결단을 조만간 내려야 할 것이라 본다.

대한민국의 국운과 미래의 위상을 송두리째 몽땅 바꿀 수 있는 천재일우의 기회가 주어졌다. 나라의 위상을 바꿀 수 있는 주역들이 현재 국정을 운영하며 나라를 실질적으로 이끌어가는 나라의 지도자들이다.

대통령과 청와대 비서진, 참모진 그리고 각 부처의 장·차관, 국회의원, 시·도지사, 시·군·구청장들과 시·도·시·군·구의회 의원들이다. 현직을 유지하면서 천지인세계통합국가 자미국 뜻에 동참한다면 당사자 본인은 물론 이 대한민국의 미래는 매우 밝을 것이다.

또한 대한민국 정부에 출사하고자 하는 이들도 자미국 뜻에 동참하면서 자신의 일을 한다면 자신의 미래는 밝을 것이다. 넋 놓고 다음 선거를 무작정 기다리지 말고 천지인세계통합국가 자미국의 뜻에 동참하면서 준비한다면 훨씬 수월하다.

대통령, 시도지사, 국회의원, 시군구청장, 지방의회의원에 출마했다가 고배를 마신 후보들, 능력은 있으나 공천 받지 못하여 선거에 출마조차하지 못한 사람들은 천지인세계통합국가 자미국 공직후보로 신청하기 바란다.

속담에 면서기라도 하려면 논두렁 정기라도 받아야 된다는 말이 있는데 정기는? 우리 인간들이 원하고 바라는 일들이 잘 풀릴 수 있도록 도와주는 기운을 말한다.

천지인세계통합국가 자미국은 2015년 2월 4일 입춘을 기점으로 공식출범할 예정이니 정치인, 공직자, 기업인들은 많이 동참하여 하늘과 신의 절대자로부터 선택을 받는 영광을 누리기 바란다.

지금 이 나라에는 건국 이후 처음으로 세계를 통합하고도 남을 만한 하늘과 땅, 신의 엄청난 기운이 내려와 있지만 세상 사람들이 알아보지 못하고 있다.

이 나라뿐만 아니라 세상을 뒤흔들 어마어마한 천지기운이 용틀임하고 있는데 국민 여러분이 이런 기회를 잡지 못하면 살아서나 죽어서나 후회 막심한 천추의 원과 한으로 남을 것이다.

천지기운이 너무나 크고 강력해서 종교인이나 일반인들은 기운을 감당해 낼 수 없기에 이런 큰 기운을 받으면 오히려 세월호처럼 인생 자체가 뒤집어진다.

하늘과 땅, 신의 큰 기운을 받아 나라와 인류의 행복과 발전을 위해서 유용하게 쓸 수 있는 인물이 지구촌에서는 인황님과 사감뿐이다.

인황님과 사감은 천지기운을 내려주는 저장소라고 보면 되니 여러분은 인황님과 사감을 통해서 여러분 그릇의 크기에 맞게 내려주는 천지기운을 받고 살아가야 인생 자체가 무탈하고 더 행복해진다.

살려달라고 빌어야

천인이 되고 나서 죽으면 저승세계 명부전으로 갔을 때 10대왕 앞에서 심판을 받지 않고, 천상의 황금궁전 자미천궁으로 올라가는 최고의 특권을 누리게 된다.

천인합체의식은 자신이 지은 전생과 현생의 죄를 살아생전 미리 비는 의식이기에 저승세계 명부전으로 가서 심판받지 않아도 된다.

세상을 살아가는 것이 힘든 사람들은 하루라도 빨리 죽고 싶다고 말하지만 반대로 크게 성공한 사람들은 하루라도 더 살고 싶다고 말할 것이다.

건강하게 좀 더 오래 사는 길이 있다면, 당연히 그 방법을 알고자 할 것이다.

재벌그룹 총수의 경우.

현재 자신의 처지가 그 얼마나 원통하고 분통 터지는 일이겠는가? 국내외의 최고 의료진들도 속수무책으로 생명 연장만 하고 있는 실정이고, 이 나라에 최고 영험한 무당이나 고승들도 자신의 위급한 이 현실에 아무런 도움도 안 된다.

자미국에서 재벌총수의 병을 고쳐낸다면 아마도 세계 인류는 자미국의 위력에 놀라게 될 것이다.

전 세계 최고의 의료진이 고치지 못한 그룹 총수의 병마를 자미국에서 고친다면 세계적인 이슈가 되고도 남을 것이다.

질병뿐만 아니라 정치인과 기업인, 공직자, 연예인, 유명 인사들의 크고 작은 고통들도 자미국과 함께한다면 기대 이상의 좋은 효과를 얻을 수 있게 된다.

질병을 고치고자 종교적으로 의지하고 있는 사람들은 병을 더 키울 뿐이다.

종교 안에는 신명님, 하나님, 미륵님이 안 계시고 석가님, 예수님, 성모님, 상제님도 안 계시고 이분들을 사칭한 악신과 악령들만 있을 뿐이다. 그래서 종교에 의지해 봐야 인생에 얻을 것이 없고 질병도 고칠 수 없을 뿐더러 인생만 더 힘들어진다.

이 나라와 인류의 삶을 천지개벽시켜 주실 수 있는 대단하신 천지능력자 분들은 종교나 무속, 도교가 아닌 천지인세계통합국가 자미국의 인황님과 사감에게로만 함께하시겠다고 밝히시었으니 이분들을 만나서 살려달라고 빌고 싶은 자들은 어서 빨리 들어와야 한다.

여러분의 인생과 기업을 살려줄 수 있는 천지조화의 다섯 글자가 있다. 다섯 글자의 비밀스런 단어만 알면 인생 살아가는데 아무런 근심과 걱정이 없다.

인생이 잘되는 행운의 비밀을 간직한 신비한 다섯 글자는 이곳에서 함부로 공개할 수 없고, 자미국에 들어와서 두 저자를 통해서만 알 수 있다.

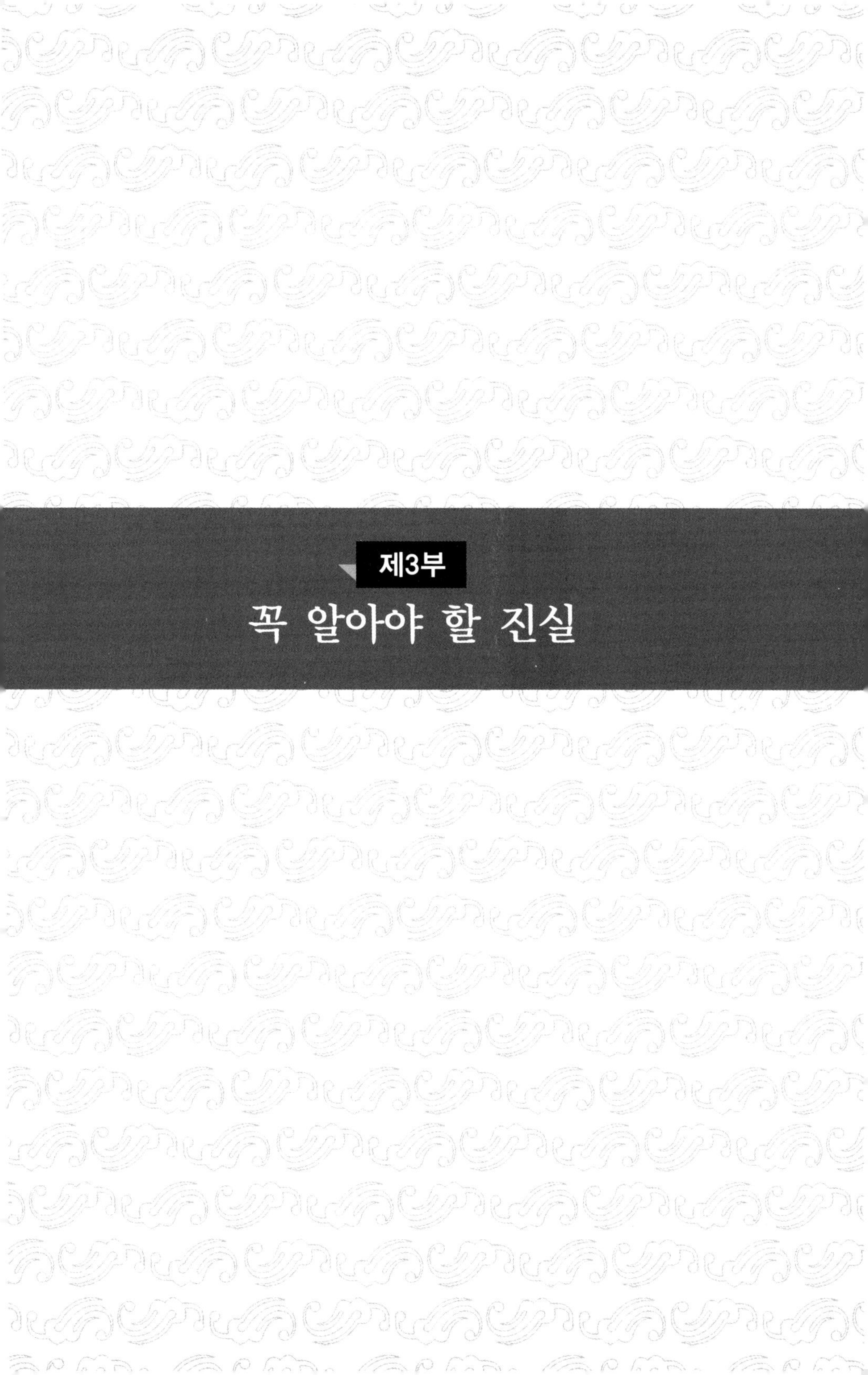

제3부

꼭 알아야 할 진실

폐암이 대를 이어 물려진다

재벌가에 드리워진 암울한 죽음의 그림자!

죽는다고 그것으로 끝나는 것이 아니라 대를 이어 계속해서 불운이 이어진다는 점을 알아야 한다.

폐암이 가족들에게 대를 이어 물려진다는 것은 폐암으로 사망한 조상을 가장한 귀신이 자손들과 친척들의 몸으로 내왕한다는 것을 아주 적나라하게 보여주는 대목이다. 병원에서는 가족력이라 말하고 있는데 가족력의 폐암 유전인자를 소멸시킬 수 있는 길은 자미국뿐이다.

이들 재벌가의 유족들이나 사망한 당사자들은 분명 어느 종교든지 다녔을 것인데 종교 숭배자와 교주, 심지어 자신의 수많은 조상님들로부터도 아무런 보호도 받지 못하고 불귀의 객이 되고 말았다.

여러분은 이 모두를 타산지석으로 삼아야 한다.

명당에 조상님 묏자리를 모셔서 발복되었다는 것도 다 부질없는 일이 되고 말았다.

명당 묏자리가 발복해서 아무리 돈을 많이 벌었다 한들 뭐하는가? 이미 가장 귀중한 목숨을 잃어버렸는데 이보다 더 큰 불행이 있을까?

A그룹을 창업한 고 QUD회장의 묘소는 명당 중의 명당이라 하지만 가문에 우환이 끊이지 않으니 명당도 자손들의 목숨을 지켜주지 못한다는 교훈을 안겨주었다.

일단은 목숨이 살아 있고 돈이 많아야 한다는 것이다. 죽은 뒤에 한 푼도 가져가지 못하는 제2의 생명인 재물이지만 우선순위는 역시 제1의 생명인 목숨 줄이다.

돈이 아무리 많아도 목숨이 끊어진 다음에는 아무런 소용이 없으니 특히 성공하고 출세한 부자들과 고위공직자들은 목숨부터 보장받는 의식을 자미국에 들어와서 조속히 집행하고 살아가야 한다.

재벌가에 일어나는 비운을 막아줄 자미국!

어렵게 생각할 필요 하나도 없다. 이 책을 다 읽고 모두 이해하고 자미국에 들어온다는 것은 쉬운 일이 아니다. 몇 줄이라도 공감 가는 대목이 있다면 자미국에 방문해서 시키는 대로만 행하면 된다.

쉽게 말하자면 어떤 사건사고가 터져 소송이 걸렸을 때, 전문가인 변호사를 선임하는 것이 훨씬 편하고 유리하다. 돈 아끼려고 변호사를 선임하지 않거나 혼자서 어려운 법률공부를 하여 대응하려다가는 낭패를 본다.

어려운 법률 공부를 열심히 해봐야 무슨 말인지도 알아들을 수 없어 고생만 한다. 이 책의 내용이 여러분에게는 법률 공부하는 것처럼 너무 어려워서 무슨 말인지 도통 이해가 안 될 수도 있다.

사건 많은 여러분의 삶에 변호사 역할을 해주는 곳이 자미국이라 생각하면 된다.

아무리 열심히 이야기해도 하늘세계, 사후세계, 신명세계, 조상세계, 인간 세계 진실을 모두 알아들을 수 없다.

그러므로 인생사의 모든 일들을 자문해 주고 변호해 줄 수 있는 곳이 자미국이라고 생각하면 되고 개인, 가정, 직장, 기업, 국정, 진로, 건강, 출마문제 전반에 대한 자문과 변호 역할을 해주는 곳이 자미국이다.

세상에 불가능이란 없다.

다만 그 방법을 찾지 못해서 그동안 헤매고 있었을 뿐이고, 단지 방법을 찾아주는 자미국의 인황님과 사감을 아는데 시간이 조금 걸릴 뿐이다.

그러니 개인, 가정, 기업, 나라는 아무리 큰 불행이 닥쳐도 절대 포기하지 말고 자미국에 들어와서 새로운 희망의 해법을 찾아야 한다.

명당자리의 진실!

사람들은 좋은 기운을 받으려고 묘지 풍수와 생활 풍수에 관심이 많다. 이제까지는 많은 사람들에게 이런 풍습이 통했을지 모르지만 많은 재벌가의 비운을 통해 이 또한 소용없음이 증명되었다.

묘지 풍수와 생활 풍수가 추구하는 목표는 하늘과 땅의 좋은 기운을 받아 인생사 무탈하고 하는 일이 잘되기를 바라는 마음이다.

하늘과 땅의 좋은 기운 중에는 천기, 지기, 신기, 정기, 서기, 명기의 좋은 기운이 있는가 하면 반대로 나쁜 악신과 악령의 기운도 있다.

나쁜 악의 기운은 좋은 명당자리로도, 호화찬란한 묏자리로도 막을 수가 없기에 명당자리를 쓰고도 비운을 맞이하게 되는 이유는 바로 악의 기운을 물리치지 못했기 때문이다. 악의 기운이 각자 조상님들의 명당자리에 함께하면 집안에 불행은 상상을 초월하여 일어난다.

악의 기운을 물리치지 못하면, 각자 조상님들을 모신 명당자리에서는 악의 기운이 샘솟기에 그 악의 기운 따라 산 사람의 인생과 기업에는 악(불행)의 일만 일어나게 된다.

자미국을 통하여 각자 조상님들을 모신 묘에 스며 들어와 있는 악의 기운을 물리쳐야 자살, 우울증, 기업 파탄, 가정 파탄, 해임, 망신 등의 불상사를 막을 수 있게 된다.

조상님 묘로 스며든 악의 기운을 못 물리쳤을 경우, 집안에 우환이 끊이지 않게 되는 이유는?

살아 있는 자손들은 때가 되면 조상님 묘에 찾아가 예를 갖추며 조상님 전에 절을 한다. 그러나 각자가 절을 한 그 묘소에 각자 조상님이 아닌 악이 자리하고 있을 경우! 살아 있는 사람들은 각자 조상님에게 절을 한 것이 아니라 바로 악신과 악령에게 절을 한 셈이 된다.

인간의 삶을 악랄하게 짓밟는 악에게 인간이 절을 하며, 소원을 말했으니 인간의 절을 받고 인간의 소원을 들은 악신과 악령들은 힘이 더 세어져 인간의 삶을, 기업을, 이 나라를 더 적나라하게 짓밟게 된다.

그래서 성묘 때, 성묘를 하고자 오가는 길에서 많은 대형사고가 생기는 이유 또한 이 악들 때문이었고, 자미국을 통하여 각자 조상님들의 묘 안에 있는 악들을 물리치기 전에는 악들에게 절들 하러 가지 말라는 하늘과 땅, 각자 조상님들의 소리 없는 말씀이기도 하다.

각자 조상님들이 모셔져 있는 묘에 정말로 각자 조상님들의 혼이 있다면 조상님 산소에 다녀온 뒤, 좋은 일들이 생기겠지? 왜 불행의 일들이 생기겠는가? 그러나 세상 그 어떤 누구도 이런 사실을 아는 사람이 이 세상에 없었기에 모두는 억울하게 당할 수밖에 없었다.

세상에 이름난 교황도, 승려도, 신부도, 목사도, 예언가도, 풍수지리가도, 어느 누구도 이 사실을 알지 못하고, 안다 하여도 악을 물리칠 수는 없다.

오로지 진짜 하늘이신 태상천존 자미천황님과 인황님 외에는 이 세상 어느 누구도 악을 물리칠 수 없다.

이제부터는 풍수지리를 통한 명당자리가 중요한 것이 아니라, 하늘 태상천존 자미천황님과 인황님의 대 능력으로 행하여지는 입천제를 통하여 악의 침투를 완전히 막는 것이 인간이 행복해질 수 있는 유일한 길이다.

각자의 조상님들을 입천제를 행하여 천상 자미천궁으로 올려 보내드리면 명당자리는 더 이상 필요 없다. 각자의 조상님들이 악의 장난에 휘둘리지 않는 천상 자미천궁으로 올라가서 안정이 되면 이 땅에 살아 있는 자손들도 편안해진다.

땅에 명당자리 쓰고 질병과 가정풍파, 기업 관재, 해임, 파면 등으로 괜히 고생하지 말고 인간의 삶을 편안하게 해주는 자미국으로 입문하여 명당자리에 관한 모든 문제들 속 시원히 해결하고 인생사 홀가분하게 살면 된다.

지금까지는 자미국의 존재를 몰라 어쩔 수 없이 명당을 선호할 수밖에 없었다면 이제는 자미국으로 들어와 천상 자미천궁으로 조상님들을 모두 입천시켜 드리면 된다.

조상님 입천제를 행한 뒤, 산소는 모두 화장해서 뿌리는 산골이 가장 좋다.

각자의 조상님들이 천상 자미천궁으로 오르고 나면 인간사의 호화찬란한 산소는 더 이상 필요 없다.

천상 자미천궁은 황금궁전으로 지어진 고래 등 같은 세상이기에 인간 세상의 호화찬란한 산소는 천상 자미천궁과 감히 비교가 안 된다.

대선에 출마하여 대통령이 되고자 명당자리에 조상 묏자리를 쓰는 것보다 입천제가 더 현명한 방법이다.

이 나라가 짧은 세월 속에 전쟁의 폐허에서 세계경제 10위권으로 오를 수 있었던 것은 하늘과 신의 보살핌 덕분이었다.

저자의 가르침을 토대로 이 나라의 사람들이 하늘과 신의 뜻에 순응한다면 이 나라는 또 한 번 하늘과 신의 도움으로 기적과 이적의 일을 이 땅에서 이루게 될 것이다.

대통령과 정부, 국회, 국정책임자들, 기업인들, 뜻있는 국민들 모두 합심하고 동참해서 진정한 하늘과 신의 도움으로 살기 좋은 멋진 세상을 만들어 사랑하는 자손들에게 멋진 세상 물려주고 우리가 이 세상을 떠남이 이제 우리가 이 땅에서 이루어낼 사명이라고 이 저자는 생각한다.

행복한 죽음의 길 준비!

우리는 지금 천상에서 잠시잠깐 인간 세상으로 소풍 중인데 언젠가는 인간 세상으로의 소풍이 끝나고 우리는 왔던 곳으로 돌아가야 한다. 언제 끝날지 모르는 소풍이지만 우리는 하루하루 준비를 해야 한다.

100년 미만의 인생살이는 찰나에 불과한 일장춘몽의 꿈, 환상, 물거품, 그림자, 이슬과 같다.

길 떠나기 전에 살아생전에 가졌던 모든 것을 내려놓을 준비도 해야 한다. 다시는 돌아올 수 없는 먼 길을 떠남에 돈과 높은 관직, 권력, 명예, 배우자, 가족, 친지, 친구, 지인들, 어느 누구도 함께 갈 수 없으므로 미리 미리 영원한 작별 인사를 해야만 한다.

모두를 두고 떠남에 억울하고 분할지라도 천지자연의 이치인 죽음은 어느 누구도 막을 수 없다.

한 치 앞도 모르고 살아가는 인생길!

인생 제행무상(諸行無常)이라 했으니 인생의 덧없음을 뜻한다. 우리가 거처하는 우주의 만물은 항상 돌고 변하여 잠시도 한 모양으로 머무르지 않는다.

푸름을 자랑하던 낙엽송도 가을이 되면 낙엽이 하나 둘 떨어져 앙상한 가지만 남듯이 인생 역시 청춘이 지면 낙엽처럼 힘없이 떨어져 바람 따라 이리저리 구르는 가련한 처지가 된다.

누구나 언젠가는 가야 할 길이 죽음의 길이다.

잘난 자도 못난 자도 시간 차이만 있을 뿐, 싫어도 좋아도 떠나야 하는 길이 죽음이다.

자신의 죽음 이후의 세상에 대하여 모두는 무서워하고 두려워한다. 무섭고 두려운 죽음의 길을 대비하고자 지금까지 인류는 종교에 매달렸다. 인간 육신의 삶이 끝난 후의 세상을 사후세상이라고도 하고 죽음의 세상이라고도 한다.

자미국은 살아 있는 인간의 삶에 대해서만 전문가가 아니라 죽음 이후의 세상에 대해서도 전문이다. 자미국을 몰랐을 때는 자신의 저승길 준비를 종교에 의탁하고, 때로는 상조업체에 장례대행 의뢰와 명당자리 준비가 전부였다.

자미국에서는 종교에서, 장례업체에서, 명당자리를 통해서 할 수 없었던 자신의 혼령이 진정한 하늘께 구원받아 영원히 편안할 수 있는 하늘 장례 준비를 하게끔 도와주고 있다. 아직까지 세상 어디에도 혼령을 위한 장례업체는 없다.

자미국은 육신이 살아 있는 자, 육신이 죽은 자, 모두를 가장 편안한 길로 인도하는 곳이다.

자미국이 이 세상에 생기기 전 가족의 혼령을 위로하고자 종교를 통해 기도, 미사, 예배, 굿, 천도재, 제사, 차례 등을 지냈지만 이 모두도 소용없음이 밝혀졌다.

자미국에서는 기존의 종교에서 이미 행했던 것들과는 몇

차원 높은 의식을 통해 육신이 죽은 혼령을 영원히 행복하게, 영원히 편하게 하는 새로운 방법으로 죽음 이후의 사후세상을 준비해 주고 있다.

자신의 육신이 살아 있는 상태에서 자미국을 통하여 자신의 사후세상을 미리 준비하니 더 이상 사후세상이 무섭고 두렵지 않다. 살아생전 헌금, 시주, 거액의 성금 많이 낸다고 죽어서 천국, 극락 가는 것이 아니다.

또한 살아생전 정기적으로 천신제, 산신제, 용신제 등의 제를 많이 올린다고 천국, 극락 가는 것도 아니다.

살아생전에도 그렇게 하면 할수록 구속수감, 돌연사, 심근경색, 암, 질병, 사건사고, 단명, 자살, 우울증, 기업파산 같은 불행의 일을 겪듯이 죽음 이후의 세상에서도 그런 모든 것들은 자신에게 아무런 도움도 안 된다.

인간으로 태어난 순간부터 우리 모두는 죽음의 종착역을 향하여 하루하루 살아가고 있다. 무섭고 두려운 각자의 사후세계 준비를 기존의 종교세계보다도 몇 차원 높은 자미국을 통하여 멋지게 하면서 각자의 인생을 살아간다면 이보다 보람찬 인생은 없을 것이다.

자미국을 통하여 사후세상을 준비하지 못하고 머나먼 저승길로 떠나간다면 이보다 비참한 삶은 없을 것이다.

사람을 만남에 미리 해야 할 일들

요즘 세상은 개인 사생활 의식 수준이 과거보다는 개방적이어서 애인이 없는 사람들이 없을 정도로 성생활 풍속도가 바뀌었고, 간통죄 폐지 법안이 금년 안에 통과될 예정이어서 더 많은 성을 즐기는 문화로 발전하고 있다.

그러나 내연 관계를 맺든 애인을 사귀든 반드시 주의해야 할 사항이 있다. 상대방의 몸에 조상원혼이나 온갖 악귀잡귀 귀신들이 많이 들어 있기 때문에 애인을 잘못 사귀다 보면 자기 명대로 못 살게 되거나 갑자기 사업실패, 금전사기, 사고사, 돌연사, 우울증, 자살, 질병으로 죽는 불행한 일이 생기니 반드시 자미국을 통하여 미리 방지해야 한다.

상대가 마음에 든다고 무조건 사귀게 되면 자신이 가진 모든 것을 하루아침에 잃을 수 있음을 알아야 한다. 사주와 속궁합이 맞더라도 상대방의 몸 안에 있는 원혼귀신들이 자신에게 옮겨 붙으면 불행 시작 행복 끝이다.

유부남인 유명 연예인.

20대 애인이 둘이서만 만날 수 있는 집을 사달라고 말하자 그만 만나자고 결별을 선언했더니 50억 원을 주지 않으면 음담패설을 녹음한 내용을 인터넷에 공개하겠다고 협박해 구속

되었던 일이 있었다.

유명 연예인의 인기는 하루아침에 곤두박질쳐서 본인과 광고주들이 엄청난 피해를 입고 있다. 애인 하나 잘못 만나면 그 몸 안의 귀신들로 인해서 인생 망한다.

신문과 방송에 보도가 다 안 되어서 그렇지 이들뿐만이 아니라 애인으로 인해서 재산, 공직, 직장을 잃어버린 사람들이 헤아릴 수 없이 많이 있다.

상갓집에서만 귀신들이 달라붙는 것이 아니다.

산 사람과의 만남을 통해서도 상대에게 있던 귀신이 자신에게 달라붙을 수 있다.

인간의 눈으로는 보이지 않은 귀신들이라 불가항력적인 부분이기는 하지만 자미국에 들어오면 이들을 막아낼 수 있는 길이 있다.

사람 몸에는 각기 다른 특별한 기운들이 있지만, 일반인들은 이 기운을 이겨낼 수 없다.

그렇다고 사람을 안 만나고 살 수는 없다.

자미국에서는 귀신들로 더럽혀진 여러분 육신과 정신을 맑고 깨끗하게 청소해 주는 곳이다.

성공하고 출세한 자들 파이팅!

남들보다 크게 성공하고 출세하여 부귀영화 누리며 안정된 인생을 살아가는 자들에게 신의 존재는 그야말로 자신의 귀한 생명과도 같다.

귀신들은 가난하고 못난 자를 싫어한다. 귀신들은 사회적으로 출세한 사람들을 좋아한다.

귀신들도 악한 자들보다는 착한 자를 좋아하고, 못생긴 자들보다는 잘생긴 자들을 좋아한다고 하니 속담대로 미인박명이 헛된 말은 아니었다. 건강한 육신으로 성공하고 출세하여 지킬 것이 많은 잘생기고 잘난 자들은, 흔한 말로 귀신들의 끝없는 먹잇감의 대상이다.

크게 성공하고 출세한 사람들은 자신들의 부귀영화를 호시탐탐 노리는 귀신들에게 빼앗기지 않으려면 하루라도 빨리 자미국을 통하여 귀신들의 침범을 막아야 한다.

대우그룹과 국제그룹 이외에도 수많은 거대 기업들이 무너져 사라졌고, 최고의 권력을 가진 대통령이나 총리, 장관, 검찰총장, 고검장, 지검장, 경찰청장, 국세청장, 국정원장 등이 비운을 당했다.

3천억 대 재력가 피살 사건, 세월호 침몰과 구원파 교주의 사망, 정치인들의 구속수감으로 의원직 면직, 자치단체장들의 부정비리 구속, 유명 연예인들의 사망과 사회지도층 인사들의 몰락이 줄지어 일어나고 있다.

목숨과 건강, 재물과 기업, 권력과 명예 등은 자신 스스로 지켜낼 수 없으니 신의 도움을 절대적으로 받아서 귀신들에게 빼앗기지 말고 지켜야 한다. 귀신들도 재물과 기업, 권력과 명예가 없는 자들에게는 빼앗을 것이 별로 없기에 그들에게는 접근을 덜 한다 하신다.

우리 인간에게는 재물과 권력보다는 최우선적으로 자신의 건강과 생명, 가족들의 건강과 생명인데, 국민들 중 대다수의 사람들은 재물과 기업, 권력과 명예를 더 소중하게 생각하며 살아가고 있다.

건강과 생명보다 재물, 권력을 더 소중히 여기는 사람들에게는 이미 귀신들이 들어와 인간의 생각을 혼미하게 하여 가족보다 건강보다 생명보다 재물이 더 소중하게 보이게 착란을 일으키고 있는 중이니, 자미국을 통하여 신의 도움으로 자신의 몸으로 들어와 있는 귀신을 몰아내야 한다.

그렇지 않으면 귀신에게 끝없이 홀려 자신의 소중한 것들을 차례대로 모두 잃게 되는 불상사가 자신에게는 물론 가족들에게 일어나게 된다.

우리 인간들은 귀신들과 동고동락하며 귀신과 함께 살아가고 있지만 우리 인간들은 귀신들이 멀리 있는 것처럼 알고 있다. 귀신들이 머무는 귀신들의 집은 우리 인간과 먼 세상이 아닌 바로 우리 인간들 육신의 몸 안이었다.

우리 인간의 몸 안에는 원과 한이 많은 각자의 조상님과 귀신들이 함께 살아가고 있으니 우리 육신은 조상님과 귀신 모두가 함께 살고 있는 공동주택이다.

귀신들은 인간의 몸을 타고 이동하며, 인간 육신의 몸에 둥지를 틀고 앉아 인간과 함께 살아가고 있다.

인간 육신의 몸에 자리한 귀신을 인간의 몸에서 분리시켜 인간을 편안하게 해줄 수 있는 분은 진짜 神인 천상감찰신명님 외에는 없다.

귀신이 침범하면 몸의 컨디션이 평소와 다르고, 으슬으슬 한기를 느끼게 되며, 무기력증에 빠지게도 되고 속이 더부룩하고 소화도 잘 안 된다. 가정불화뿐만 아니라 지인들과도 오해로 자주 싸우게 된다.

시도 때도 없이 신경질이 잦으며 욕설을 퍼붓고, 성격이 날카로워진다. 사기, 배신, 우울증, 불면증, 이혼, 별거, 소송, 관재, 부정비리 폭로, 망신살, 해임, 파면, 실직, 실종, 납치, 살해 등의 일도 당하게 된다.

잘나가던 사업도 부진을 면치 못하게 되고 큰 질병에 걸려 사경을 헤매게 되고, 사건사고나 자동차 사고로 불구자가 되거나 목숨도 잃게 된다. 두통과 어깨 결림, 관절, 팔과 다리에 힘이 없게 된다.

환청과 환영이 들리는 경우도 많다.

이 모두는 귀신들이 자신의 몸에 이미 들어와 있다는 증거이다. 신문과 방송을 통해서 전해지는 재력가, 권력자, 재벌총수, 정치인, 고위공직자들에게 일어나는 불행을 남의 일처럼 여기고 대수롭지 않게 생각하면 자신에게도 불행의 일이 어느 날 갑자기 일어날 수 있다.

부귀영화 순식간에 귀신에게 홀려 날려버리고 땅을 치며 통곡하지 말고 무탈하게 승승장구할수록 신의 보호를 받을 수 있는 안전장치를 단단히 하고 살아가야 한다.

인간의 눈에 보이지 않는 사방 천지에 널려 있는 수많은 귀신들을 인간들은 막아낼 수 있는 능력이 없기에 신의 절대적인 보호를 받고 살아야 한다.

사회적 신분과 지위 때문에 이 말을 무시하고 살다가는 불시에 불행한 일을 당하여 자신과 가족, 가문이 몰락하게 된다. 지킬 것이 많은 사람들일수록 안전장치는 필수이다.

통치자, 재벌가, 정치인, 고위공직자의 죽음과 기업의 몰락을 타산지석으로 삼아 철저한 대비를 하고 사는 자가 가장 현명한 사람이다.

목숨이 끊어져 죽은 다음에 부귀영화가 무슨 소용이고 기업이 몰락하면 어떻게 재기할 것인가? 아무짝에도 쓸모없는 자존심 모두 버리고, 사회적 신분과 지위를 잠시 내려놓고 살고자 하는 간절한 마음으로 대단한 능력자이신 신의 도움을 하루라도 빨리 받는 길을 선택해야 한다.

각자 피나는 노력 끝에 이룬 자신의 큰 성공과 출세. 이제는 자미국을 통하여 지키는 법을 배워야 한다. 그것이 진정한 성공이고 출세이다.

성공과 출세를 이루기 위한 과정의 시간들. 그 얼마나 힘들고 힘든 시간들이었나? 신과 하늘의 힘을 빌려서라도 자신의 출세와 명예, 악착같이 귀신들에게 빼앗기지 말고 그들로부터 오래도록 지켜내어 행복하게 사는 길을 이제는 선택해야 한다.

자나 깨나 귀신 조심!

여러분과 가족들의 몸 안에 어떤 귀신들이 숨어 있는지 자미국을 통해서 하루빨리 찾아내야 여러분의 소중한 목숨과 건강, 돈과 권력, 직장과 기업, 명예를 오래 지킬 수 있다.

세상사의 갑작스런 어려움 발생!

인간의 힘으로 해결 안 되는 일이 터졌을 때 여러분은 어디에 의지할 것인가? 대다수 사람들이 찾아가는 곳이 종교, 무속, 병원이다.

우리 인간은 영과 육으로 구성되어 있다.

영혼의 삶을 책임져 주시는 분이 따로 계시고, 육신의 삶을 책임져 주시는 분이 따로 계신다. 영과 육의 삶을 책임져 주시는 분은 종교적으로 수천 년간 세상에 널리 알려진 종교의 숭배자도 아니고 종교 교주도 아니다.

영과 육의 삶을 책임져 주시고 살려주시는 분을 만나려면 자미국으로 속히 들어와야 한다. 종교지도자들은 지금까지 이런 엄청난 진실을 전혀 몰랐다. 그분들이 누구이신지는 천기누설에 해당되므로 이곳에서 공개하지 않는다.

여러분의 영과 육은 하루속히 그분들을 만나야만 살 수 있는 길이 열린다. 영적인 문제와 육적인 모든 문제는 자미국에 들어오면 해결된다.

난세의 뿌리를 뽑아낼 자미국

어렵게 공직 후보의 물망에 올랐다가 말도 안 되는 과거의 부정비리와 사생활 전력이 밝혀지고, 어떤 사건에 연루되어 청문회에서 낙마하는 사람들이 많다.

두 아들의 병역 면제 비리 의혹과 부동산 투기 의혹으로 총리 후보직을 사퇴한 사람, 과거 발언한 동영상 파문으로 총리 후보에서 물러난 사람, 아들의 부주의한 글 때문에 시장 선거에서 낙마한 사람, 딸의 폭로로 교육감 선거에서 낙마한 사람, 혼외아들 파문으로 검찰총장직에서 물러난 사람, 장관 인사청문회에서 칼날 같은 검증의 문턱을 넘지 못하고 안타깝게 낙마한 사람들에 대한 원인과 해법!

이들 역시 권력과 명예를 시기 질투하는 귀신들의 방해로 인하여 낙마한 희생자들이다. 전 · 현직 국회의원과 고위공직자, 시 · 도지사, 시 · 군 · 구청장, 지자체 의원들이 갑자기 어떤 사건사고에 수뢰혐의로 연루되어 파면, 해임, 의원면직을 당하거나 구속 수감되고 있다.

그런데 이 모두가 여러분의 몸 안에 들어와 있는 귀신들로 인해서 일어나고 있지만 여러분은 재수가 없거나 운이 없어서, 또는 지인 때문이라고 알고 있다.

공직자와 기업인, 지도층 인사들은 귀중한 것을 많이 가지고 있기에 귀신들이 항상 몸 안에 상주하고 있다가 자신의 비리를 상대를 통해서 고발하게 만든다.

갑자기 다가오는 각자의 몰락과 소리 없는 죽음의 그림자를 누가 미리 알고 막아내겠는가? 하늘과 땅, 인간의 절대자께서 막아주시지 않으면 여러분의 몰락과 죽음은 아무도 피할 수가 없다. 저자는 이 세상 그 어느 누구도 할 수 없는 하늘과 땅의 일을 하고 있다.

이 엄청난 일을 이루어내고자 일평생을 바쳤고, 감내하기 힘든 고난의 길을 걸어왔다. 이제는 그 꽃을 대한민국의 국민들과 함께 화려하고 멋지게 피우려 한다.

세월에 세월을 거듭하며 정성을 들여도 피지도 못하는 답답한 종교 꽃을 피우는 것이 아니라, 피지도 못하고 인간의 삶을 더 힘들게 하는 기존의 종교 잡초, 귀신 잡초, 악의 잡초는 확실히 뽑아 저 멀리 창공으로 날려버리고, 인간의 삶이 고통 없이 행복으로 살찌고, 인간의 입가에 씁쓸한 웃음이 아닌 기쁜 웃음이 감돌고, 인간의 마음에서 슬픈 눈물이 아닌 기쁨의 눈물이 감도는 진정으로 멋진 인간의 꽃을 이제는 피우려 한다.

인간이 아닌 꽃도 계절이 되면 한 번쯤은 예쁘게 피어 활짝 웃건만, 우리 인간이 정작 예쁘게 피어날 수 없다면 너무 슬픈 일 아니던가? 우리 인간도 한 번쯤은 하늘과 신의 도움으로 귀신과 악의 굴레에서 벗어나 한 번쯤은 활짝 피어나 웃으며 살아야 하지 않겠는가?

이 세상에 예쁜 꽃들이 그 아무리 많다 해도 인간의 꽃보다 더 예쁜 꽃은 없다. 하늘과 신의 도움으로 우리는 악의 굴레, 귀신의 굴레, 종교의 굴레에서 벗어나 활짝 웃으며 피어나는 예쁜 꽃들이 되어야 한다.

산소에서, 교회에서, 성당에서, 절에서, 도교에서, 무속에서, 산과 바다에서 열심히 지극정성으로 빌어도 인간의 꽃은 피지 않았다. 오히려 병 걸린 사람들처럼 시들시들하다가 갖은 사건사고에 연루되어 구속 수감, 파면, 해임되거나 망신에 망신, 고통에 고통을 겪을 뿐이었다.

이 나라와 인류가 기다리던 난세의 영웅?

영웅은 어지러운 세상 난세가 만들어내는 것이지 평화로운 세상에서는 결코 만들어내는 것이 아니다. 이미 모든 것을 다 이루어낸 평화로운 세상은 모든 것이 갖추어졌기에 굳이 영웅의 힘이 필요 없다.

진정한 영웅은 아무런 해법을 찾을 수 없는 국가적 재난과 암울한 시대적 상황이 만들어낸다. 자미국에서는 인류의 능력으로 불가능했던 일들을 해내고 있다.

불이 나야 소방차의 진가를 알게 되고, 배가 고파봐야 밥의 고마움을 알게 되고, 목이 말라봐야 물의 고마움을 알게 되듯이, 나라가 어려워봐야 하늘과 신, 자미국 저자의 존재를 귀하게 여기나 보다.

세상이 전쟁 없이 평화로우면 장수들이 할 일이 없고, 장수들의 존재감 또한 사라지게 되듯이, 지금 처한 이 나라의 힘든 난국의 문제뿐만이 아니라 세계적으로 일어나고 있는 수많은 불행의 일들은 유식한 체하며 그동안 하늘과 신 귀한 줄 모르고 자신이 최고라고 자만하며 살아온 못된 악들에게 보내는 하늘과 신의 경고 메시지이다.

세상 곳곳의 시끌벅적한 일들을 해결해 보고자 이 세상의 모든 힘을 다 동원해도 어찌할 수 없을 때, 자미국에 인황님과 사감, 태상천존 자미천황님, 천상감찰신명님께서 이 세상에 출현하여 모두가 머리를 맞대고 해결하려 해도 해결되지 않았던 일들을 보란 듯이 해결하면서 진짜를 밝히기 위함이다.

그래서 영웅은 난세가 만든다는 말이 있는 것이다.

영웅은 어느 누구도 해내지 못하는 난세의 세상을 보란 듯이 구원하여 이 넓은 세상에서 누가 진정한 영웅인지 멋지게 밝히게 된다.

자미국을 통하여 진짜 하늘 태상천존 자미천황님과 천상감찰신명님의 존재가 밝혀지기 전.

예수, 석가, 상제, 성모마리아, 승려, 교황, 신부, 목사, 도사, 법사 기타 등등은 자신들이 세상의 영웅인 양, 자신들의 재주와 도력으로 이 세상을 구할 것처럼 오랜 세월 동안 신도들에게 큰소리를 뻥뻥 쳤다.

그러나 정작 이 난세를 구하는 자는 아무도 없었다.

난세를 구하기는커녕, 원인조차도 모르고 염불과 기도로 세월을 보내고, 귀한 사람들의 인생이 불행과 병마로 힘들게 살아가고 있는데도 방법은커녕 구경만 하고 있다.

각자 종교에서는 분명히 말했다.

난세에 부처님이 이 세상 사람들을 중생구제하고,

난세에 예수님이 이 세상을 구원할 것이라고.

이 정도면 난세 아닌가?

얼마나 각자가 더 망가지고 나라가 더 어려워져야 난세란 말인가? 저자가 보기에는 이 정도면 난세가 분명히 맞건만, 자신들이 말했던 부처님과 예수님은 이런 인류를 구제 안 하고, 구원 안 하고 어디서 무엇을 하고 있단 말인가?

얼마나 인류가 더 망가지고 더 아파야 난세라 생각하고 구제하러, 구원하러 올 것이란 말인가?

종교 교주들이 말했듯이 오긴 올 것인가? 우리가 다 죽은 뒤에 올 것인가? 아니면 우리가 악들에게 갈기갈기 다 찢어진 다음에 올 것인가?

이 나라뿐만이 아니라 전 세계는 지금 악들의 장난으로 인간이 피해기 이마어마하다. 하루에도 수많은 사람들이 악들의 장난으로 저승길로 가고 있다.

해임, 파면, 가정파탄, 기업 부도, 망신 등의 일들로 모두가 힘들다고 살려달라고 아우성들인데, 왜 부처님과 예수님, 정도령, 상제님, 성모마리아님, 승려, 목사, 신부, 교황들은 인류를 살리는 묘책을 내놓지도 않고 구경만 하고 있단 말인가?

이제 인류는 알아야 한다.

우리가 지금까지 알고 있었던 모두는 우리를 악의 굴레에서 구원해 줄 진정한 구제자, 구원자가 아니었음을….

우리를 진정으로 구제해 주고 구원해 줄 분은 지금까지 우리가 전혀 알지 못했던 태상천존 자미천황님과 천상감찰신명님임을 확실히 알아야 한다.

몇 천 년을 구원해도 안 되는 것은 안 되는 것이다. 안 되는 것이 더 한다고 되는 것은 절대 아님을 알아야 한다.

안 되는 것을 더 하면 할수록 시간 낭비, 세월 낭비, 인생 낭비일 뿐이다.

종교에서, 악들이 가르쳐준 것이 진실인 줄 알고 인류는 쫓아하다가 개인적으로는 개인의 삶이 망가졌고, 국가적으로는 국가가 망가져 가고 있고, 공직에 앉아 나라 일을 하는 사람들과 나라의 운명을 좌우하는 큰일을 하는 사람들의 인생이 눈물과 망신의 일들로 망가졌다.

세계적으로도 세상 자체가 혼돈 상태에 빠졌다.

이제 우리 모두는 우리의 삶을 더 힘들게 하는 기존의 모든 악의 잡초를 서슴없이 뿌리째 뽑아버려야 살 수 있다. 물론 본인들이 악의 뿌리를 뽑고 싶다 하여 뽑을 수는 없다.

진정한 구원자 태상천존 자미천황님과 천상감찰신명님의 힘을 빌려 뽑아야 한다.

악의 뿌리를 각자가 각자의 인생과 기업으로 이 나라에 심었을지 모르지만, 각자의 힘으로는 절대로 악의 뿌리를 뽑을 수 없다.

인간의 삶을 아프게 하는 악의 기운.

부처님도, 예수님도, 상제님도, 승려도, 신부도, 목사도, 교황도 흔한 말로 이 세상 어느 누구도 뽑을 수 없다.

밭과 논에 잡초만 가득하면 가을에 수확할 것이 없음은 당연한 일이듯, 인간의 몸과 가정, 기업에 악의 잡초가 가득하면 인간이 득 볼 수 있는 것은 하나도 없고, 오히려 악의 잡초로 인해 인생과 기업, 이 나라는 갈수록 억세지고 거칠어질 뿐이다.

다시 말하면 개인과 기업, 나라는 온갖 풍상을 다 겪게 된다는 말이다. 논과 밭에 잡초가 많으면 덩달아 잡벌레들도 많이 끼게 되듯이, 인간의 몸에 악의 잡초가 많으면 풍파도 많이 따르게 된다.

논과 밭의 잡초를 다 뽑고 병충해를 막으면 가을에 멋지게 수확하여 편안한 생활을 할 수 있다.

그렇듯이 하늘 태상천존 자미천황님과 神인 천상감찰신명님을 통하여 인간의 몸과 가족, 기업에 스며든 악의 잡초를 제거하면 우리네의 삶과 가족의 삶, 기업을 통해서도 분명 좋은 결실을 맺게 된다.

낙태 유산 영가들의 저주와 질병

처녀든 유부녀든 다수의 여자들은 낙태나 유산을 해본 경험이 있을 것이다.

하지만 낙태와 유산이 여성 건강과 인체에 얼마나 치명적인지 아는 여성들은 거의 없고, 누구나 겪는 일이기에 살생의 죄의식도 없이 대수롭지 않게 생각하며 살아가고 있다.

그런데 이런 아기 영가들의 저주로 인한 피해는 상상을 초월할 정도로 엄청 크다. 임신 초기 핏덩이 상태에서 낙태 유산시킨 여자들도 있을 것이고, 사람의 형체가 만들어진 상태에서 낙태 유산시킨 경우도 수없이 많을 것이다.

낙태나 유산은 살생의 죄를 짓는 것은 물론 원귀를 만드는 지름길이며 돌연사, 비명횡사, 질병을 발병시키는 원인 중의 하나로 작용한다.

잘 자라던 귀하디귀한 자녀들이 갑자기 심장마비, 교통사고, 자살, 큰 질병, 대형사고로 큰 아픔을 겪게 되는 이유는 바로 낙태 유산한 원귀들의 저주였다.

갑작스런 자녀의 죽음과 불행에 부모의 마음은 갈기갈기 찢어진다. 그러나 그 이유는 자신이 낙태 유산한 이름 없는 아이가 원혼이 되어 자신을 살생한 당사자에게 내리는 원망의 절규이자 저주였다.

낙태 유산 원혼의 저주는 당사자는 물론 자자손손 대를 이어 내려가기에 자미국을 통하여 원혼귀의 원과 한을 풀어주는 입천제를 행해 주어야 원혼귀의 저주가 멈추게 된다.

낙태 유산 영가들의 원과 한이 서린 저주의 사례이다.

천식처럼 심한 잦은 기침을 오래하면서 목 안이 따갑고 숨도 제대로 못 쉬고, 소화도 안 되고 으슬으슬 춥고, 구토가 나서 밥을 못 먹을 정도다.

온갖 양약과 한약을 복용했지만 아무 소용없다. 꿈을 꾸는데 핏기 없는 아이가 바라보다가 목을 조른다. 병원을 찾았는데 아무 이상이 없는 희귀병이라 수많은 병원을 다녀보지만 병명은 나오지 않는다.

사연인즉 20년 전에 남자 아이 둘을 낳았고 3살과 4살로 연년생이었다. 딸을 낳으려 임신했는데 이번에도 아들이라 임신 6개월에 낙태를 했다.

낙태를 하는 과정에서 아이를 꺼내보니 사람 모습이 다 만들어진 상태였다. 6개월 된 아이가 살아 꿈틀거리고 있어서 어쩔 수 없이 목을 졸라 죽였다.

낙태한 아이의 원혼은 8년 동안 엄마의 목에 붙어 있었다. 엄마는 그때부터 병명 없이 아팠다. 낙태 영가의 저주는 이처럼 무섭다.

이 세상에서 가장 원과 한이 많은 영가는 엄마 뱃속에서 태어나지도 못하고 부모한테 죽음을 당한 낙태 영가들이다.

낙태한 영가를 입천제를 통하여 원과 한을 풀어주지 않으면 세상살이가 뜻한바 대로 안 풀린다.

씨는 뿌린 대로 거두어들이고, 뿌린 자가 거두어들이게 된다.

살생의 씨를 뿌렸으니 당연히 그 죗값은 본인과 본인의 가장 사랑하는 자녀가 받게 된다. 대수롭지 않게 생각하며 그냥 덮어지기를 바라지만 1000년이 흘러도 낙태 영가의 저주는 자자손손 대를 이어 후손들에게까지 내려간다.

아이 엄마와 시집도 가지 않은 처녀들이 앓고 있는 자궁암, 자궁선 근종, 물혹, 유방암, 불임, 성병, 성감대 불감증, 성관계 기피증, 생리주기 불규칙 같은 질병은 자신이 지은 죄의 대가로 인해서 저주가 내린 것이다.

자연유산은 과실치사죄에 해당하고, 인위적인 낙태는 살인죄에 해당한다.

낙태 유산 영가를 핏덩이라고 무시하면 안 된다.

낙태 영가의 재앙과 저주는 굿이나 천도재가 아닌 입천제 의식을 통하여 확실히 해결해야 낙태 유산 원혼령으로 인한 피해에서 자유로워질 수 있다.

천지만사(天地萬事)가 상통

문명세계 발전의 모태는 공상이나 가상세계였다. 처음에는 말도 안 되는 황당한 이야기로 시작하지만 세월이 흘러 현실로 도래하였다.

발명가들이 마음에 떠오르는 공상이나 가상세계를 현실로 이루면 현대과학이 되는 것이고 못 이루면 허상이나 망상의 세계가 되는 것이다.

이 땅을 밟고 살아가는 인류 모두는 하늘과 땅이 내리는 명을 이행하고 살아야 현생과 내생의 삶이 편안해진다.

하늘과 땅이 원하고 바라는 일을 행하면 무릉도원의 세상이 현실에서 이루어진다. 각자에게 내려진 하늘과 땅이 내리는 명을 받들고 살아가면 천지만사(天地萬事)가 상통하고 개인과 가정, 기업과 나라가 편안해지며 부강해진다.

하늘(天)이 인류에게 내리는 命이 있고,

땅(地)이 인류에게 내리는 命이 있고,

인황님(人)이 인류에게 내리는 命이 있다.

그런데 하늘과 땅이 내리는 명(命)을 인간들은 알 수도 없고 들을 수도 없다.

하늘과 땅이 내리는 명을 받들지 않고 살아가면 세상을 살아가는 동안 수많은 아픔과 슬픔을 겪어야 한다.

언젠가는 저자와 여러분도 태산 같은 돈과 권력, 명예를 모두 내려놓고 정든 가족들과 헤어져 이 세상을 떠나야 한다.

떠나기 전에 하늘과 땅이 각자에게 내린 명을 우리는 완수해야 한다.

인생이란?

영원히 머물 수 없는 언젠가는 떠나야 하는 나그네 길이고, 빈손으로 왔다가 빈손으로 가야 하는 한시적인 길이다.

짧은 인간의 삶이지만 살아생전 자미국을 통하여 하늘과 땅이 내린 명을 완수하는 삶은 그야말로 후회 없는 멋진 삶이다.

한 번 가면 두 번 다시 올 수 없는 귀한 인간의 삶!

자신의 욕심과 야망을 채우는 것이 하늘과 땅이 내린 명이 아님을 알아야 한다.

심판과 다음 생의 진실!

지금 생에서 하늘과 땅이 내린 명을 이행하지 않고 인간의 삶을 마감하게 되면 다음 생에는 축생이나 뱀으로 태어나 자신들이 인간으로 살아 있을 때 하늘과 땅, 신의 말씀을 무시한 것이 그 얼마나 잘못된 일이었는지를 알게 된다.

인과응보의 법칙은 한 치의 오차도 없이 천지만물 속에서 실시간으로 일어나고 있다.

종교를 통해서 숭배자를 믿으면 천국, 극락, 선경세계로 올라갈 수 있는 것이 아니라 자신들이 전생과 현생에 지은 죄를 빌어 용서받아야 내생의 삶이 보장된다.

만물의 영장인 인간으로 태어난 특혜는 끝없는 사후세계를 멋지게 준비하여 지옥세계, 아귀계, 아수라계, 축생계, 이승에 불행하게 머물지 말고 영생이 보장된 꽃피고 새 우는 아름다운 꿈의 궁전 천상궁전 자미천궁을 찾기 위한 보물찾기의 특혜를 준 것이다.

살아생전 꿈의 궁전인 천상 자미천궁을 못 찾고 죽음을 맞이하게 되면 죽음의 세상에서 집 잃은 고아 신세가 되어 이 넓은 우주천지 세상을 악들에게 쫓겨 다니는 비참한 신세가 된다.

15년 전 재계 2위 그룹이 하루아침에 해체되어 공중분해

되자 재벌총수가 해외로 도망가 세계를 전전하며 떠돌다 외로움을 견디지 못하고 몇 년 뒤 귀국해 법의 심판을 받았듯이, 우리 인류도 살아생전 자미국을 통하여 진정한 하늘께 자신들의 죄를 심판받아야 살아서도 죽어서도 도망자의 비참한 인생이 안 된다.

재계서열 2위 기업도 법의 심판을 피할 수 없듯, 이 세상 어느 누구도 진짜 하늘인 태상천존 자미천황님의 심판을 피할 수 없다. 하늘 태상천존 자미천황님의 심판을 받음에 있어 인간의 권위와 직책, 명예는 중요하지 않다.

권력과 명예, 많은 재산은 살아생전 인간들을 장악하기 위한 하나의 도구이고, 인간 상하 서열을 정하기 위한 하나의 도구일 뿐, 죽음 이후의 세상에서 하늘의 심판을 받음에 있어 살아생전 자신이 누렸던 명예, 권력은 아무 소용이 없다.

어차피 죽으면 누구나 받게 되는 하늘의 심판!

자미국을 통하여 살아서 미리 받고 죄인의 신분에서 벗어나 편하게 살아야 한다.

인간의 몸 안에는 하늘의 심판을 피해 다니는 악이 있다.

인간이 하늘의 심판을 피해 도망 다니는 악들과 함께하면 우리 인간도 악들이 시키는 대로 행하게 되기에 결국에는 우리 인간도 악들과 똑같은 악이 되어가는 것이다.

인간 자신이 하늘께 잘못했든, 자신의 몸에 있는 악이 시키는 대로 행하여 하늘께 잘못했든, 흔한 말로 내가 했든, 네가 했든, 우선은 자미국을 통하여 하늘께 심판받고 용서받아야 현생, 내생은 물론 가족들도 편한 인생 살게 된다.

살아생전 이 부분을 해결하지 못하고 죽음의 길로 가게 되면, 다음 생에 축생으로 태어나 험한 생을 살게 되고, 아니면 다시 인간으로 태어나게 되더라도 세계에서 가장 못사는 나라에 태어나 일평생 고생만 하며 살다 생을 마감하게 되는 비참하고도 비참한 인생을 살게 된다.

나라의 대통령도 잘못하면 법의 심판을 받듯, 하늘의 심판은 고위 관직을 막론하고, 재산이 많고 적음을 떠나 어느 누구를 막론하고 받는다.

인간 세상에서도 법의 심판을 통하여 형량이 정해지듯 사후세상에서는 하늘 심판을 통하여 또 다음 생이 정해지는 사후세상의 진실이 존재하고 있다.

하늘의 심판을 받음에 살아생전 각자가 종교 생활을 많이 한 것도 진정한 하늘께는 아무 의미가 없다.

이 땅에도 최소한의 법이 존재하고 있듯, 하늘 세상에도 하늘의 법도가 존재하고 있다.

그러나 우리 인간은 하늘에 어떤 법도가 존재하고 있는지 모른다. 하늘의 법도를 알아야 인간의 삶을 살면서 하늘이 싫어하는 것을 안 할 것 아니던가?

그러나 우리 산 사람들의 눈에는 하늘세계만 안 보이고 안 들리는 것이 아니라 하늘의 법도도 안 보이고 안 들리기는 마찬가지다.

우리 인류가 알고 있는 것은 고작 종교에서 전해 들은 것이 전부이고, 종교 서적을 통해서 들은 것이 전부이다.

그러나 종교 서적, 성경에 나와 있는 내용들도 진짜 하늘세계의 내용과는 다르다.

자미국에서는 수많은 의식을 통하여 하늘 법도의 진실에 대해서도 자세히 알려주기에 자신이 그동안 하늘의 법도를 몰라서 이미 지은 죄는 하늘께 용서받아 구원받으면 되고, 의식을 통하여 하늘의 법도를 알았으니 앞으로 살면서 행하지 않으면 되니까 하늘께 심판받을 일이 없으니 살아서의 삶도 죽어서의 삶도 하늘의 따뜻한 사랑과 보호로 태평하게 된다.

그러나 살아생전 자미국을 통하여 하늘의 심판을 받지 않으면 영원한 하늘의 도망자가 되어 불안하고 초조한 악의 인생을 살게 된다.

자신의 소중한 많은 것을 잃은 수많은 사람들이 지금 이 시간도 통곡하고 있다. 자신의 소중한 모든 것을 악으로부터 영원히 지키는 법은! 하늘의 심판을 피하지 말고 하루라도 빨리 자미국을 통하여 받아야 홀가분하고 행복한 인생 누릴 수 있음을 명심해야 한다.

돈 아끼려는 악의 마음으로 자미국에 안 들어오면 자신의 부귀영화 모두를 한순간에 전부 잃고 자신의 인생에 천추의 원과 한을 남기는 슬픈 인생으로 전락하게 되니 자미국에서 귀하게 전해 주는 진실의 말에 귀를 기울이고 이행해야 한다.

지엄하신 하늘의 심판을 뒤로 미룬다는 것은 언제 터질지 모르는 시한폭탄을 품에 안고 살아가는 것과 같은 이치다.

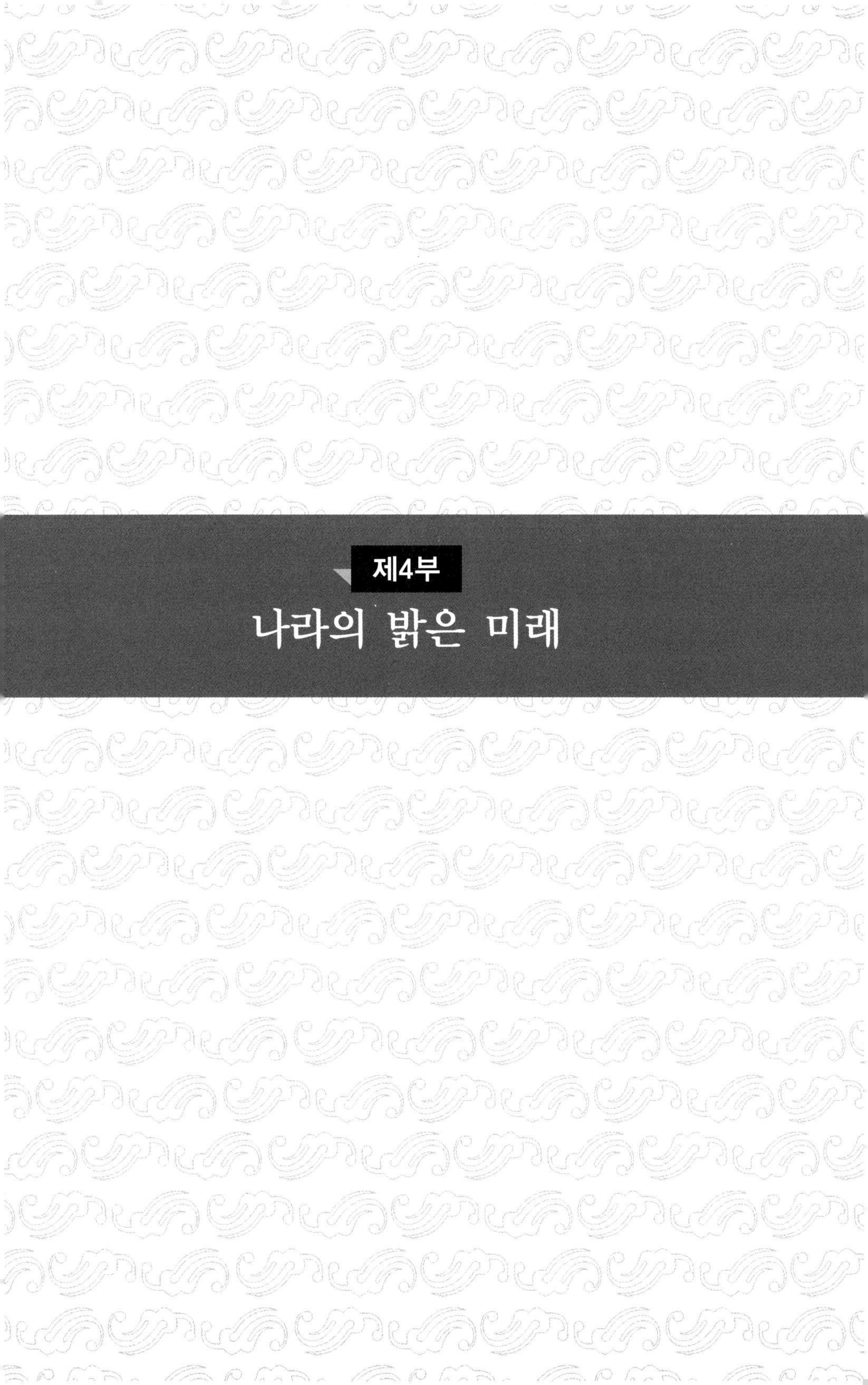

제4부

나라의 밝은 미래

국운을 예언한 비결서

역대 대통령

01~03대	이승만 대통령	1948~1960.	12년 집권
04~04대	윤보선 대통령	1960~1962.	02년 집권
05~09대	박정희 대통령	1963~1979.	16년 집권
10~10대	최규하 대통령	1979~1980.	01년 집권
11~12대	전두환 대통령	1980~1988.	08년 집권
13~13대	노태우 대통령	1988~1993.	05년 집권
14~14대	김영삼 대통령	1993~1998.	05년 집권
15~15대	김대중 대통령	1998~2003.	05년 집권
16~16대	노무현 대통령	1993~1998.	05년 집권
17~17대	이명박 대통령	2008~2013.	05년 집권
18~18대	박근혜 대통령	2013~	

66년 동안 11명의 대통령이 집권했는데 '원효비결서'에 이런 내용이 있다. 의정 3년, 군정 3년, 민정 3년 후에 辰巳聖人出(진사성인출) 午未(오미)에 樂堂堂(락당당)이라 했다.

즉 뱀해나 용해에 성인(龍=皇)이 출현하여 천하세계를 다스리고 午(오)년과 未(미)년에 樂堂堂(집집마다 기쁨이 있다)고 되어 있다.

3년이라는 말은 3명의 대통령을 말한다.

나라의 대통령은 11명인데 어떻게 9명의 대통령만 인정하는 것일까? 여기서 두 명은 재임기간이 짧아서 포함시키지 않으면 9명의 대통령이 맞다는 뜻이다.

의정 3년은 이승만 대통령, 김영삼 대통령, 김대중 대통령

군정 3년은 박정희 대통령. 전두환 대통령, 노태우 대통령

민정 3년은 노무현 대통령, 이명박 대통령, 박근혜 대통령

여기서 국가와 국민들이 받아들여야 할 중요한 내용은 '원효비결서'에 9명의 대통령 이외에는 차기 대통령에 대해서 아무런 언급이 예언되어 있지 않다는 점에 이 나라의 대통령과 정 · 관 · 재계 인사들은 물론 국민들 모두가 주목해야 한다.

박근혜 대통령 이후에 통치자에 대한 언급이 전혀 없고 眞人御世(진인어세) 즉 진인이 출현하여 세상을 다스릴 것이라고만 되어 있다.

성인이나 진인의 신분은 일국의 대통령 신분이 아니라 하늘과 땅의 화신이자 분신, 대리인이다. 그는 세계 인류의 흥망성쇠를 실시간으로 좌지우지할 수 있는 대단한 영적 능력을 갖고 있는 인물이다.

그러므로 영적 세계부터 통합하여 통치하는 천상세계정부가 수립될 것이니 그곳이 천지인세계통합국가 자미국을 개국하여 창시한 인황님이다.

'원효비결서' 예언이 천년의 세월을 넘어서 지금까지 맞았다.

1328년 전에 예언한 '원효비결서'의 내용들이 황당무계한

내용이 아니라 무서울 정도로 정확히 맞아떨어졌다. 이 나라에서 앞으로 펼쳐질 진짜 하늘이신 태상천존 자미천황님과 천상감찰신명님의 뜻을 받아 인황님이 펼치는 세상을 겸허히 인정하고 받아들여야 할 것이다.

태상천존 자미천황님과 천상감찰신명님의 뜻을 받은 인황님이 추구하는 이상향의 무릉도원 세상은 일부 대통령이 되려는 극소수의 정치인들을 제외하고는 대한민국 국민들 모두가 박수치며 환영해 주어야 할 일이다.

하늘과 신이 이 나라에 내려주시는 대운을 우리 국민들은 환영으로 받아들여야 한다.

1328년 전에 예언한 내용에는 18대 박근혜 대통령이 마지막 대통령이라고 예언되어 있다.

천지인 절대자와 저자가 집행하는 천지대업(천지인세계통합국가 자미국 연방정부수립)을 대통령과 관료, 정치인들 모두가 힘을 모아 자미국을 이 나라의 중심부에 세워야 한다. 자미국은 저자 하나만의 공간이 아니라 세계 인류 모두가 함께할 공간이기에 힘을 합해서 세워야 한다.

대통령이나 정치인, 관료들 그 어느 누구에게도 전혀 손해가 안 가는 일이고 국민들의 복지증진이 더 빨라지는 최선의 길이 될 것이니 이것이 하늘과 땅, 인간이 공생공존하는 가장 아름다운 세상을 실현하는 지름길이다.

"터의 저자 육관도사는 옛날부터 오경명성(별)이 비치는 국가는 큰 발전이 있었다"고 말하면서 자미국(자미원)의 존재를 언급해 놓았으니 신기한 일이다.

가까운 예로 영국에 오경명성의 별이 비친 81년 동안 해가 지지 않는 대영제국으로 발전했고, 미국은 오경명성이 비친 172년 동안 광활한 황무지에서 세계 최강국으로 발전하였다.

오경명성이 우리나라로 건너오는 도중에 약 5년 3개월간 일본을 비추는 동안 일본의 경제력이 크게 발전하였고 한국에 오경명성이 비친 것은 1986년 9월 14일(寅時:새벽 3~5시 사이)부터 그 시간 이후 우리나라는 88올림픽을 개최하면서 국운상승의 시대를 맞이하였다.

그 오경명성이 조림하는 381년 동안 별이 비추게 되어 있어 이 기간 중에 우리 한국은 전 세계와 인류의 종주국으로 떠오르고도 남으리라 확신한다.

대한민국의 많은 사람들이 인황님의 뜻에 협조를 아끼지 않는다면 인황님과 하늘은 반드시 이 땅에서 이루고도 남을 것이라고 확신 또 확신한다.

고려왕조의 운명 예언

국조변천 왕조출웅 송악사백 불사성행
國朝變遷 王朝出雄 松岳四百 佛事盛行

춘추원풍 가위조공 국약민겁 건강곤유
春秋元風 可謂朝貢 國弱民劫 乾剛坤柔

나라의 조정이 바뀌고 옮겨가니 왕조에서 영웅이 나온다. 송악 400년에 불사는 성행한다. 봄, 가을로 원나라 바람이 부니 가히 조공을 드리는 나라라 할 수 있다. 나라는 약해지고 백성들은 겁만 많아지니 하늘은 굳세고 땅은 부드럽다.

조선왕조의 운명 예언

청구성조 귀색상기 미제능출 문숭무천
靑驅星照 貴色上器 美濟能出 文崇武賤

왜침팔년 창생도탄 임사지간 강산초토
倭侵八年 昌生塗炭 壬巳之間 江山焦土

골육상쟁 사색무색 부재경술 왜침병토 일월무색
骨肉相爭 四色無色 富哉庚戌 倭侵倂土 日月無色

靑驅星照(청구성조) 이성계가 남쪽 별인 청구성을 따라 위화도에서 회군하는 것을 의미한다.

푸른 비둘기별이 비치니 고려의 귀족이 윗그릇(왕)이 된다. 말은 화려하나 행동이 없으니 이루어지는 것이 없고 문반만 받들고 무반은 천시하는구나.

왜란 8년간에(임진, 정유) 백성은 도탄에 빠진다. 임진년과 계사년 2년간 강산은 초토화되는구나. 형제끼리 서로 다투고 4색 당으로 다투니 모두 똑같은 부류로다. 경술년(1910년)이 무르익었을 때 왜가 침략하여 우리나라를 병합하니 해와 달이 그 색깔을 잃어버리도다.

33인의 독립운동과 8 · 15 해방 예언

기미중분 강산진동 공수하방 삼삼하인
己未中分 江山震動 空手何坊 三三何人

난솔시운 복록수도 병자당년 천시개원
鸞率示運 福綠殊塗 丙子當年 天市開垣

왜망지조 정축육년 왜침중원 을유입추 왜적자퇴
倭亡之兆 丁丑六年 倭侵中原 乙酉立秋 倭賊自退

기미년을 가로질러(독립만세 운동) 강산이 진동한다. 불쌍한 조선백성들아, 빈털터리 맨손으로 어디를 가느냐? 기미년의 33인은 누구인가? 절망에 빠진 조선을 인도하는 하느님의 난새(鸞)들을 맞아 새 운이 시작되는도다. 이들은 각기 다른 길(종교)을 통하여 복록을 받았도다.

병자년(1936년)에 천시가 개원되어 하느님 스스로 지상에서 현실화되도록 역사하시네. 왜가 망하는 징조는 정축년(1937년)부터의 6년간에 있으니 이들이 중국의 중원을 침략(중일전쟁)하기 때문이라. 을유년(1945년) 입추에 왜적이 스스로 물러나리라.

조국분단 6·25 전쟁의 운명 예언

고각분토 김목상승 중분지리 삼팔중분
孤角分土 金木上昇 中分之理 三八中分

기축지추 자미개원 자시개원
○ ○ ○ ○ 己丑之秋 紫微開垣 紫市開垣

천사해금 천극태을 제일사정 남가이활 경인신묘 형제상투
天賜海金 天極太乙 帝溢四正 南可以活 庚寅辛卯 兄第相鬪

고각(한반도)이 분단되어 북쪽은 김가(김일성)가 남쪽은 이가(이승만)가 왕이 되는구나. 고각의 가운데가 갈라지는 이치에 따라 삼팔선을 경계로 땅이 나누어지는구나.

기축년(1949년) 입추절에 이르러 자미개원(대한민국 탄생)과 자시개원(조선민주주의 인민공화국 탄생)이 되어 고각 중

분이 이루어지도다.

하늘이 해금한 사람을 이 땅에 내려 보내셨으니, 그 사람이 바로 하늘의 중심인 태을의 정기를 받아 이 땅을 구제할 태을진인이로다. (해방 후 대한민국은) 뱃사공이 너무 많아 배가 산으로 갈 형편이로다. 남쪽에 살 길이 있으니 경인년(1950년)과 신묘년(1951년) 사이에 형제들끼리 싸우는구나.

박정희 대통령의 등장과 유신

경자신축 남어난박 경술신해 남북상충
庚子辛丑 南於亂朴 庚戌辛亥 南北相沖

혈류표저 임자계축 생처하방
血流漂杵 壬子癸丑 ○○○○ 生處何方

창음지화 팔괘상탕 오요지광 갑인을묘
昌陰之化 八卦相湯 五曜之光 甲寅乙卯

기류어하 물화자연 무오기미 자미극희
氣流於下 物化自然 戊午己未 紫微極熙

경자년(1960년)과 신축년(1961년) 사이에 남쪽에 사는 박씨 성을 가진 사람이 난을 일으킨다(5.16 쿠데타). 경술년(1970년)과 신해년(1971년) 사이에 남북이 서로 부딪쳐 피가 방패를 적신다(울진, 삼척 공비 침투). 임자년(1972년)에 유신체제가 탄생되니 어디로 가야 살 길이 있는가?

백성들의 무언의 신음. 조정(정부)에 아첨배와 간신배가 창궐하니 팔괘가 서로 부딪히며 가마솥에서 끓고 오행성의 빛이 이 땅을 비추도다.

갑인년(1974년)과 을묘년(1975년)에 (긴급조치 9, 10호로 인해) 원기가 백성들 사이에 흐르니 (하느님이 이에 응답하시어) 만물이 원위치로 돌아가도록 조치하시도다. 무오년(1978년)과 기미년(1979년) 사이에 자미가 극도로 빛나도다(박정희의 최전성기).

자미극희(紫微極熙)에 대한 인황님의 추가 해설이다.

기류어하 물화자연 무오기미 자미극희
氣流於下 物化自然 戊午己未 紫微極熙

1978~1979년 사이에 자미(하늘)가 熙(희=박정희 대통령)를 極(극=죽음)하여 만물이 원위치로 돌아가도록 조치했다는 내용이다. 자미극희의 紫微(자미)는 하늘을 말하고, 極熙(극희)는 빛을 극하니 어둡이고 곧 죽음을 의미한다.

예언대로 1979년 10월 26일에 시해당하여 생을 마감하였으니 참으로 혀를 내두를 무서운 예언이다.

紫微(자미)는 하늘을 말하니 紫微國(자미국)이라는 뜻을 이제는 독자 여러분도 이해할 수 있을 것이다. 진짜 하늘이 함께하시는 나라가 자미국이라는 뜻이니 이 책을 읽는 여러분은 그야말로 영광이자 행운아이다.

개벽 후의 미래세계

천기귀인 유재일월 진인어세 재물일도
天氣歸人 有哉日月 眞人御世 宰物一道

창룡칠숙 비언천체 자미개원 십구정미
蒼龍七宿 備言天體 紫微開垣 十九丁未

시유세파 홍지대전 감불한석 기어명인
始有世播 鴻志大展 敢不閑石 奇於名人

장지은사 금도옥면 보필만당 일천방면 광음동류
張之隱士 金島玉冕 補弼滿堂 一千方面 光陰同流

하늘의 기운이 진인(인황님)에게 내려 음양이 같이 흘러가는 금강무등세계를 이루고 진인이 나와서 세상을 다스리니 모든 것이 하나의 길로 통일되어 다스려진다.

하느님이 그린 그림과 그 약속이 미리 예정되어 있어서 그 희망의 말씀을 땅으로 내려 보내 후천개벽을 일으켜 땅을 하나로 통일하여 한 나라(천하세계 인류를 다스릴 천지인세계 통합국가 자미국)로 만든다.

이 비결은 19번째 정미년(1967년)에 비로소 세상에 알려지게 되어 그 큰 하느님의 뜻이 크게 뻗어나가리라. 그러므로 하느님의 말씀이 적혀 있는 이 돌은 바다 속에 누워 있는 한가한 돌이 아니다.

후천개벽에서 살아남은 사람들이 일천방면 세계만방으로부터 달려와서 뛰어난 명인이자 예시자인 진인(인황님)을 보필하고 상하공명하며 상응상수하니 마침내 지천태의 후천 태평성대가 크게 열린다.

원효결서(해도금묘장)가 세상에 나오게 된 과정.

이 비결서는 서기 827년 정미년에 문무대왕의 해중릉으로 알려진 경상북도 경주시 양북면 봉길리 26 대왕암에 봉안되었다가 1967년 정미년에 다음과 같은 사연으로 해도금묘장이 세상으로 나오게 되었다.

박정희 대통령이 경주를 세계적인 관광도시로 조성하는 문제를 놓고 여러 관료들과 술자리를 같이하였다.

술이 몇 순배를 돌자, 화제는 물 흐르듯이 이상하게도 문무대왕 수중릉으로 모였다. 문무대왕을 답사 코스로 포함시키려면 그 속에 무엇이 들어 있는지 알아야 하는데, 문무대왕은 삼국을 통일한 임금이자 경주 김씨의 조상이므로 아무도 감히 무덤을 파헤칠 수가 없었다.

그런데 며칠 후에 박정희 대통령이 경주시장 박수대에게 중앙정보부도 모르게 문무대왕릉의 속을 알아보라는 지시를 내렸고, 박수대는 기획실장 한달조에게 일을 떠넘기게 되었다. 1967년 7월 초순 어느 깊은 밤, 한달조는 기중기가 설치된 배로 2톤가량의 무덤을 덮고 있는 돌을 들어올리고, 잠수복을 입고 석관 속으로 들어갔다.

그 속에는 아무런 부장품도 없었으나 바위틈에 책상서랍 모양의 손잡이 5개가 있었다. 그중 1개의 손잡이를 당겨보니 반듯한 흰 돌판 위에 글씨가 새겨져 있었다.

한달조는 카메라로 이것을 촬영하고, 다음 손잡이를 끌어당기는 순간 갑자기 하늘에서 '꽝' 하고 벼락 치는 소리가 나고 주변이 대낮처럼 밝아지며 가슴속이 불에 타는 것 같은 심한 통증을 느껴 엉겁결에 밖으로 튀어나와 배 위로 돌아갔다.

원효대사의 비결서 해도금묘장은 제목을 합쳐 총 467자 가운데 16자가 빠진 451자로 되어 있는데 지워진 16자는 한달조가 이대로 대통령에게 보고하면 자기 목이 달아난다며 고의적으로 1지워버렸다.

지워버린 16자는 바로 이것이었다.

기류어하 물화자연 무오기미 자미극희
氣流於下 物化自然 戊午己未 紫微極熙

1967년 정미년에 발견된 해도금묘장 비결서에 앞으로 12년 후 戊午己未(무오기미)년인 1978~1979년에 박정희 대통령이 죽는다는 내용을 그대로 올리면 어찌 목이 달아나지 않을 것인가?

'원효비결서' 예언이 그대로 딱 들어맞았다.

자미국의 창시자 인황님이 2000년(경진년)부터 준비하여 2001년(신사년) 2월 4일 03시 28분에 천기 원년을 선포하였고 지금은 천기 14년째이다.

2015년이 천기 15년 차인데 대한민국에 아주 중대한 변화가 있음을 암시한다. 15년은 한문으로 十五년인데 십(10)과 오(5)는 양(하늘)의 숫자로 중앙을 상징하며 황(皇)을 뜻하고 있으니 참으로 신비스러운 일이다.

5=오(午 낮오)라는 한문에 사람 人과 열 十이 포함되어 있으니 하늘과 인간의 뜻이 하나로 합쳐지는 해를 뜻하므로 천기 15년은 국운의 큰 변동을 의미하는 숫자로 성인 즉 皇(황)의 출현을 예시하고 있으며 황은 천황, 지황, 인황님을 말하니 바로 天地人皇(천지인황님 즉 자미황)을 뜻한다.

천지인세계통합국가는 천지인의 절대자 즉 皇(황)을 의미하니 하늘의 절대자, 땅의 절대자, 인간의 절대자를 천상과 지상의 구심점으로 세우는 위대한 재창조이다.

10이라는 숫자는 하늘 즉 완성을 말한다. 하늘 10의 천기가 인간과 하늘의 만남을 뜻하는 午(5)의 파자 숫자로 표현되는 해가 2015년 즉 천기 15년이다.

2015년은 서기 즉 예수 탄생 시점부터 기원을 말하는데 이제부터는 하늘의 천기원년을 기점으로 새로운 기원을 사용하는 것이 천지이치에 맞다.

하늘에서는 예수 기원을 인정하시지 않는다. 앞으로는 천지인세계통합국가 자미국의 국민들 모두가 함께 天紀(천기)를 사용해야 근본도리에 맞다.

하늘은 세상의 모든 종교 자체가 하늘의 뜻이 아니시라며 절대적으로 부정하시기에 서기의 기원을 쓰는 것은 하늘에 대한 모독이자 배신행위이다.

불기나 단기를 쓰는 것도 마찬가지이니 이제부터 하늘이 중심 되는 세상인 천기를 써야 대단하신 하늘의 천령정기 기운이 이 나라로 무궁무진 내려오게 되어 천하제일 국가로 재탄생해 세계를 호령하며 다스리는 위대한 천손민족으로서 천하세계의 중심국가로 부상할 수 있다.

예언서에 "여성상위시대가 펼쳐져서 여자가 당선된다고 말했던 사람들이 2015년(乙未年)에는 여자 대통령 신변에 이상이 오는 運이라 했다.

그런데 참 공교롭게도 예언서에는 오미락당당이라 했다. 여자 대통령의 신변에 이상이 오게 되는 해에 나라는 오히려 살아나게 된다고 한다.

2015년(乙未年)에는 여자 대통령 신변에 이상이 오는 運이라 厄(액)을 받지 않으려면 사심(私心)을 버리고 온전히 자신의 정신과 육체를 국민을 위하여 봉사해야 하늘의 厄(액)을 피해 갈수 있다고 예언했다" -예언 인용-

대통령 자신의 정신과 육체를 국민을 위하여 봉사해야 하늘의 액을 피해 갈 수 있다는 말의 뜻은 무엇일까?

정신과 육체를 국민을 위해서 봉사하라는 말은 대통령직과 임기 채우기에 연연하지 말고 대통령 중임제 또는 천지인세계통합국가 자미국 연방정부 개헌안을 동시에 발의해서 통과시켜 대한민국 국민들 모두가 잘되고 잘사는 천지인세계통합국가 자미국을 청와대 터에 세우고 세계정부를 수립해야 한다는 뜻으로 풀이되는데 여러분의 뜻은 어떤가?

그리고 박근혜 대통령은 입헌군주제가 실시되면 초대 내각총리 자리에 취임해서 남은 임기를 보장받든가? 아니면 내각총리의 새로운 임기 2년을 채우면 통치자의 직무수행 기간 5년에 대해서 손해 볼 일은 없을 것이다.

국회에서는 이런 점을 참조하여 대통령에게 보장된 임기 5년을 채울 수 있도록 법적제도장치를 마련한 후에 입헌군주제로 개헌발의해서 통과시키거나 아니면 대통령이 구상하는 제3의 개헌법안과 함께 천지인세계통합국가 자미국 출범 법안도 동시에 병행처리해서 국민적 합의하에 국가적으로 전격 실시되는 것이 가장 바람직할 것이다.

이것이 천지인의 절대자와 저자가 이 나라 국민 여러분 모두에게 전하는 뜻이다. 새 하늘 새 땅이 열리는 보병궁시대가 2015년 을미년부터 개막된다. 새 시대의 새 하늘과 새 땅으로 뒤바뀌게 되는 것이 새 역사가 열리는 징조이다.

선천의 시대가 땅의 중심 시대였다면 후천의 시대는 하늘이 구심점이 되는 시대이다. 육적인 시대보다는 영적인 하늘 태상천존 자미천황님의 시대가 본격적으로 열리는데 이 나라에 최고의 경사이다.

탄허 스님 놀라운 예언!!

탄허 스님은 전라북도 김제 사람으로 1913년 1월 15일~1983년 6월 5일에 70세의 나이로 입적하였는데 자신의 입적 날을 정확히 예언하셨다고 전해지는 스님이다.

예언 내용이다.

중국 요동지역과 만주지역이 대한민국에 복속된다. 한반도는 동해 지진과 해일로 침몰하면서, 서해안이 한반도의 2배로 올라갈 것이다.

그때 우리나라는 동남해안 1백 리 땅이 피해를 입게 되나 서부해안 쪽으로 약 2배 땅이 융기해서 늘어날 것이다.

또 지금은 중국 영토로 되어 있는 만주와 요동반도 일부가 우리 영토로 속하게 될 것이다.

북 빙하가 녹으면서 미국 서해와 일본 영토의 3분의 2가량이 바다에 침몰한다. 지진에 의한 원자력 발전소의 폭발로 핵을 가진 나라가 위험에 처한다.

미래의 역사에 관한 한 일본은 가장 불행한 나라이다. 영토의 3분의 2가량이 바다로 침몰될 것이기 때문이다.

이것이 동양사상의 근본원리인 인과응보 법칙이요, 우주의 법칙인 것이다.

또 일본은 독립을 유지하기에는 너무 작은 영토밖에 남지 않기 때문에 한국의 영향권 내로 들어오게 된다. 인류를 파멸시킬 세계전쟁은 일어나지 않고, 지진에 의한 자동적인 핵폭발이 있게 되는데, 이때 핵보유 초강대 국가들이 말할 수 없는 피해를 받게 될 것이다.

남을 죽이려고 하는 자는 먼저 죽고, 남을 살리려고 하면 자기도 살고 남도 사는 법이다.

탄허 스님은 1974년 중앙대학교 장화수 교수와의 인터뷰에서 대재앙을 예언했다. 탄허 스님의 예언은 한반도 주변과 지구의 미래를 예언하고 있어 크게 주목받아 왔다.

탄허 스님은 불교와 동양사상을 습득한 선사로서 생존 시 깜짝 놀랄 만한 예언을 남겼다. 탄허 스님이 재세 시 남긴 주요 예언은 다음과 같다.

1. 간방에 간(艮)도수가 접합됨으로써 이제 한국에 어두운 역사는 끝맺게 된다. 인류 역사의 시작과 끝이 한국 땅에서 이루어지게 되어 있다.
2. 소녀인 미국은 부인으로밖에 볼 수 없다. 미국이 우리나라에 대한 도움은 마치 아내가 남편을 내조하는 것과 같다. 그래서 그 결과는 남편의 성공을 만들어내는 것을 뜻한다.
3. 지금은 결실의 시대다.
   열매를 맺으려면 꽃잎이 져야 한다. 꽃잎이 지려면 금풍이 불어와야 한다. 그 금풍이란 서방 바람을 의미한다. 우리나라가 미국의 도움으로 인류 역사의 열매를 맺고 세계사의 출발을 한반도에서 출발시킨다는 천기를 보여주는 증좌이다.

4. 현재의 중국 영토로 되어 있는 만주와 요동반도의 일부가 장차 우리의 영토로 다시 복구된다.
5. 일본 열도의 3분의 2가량이 바다 속에 빠져서 침몰할 것이다.
6. 한반도의 동해안도 해일과 지진으로 침몰하고 그 대신 서해안이 한반도 2배로 융기된다.
7. 지구가 23도 7분 삐뚤어져 있다. 북 빙하가 녹아 내려 미국의 서부해안과 일본 열도가 침몰할 것이다. 이에 따라 지구는 생태계 변화가 다가오고 천지개벽이 일어난다.
8. 지진에 의한 원자력 발전소의 폭발, 핵폭발 등이 일어나 핵보유국들이 엄청난 피해를 입을 것이다.
9. 인류의 운명에 비극이 다가오고 있다. 인류의 60~70%가 소멸된다.
10. 오래지 않아 한반도는 국운이 융성해질 뿐만 아니라 위대한 인물들이 나타나서 조국을 통일하고 평화로운 국가를 건설할 것이다. 그러나 육지의 면적이 더 넓어져 생존하는 인류가 더 윤택하게 살게 될 것이다.

–예언 인용 끝

이미 많은 사람들이 들어본 이야기라서 식상할 수도 있는데 중요한 것은 "세계사의 출발을 한반도에서 출발시킨다"는 천기를 보여주는 증좌와 "위대한 인물들이 나타나서 조국을 통일하고 평화로운 국가를 건설할 것이다"라는 대목이다.

저자가 객관적으로 살펴볼 때 이 대목에 해당하는 곳이나 인물을 아무리 찾아봐도 찾을 수 없다는 점이다. 여러분도 저자와 마찬가지 생각일 것이라고 판단한다.

세계사의 새로운 출발!

대한민국 정부는 세계사를 출발시킬 정도의 그 어떠한 능력을 갖고 있지 않다는 것을 독자들이 더 잘 알고 있을 것이고, 그렇다고 기존의 종교세계 교주들이 그 역할을 한다는 것은 하늘과 땅의 뜻이 아니기에 불가능한 상태이다.

물론 각 종단의 지도자들은 자신들이 그 주역일 것이라고 생각하고 있겠지만 어느 종교 교주도 이 나라는 물론 전 세계의 종교를 통합할 만한 그 어떤 능력도 없다.

그리고 종교만 통합한다고 해서 될 일도 아니고 하늘과 땅, 세계 인류도 모두 통합해야 하는데 종교지도자의 능력으로는 역부족이다. 종교는 하늘과 땅, 천지신명님이 원하시는 곳이 아니기 때문에 움직이시지 않는다.

하늘과 땅, 천지신명님의 무소불위하신 천지원력 없이 인간의 힘으로는 이루어낼 수 없는 절대 불가능한 일이다.

그래서 아무리 눈을 씻고 찾아봐도 그 대상을 찾을 수 없고 마지막으로 희망을 가질 수 있는 곳은 자미국밖에 없다.

외형상으로는 종교의 연장선상에 있는 것처럼 보일 수밖에 없는 상태이지만 진짜 하늘과 땅, 천지신명님이 함께 세우시는 곳이 천지인세계통합국가 자미국이기에 세계사의 출발을 한반도에서 출발시킬 수 있는 마지막 희망이다.

저자는 하늘과 땅, 천지신명님의 뜻을 받아 천지인세계통합국가 자미국을 개국한 창시자 역할로 그 사명이 끝났다고 하시며 이제 자미국을 세우는 대업은 이 나라와 이 나라의 국민들이 잘 살기 위해 나라의 대통령과 공직자, 정치인, 국민들이 할 몫이라고 하신다.

이 세상에 태어나 가장 큰 공덕을 쌓고 잘하는 일은 하늘과 땅, 천지신명님께서 하시는 일에 우리 인간은 감사한 마음으로 따르는 것이다.

우리 인간 모두는 언젠가는 태산 같은 재물, 권력, 명예, 직장, 기업, 가족, 친구, 지인들을 뒤로하고 떠나야 한다.

이 세상에 태어나 하늘과 땅의 대 역사에 동참하는 커다란 족적을 남기고 이 세상을 떠나가는 것만큼이나 멋진 인생은 없을 것이다.

"세계사를 한반도에서 출발시킨다."

물론 예언에 불과할 수도 있지만 인황님의 말씀에 전 국민들이 따라준다면 이는 분명 현실로 이룰 수 있는 일이다.

이 모두는 하늘과 땅, 천지신명님께서 처음이자 마지막으로 이 나라와 국민 여러분에게 인황님을 통하여 내려주시는 절호의 기회이다.

두 저자(인황님과 사감)의 육신이 살아있을 때 하늘과 땅, 천지신명님께서 인류에게 주시는 처음이자 마지막이 될 대 행운을 잡아야 한다.

이제 인류를 살리는 하늘의 주사위는 고귀한 책을 통하여 여러분과 이 나라에 던져졌다. 여러분들과 이 나라는 과연 하늘의 말씀에 어떤 결정을 내려 어떤 인생을 선택할 것인가?

영원히 꺼지지 않는 찬란한 하늘의 말씀에 동참하여 찬란한 인생, 찬란한 나라를 만들 것인가? 아니면 복이 넝쿨째 굴러들어 온 하늘의 말씀을 걷어차 버리고 암흑 같은 인생을 살 것인가?

우리 대한민국은 예로부터 천손민족이라 했다.

그래서 그런지 몰라도 우리 대한민국 국민들 그리 어리석지 않다. 우리 대한민국 국민들은 예로부터 하늘의 맑은 정기를 받아 세계의 수많은 시련을 영리하게 대처하여 이 나라를 지켜냈다.

저자는 이 나라 국민들 모두를 믿는다.

현명한 판단 잘해서 현명한 결론 잘 내릴 것이라고.

우리 민족은 예의범절도 대단한 민족이다.

맑고 깨끗한 천손민족들이 우리를 진정으로 살려주실 진짜 하늘을 거절하는 '우'는 범하지 않을 것이다.

세상을 살면서 수많은 죄를 지었어도, 진짜 하늘을 거부하고 역천하는 죄는 지어서는 안 된다.

자신들의 몸 안에 있는 귀신들이 하늘을 부정하는 말과 생각을 각자에게 전하더라도 우리 대한민국 국민 모두는 귀신들이 하늘을 '거역' 하는 말을 따라 하면서 하늘을 부정하는 마음과 말을 절대로 하면 안 된다.

인간으로 태어나 진짜 하늘을 부정한다는 것은 자신의 인생, 가족, 기업, 다음 생, 모두를 포기하겠다는 말과 진배가 없는 아주 위험한 일이니 절대로 따라 하지 말고 저자가 전한 말을 인정하며 자미국으로 찾아와 하늘의 뜻에 순응하여야 한다.

우리 민족은 악의 자손, 부처님 자손, 예수님 자손이 아닌, 천손민족임을 알아야 한다.

천손민족이 진정한 하늘을 만나면 승승장구한다. 활활 타는 장작불에 석유를 부으면 불이 더 활활 타듯, 하늘의 기운을 받아야 제 힘을 발휘할 수 있는 천손민족에게 하늘의 기운이 들어간다면 볼 것도 없이 대성공의 인생이 된다.

활활 타오르는 불에 물을 뿌리면 불이 꺼지듯, 천손민족이 하늘의 기운이 아닌, 악의 기운, 귀신의 기운, 예수의 기운, 부처의 기운을 받으면 활활 타오르는 불에 물을 뿌리는 이치와 같아 각자의 인생은 물론 이 나라도 빛을 잃은 암흑의 생이 된다. 현 세상의 우리들뿐만 아니라 우리의 후손들도 암흑의 세상을 살게 된다.

자미국 뜻에 동참하여 진정한 하늘의 뜻에 따름!

개인의 야망, 개인의 편안함을 위해서만이 아니라 개인은 물론, 자신의 가족, 더 나아가서는 이 나라, 더 나아가서는 우리의 후손들 모두도 잘 살게 되는 천지대업의 일이다.

그렇기에 우리 모두는 합심하여 이 뜻을 저자와 함께 이루어 진정으로 행복한 삶, 행복한 나라를 진정한 하늘 태상천존 자미천황님의 대 능력으로 지금 생에 기필코 이루어서 아름다운 세상을 우리의 후손들에게 아낌없이 물려주고 우리는 이 세상을 떠나야 한다.

그러면 우리 모두는 후손들에게 진정한 영웅이 되는 것이다.

지금의 이 난세를 극복하는 방법!

저자의 말대로 진정한 하늘을 감사의 마음으로 받아들여 하늘의 도움을 받는 방법 외에는 어떤 방법도 없다.

저자의 말을 못 믿겠다면 대한민국의 미래를 예언해 놓은 수많은 도인과 고승들이 천년의 세월을 넘어 예언해 놓은 그들의 말을 믿으면 된다.

자미국의 저자는 수많은 예언가들이 예언한 내용을 현실로 이루고자 할 뿐이다.

사람도 하나가 아니듯, 하늘도 신도 하나가 아니다.

어떤 사람을 만나느냐에 따라 인간의 흥망성쇠가 좌우되듯, 어떤 하늘과 어떤 신과 함께하느냐에 따라 우리 인간 개인은 물론 나라의 흥망성쇠는 판이하게 달라진다.

송하비결의 내용을 인용한다.

〈2015년〉 송하비결

청양지세(青羊之歲): 푸른 양의 해에는(2015년에는)

민생유수(民生流水): 민생이 물 흐르듯이 흘러간다(국민들이 순탄하고 평안하게 산다).

돌연천재(突然天災): 갑자기 천재지변이 일어난다.

일시경동(一時警動): 한때 놀라는 일이 있다.

뇌천지진(雷天地震): 하늘에서 우레가 치고 지진이 일어난다.

불연왕가(不然王家): 그렇지 않으면 왕가에 문제가 생긴다.

"2015년 음력 6월(양력 7월)에 갑자기 천재지변이 일어나서 한때 국민들이 놀라는 일이 벌어진다. 하늘에서 우레가 치고 지진이 일어난다. 그렇지 않아야 하지만 불행하게도 통일 대통령에게 문제가 생긴다."

2014년 5월 22일 꿈에 우리나라에서 계엄령이 선포되어 군인들이 일렬로 줄을 서 있는 모습과 "박정희 정권과 똑같아"라는 음성이 들려왔다(매우 급박하고 긴장감이 감돌았다).

활산 선생 글

한반도 대변(大變)의 한복판에 던져질 18대 대통령!

박근혜 대통령은 사간(四干)이 귀, 복을 받은 명조이다! 무일주(戊日住)가 시간(時干) 계(癸)를 합(合)하니 무지개가 열리며 신뢰를 금쪽같이 여긴다.

무(戊)와 계(癸)를 합(合)하여 '궁궁을을(弓弓乙乙)' 시대가 열린다!

甲-위정자, 기득권, 남성

乙-국민, 여성, 무지개

일주(日住)가 망신운이라 인사청문회, 가족의 사건, 대형사고, 측근들의 권력비리, 권력 나누어 먹기 등으로 청와대 이전 문제가 대두된다.

사람도 오래 살다 보면 운이 지속적으로 좋을 수 없듯이 좋은 땅도 역사가 길다 보면 별별 사건사고를 당할 수밖에 없다. 정치적으로 이용하지 말아야 한다.

박근혜 대통령과 안철수 전 교수는 2015년(을미년)에 하늘의 별을 박근혜 대통령 신변에 이상이 오는 운(運)으로 厄(액)을 받지 않으려면 사심(私心)을 버리고 온전히 자신의 정신과 육체를 국민을 위하여 봉사해야 한다.

그리하면 하늘 厄(액)을 피해 갈 수 있다. 안철수 전 교수 또한 향후 3년을 명확한 자신의 정치기반과 정치지도력을 확실히 이루어야 한다. 대의명분의 하늘별을 온전히 받지 못하면 오히려 질시(嫉視)로 향한다. -인용 끝-

한가경 원장의 글

120년 전과 비슷한 천기 운행으로 수년간 유사한 재난이 이어지고 안타까운 일이지만 앞으로도 재난은 더 발생하니 차제에 만반의 준비를 갖춰놓아야 희생을 최소화할 수 있다.

세월호 참사로 온 국민이 슬픔에서 헤어나지 못하고 있다. 이런 가운데 냉철하게 말해 앞으로도 불행한 일은 계속되므로 재난대응체제를 잘 마련해 둬야 하며 이에 따른 경제 위축도 유의해야 한다고 주문한 역학연구가가 있다.

그에 따르면 한반도 주변 풍향 등 외부적 요인과 내부적 정치 갈등 등 안팎이 다 문제라고 한다.

이는 지금이 6 · 25 한국전쟁 직후인 60년 전이나 과거 동학농민운동과 청일전쟁, 갑오개혁(1894년), 을미사변(1895년)이 차례로 일어났던 120년 전과 비슷한 천기가 운행되고 있기 때문이라고 한다.

즉 육십갑자가 돌아가며 순서대로 찾아오는 역학달력으로

볼 때 당시 운기가 지금과 유사하다는 것이다. 그는 “박근혜 대통령은 임기 중 정치적 어려움을 계속 겪게 되며 특히 을미년인 2015년이 큰 고비가 될 것”이라고 말했다. 또한 그는 박대통령이 국민의 정치개혁요구에 직면하게 될 것이라는 상당히 주목되는 예언을 한 바 있다.

즉 지난해 3월 〈문화일보〉와의 인터뷰에서 그는 박대통령 집권기간 운세에 대해 사주에 土 기운이 강해 원칙과 신뢰성이 장점이지만 자칫 딱딱하고 고지식한 면을 보일 수 있으므로 끊임없는 자기변신이 필요하다고 전제하며 그렇지 않으면 사주 속 태산과 같은 겨울 산의 모습에 답답함을 느낀 국민들이 정치개혁을 요구할 것이라고 하였다.

〈한겨레〉 김종구 논설위원 글

현재의 청와대는 깊은 구중궁궐과 같다.

비서관이 대통령에게 보고하려면 차를 타고 이동해야 할 정도로 공간배치에도 문제가 많다. 이런 환경에서는 대통령이 국민과 교감하지 못하고 권위주의적 성향이 심해질 수밖에 없다는 것이 청와대 이전론의 주요 근거다.

게다가 청와대가 풍수지리학적으로 좋은 터가 아니라는 주장도 있다. 최창조 전 서울대 교수는 경복궁 북쪽 문인 신무문 위쪽은 죽은 자들의 땅 내지는 신의 거처로 사람들이 살아서는 안 되는 땅이라고 잘라 말한다.

또 광화문은 북악산의 정기가 내려오는 용의 입에 해당하고 청와대는 용의 목에 해당하는데 일제가 그 자리에 총독관

저를 지이 정기를 틀어막는 만행을 저질렀다고 설명한다.

김두규 우석대 교수는 여기에 더해 청와대 터가 용도를 다했다고 주장한다.

땅의 기운이라는 것은 사람이 있음으로써 모이고 흩어짐도 의미가 있는데 대통령 집무실만 남고 국가중추기관들이 거의 세종 시로 떠나버림으로써 기운이 흩어졌다는 설명이다.

이런 풍수지리학적 해석의 옳고 그름이야 사람마다 생각이 다르겠지만 어쨌든 중요한 것은 그곳에 어떤 사람이 사는 가의 문제가 아닐까 한다. 실제 풍수지리학에서도 진정 중요한 것은 땅이 아니라 사람이며, 풍수적 결함 역시 그곳에 사는 사람의 강한 기운으로 상당 부분 극복된다고 말한다.

세종연구원

세종 시 최고의 명당 지역은 어디일까?

뒤로는 전월산과 원수산이 있고 앞으로는 금강이 흐르고 장남평야에 중앙호수공원, 국립세종수목원, 중앙녹지공원이 자리한 산기슭에 입지한 양화리가 아닐까 싶다.

원수산 아래 터의 토지이용계획은 유보지로 되어 있으나 청와대 건립 예정지로 보이며 현재는 국무총리공관이 있다. 북한산 아래의 청와대 자리와 원수산 아래의 유보지(청와대 예정지)가 대한민국 최고의 명당자리다.

그러나 북한산 아래의 청와대 터는 세종로 등 앞쪽으로 업무용 빌딩 등이 들어서면서 막혀 있으나 원수산 아래의 청와대 유보지는 200만 평의 중앙 녹지공간이 있고 금강이 흐르면서 트여 있어 붉게 떠오르는 대한민국의 희망의 박명을 볼 수 있다.

대한민국의 국운이 서울특별시 북한산에서 세종특별자치시 원수산으로 흐르고 있다는 신의 계시는 아닐까?

믿고 의지할 수 있는 진명지주(眞命之主) 등단의 예언.

남사고 예언서의 의인의지막의세(依仁依智莫依勢)

따를 의(依), 어질 인(仁), 의지할 의(依), 슬기 지(智)의 依仁依智란, 어질고 슬기로운 지혜(仁智)를 믿고 의지(依依)하며 사람을 좌우하는 막대한 위력(莫勢)을 따르게(依) 된다는 뜻이다.

다시 말하자면 어질고 슬기로운 지혜를 믿고 의지하며 사람을 좌우하는 막대한 위력을 따르게 된다는 남사고 예언서의 의인의지막의세(依仁依智莫依勢)는 神적 존재인 진명지주(眞命之主)를 뜻한다.

진명지주(眞命之主)는 일반적인 국어사전에도 명시되어 있듯이 하늘의 뜻을 받아 난세를 평정하고 통일하는 어진 임금으로 밝혀놓았는데, 시대적으로 볼 때 상극분쟁으로 이어진 선천부계시대의 역사를 해방이후 남·북한의 한민족을 중심삼고 이 땅(지구)에 화합상생의 영원한 후천모계시대를 열게 되는 선말후초시대(先末後初時代)에 등단하여 남·북통일과 세계통일을 하게 될 神적 존재이다.

수많은 예언가들이 예언한 내용들을 토대로 우리는 그 위인만 찾으면 된다.

수많은 예언가들은 공통적으로 수많은 난세를 예언했고,

수많은 예언가들은 공통적으로 수많은 난세를 구할 위인이 출현하는데 한국 사람을 많이 지칭하고 있다.

자미국의 저자는, 그 모든 부분을 이루어주실 분은,

영적으로는 하늘 태상천존 자미천황님과 神인 천상감찰신명님이라고 밝히고 있다.

또한 육적으로는 자미국의 저자 인황님이 첫 불을 밝히었으니, 국민 여러분들은 동참하여 개인은 물론, 이 나라, 후세에 자손들까지도 잘 살 수 있도록 하늘과 신께서 우리 민족에게 너무도 귀하게 주신 인류 평화의 불, 인류 행복의 불, 인류 건강의 불이 꺼지지 않도록 동참하여 지켜낸다면 우리 대한민국은 수많은 예언가들이 예언한,

"수많은 나라가 대한민국을 상국으로 받드는 세상"을 충분히 이루고도 남으리라 본다.

가장 강력한 국가 탄생

미국의 예언가 릭 조이너 목사는 한국은 장차 전 세계에서 가장 중요한 전략적 요충지 중 하나가 되고 북한에 놀라운 변화의 문들이 열리게 될 것이라고 했다.

두 개의 분단된 국가가 재 연합하는 역사가 일어나게 될 것이고 그때 한국은 영적인 면에서나 경제적인 면에서 지구상의 국가들 중 가장 강력한 국가가 될 것이다.

이것은 또한 동북아시아의 경제가 세계에서 두 번째로 강력한 지역이 되는데 도움을 주게 될 것이며 경제적으로도 일본과 독일을 뛰어넘게 될 것이다.

또한 앞으로 올 혼돈 때에 세계국가들을 안정시키는 중추적인 역할을 할 것이다. 남 · 북한 두 나라는 역사적으로 역강의 억압을 겪었다. 그러나 그 과정 속에서도 두 나라는 권위에 대해 놀랄 만한 경의를 표해 왔고 이로 인해 앞으로 다가올 무법이 성행할 시기에 빛의 역할을 할 것이다.

–릭 조이너

청와대 터는 조만간 주인이 바뀌고, 다른 곳으로 이전할 것이라는 뜻이다. 북한의 놀라운 변화는 통일을 의미하고, 영적 세계와 경제적으로 가장 강력한 국가가 된다는 것은 자미국의 등장을 뜻하고, 혼돈 때에 세계국가들을 안정시키고 일본과 독일을 뛰어넘는 경제대국이 되어 무법이 성행할 시기에 빛의 역할을 하는 지도자 국가로 부상할 수 있다는 예언은 천지인세계통합국가 자미국을 말하는 것이다.

여러분도 이유를 불문하고 자미국 국민이 되어야 한다.

천지인의 절대자들께서 원하고 바라는 것을 먼저 행하지 않고, 여러분 각자가 원하고 바라는 소원만 이루려 함은 잘못된 일이다.

남북통일이 과연 옳은 길인가?

앞으로 남과 북을 하나로 통일함에 있어 찬성과 반대는 만만치 않게 대립할 것이다.

통일이라는 것이 남북 당사자 간의 합의만으로 되는 문제가 아니라 세상 적으로는 미국과 일본, 중국과 러시아가 통일을 지지해 주어야 한다.

결국 전 세계 유일한 분단국가인 한반도는 우리 남북한 당사자만의 문제가 아니라 강대국들이 참여해야 하는 전 세계적인 통일과제이다. 4대 강국들의 이해관계 또한 첨예하게 얽혀 있는 문제가 남북통일이다.

통일이 된다면 통일 이후의 핵문제는 어떻게 해야 하는지 가장 중요한 문제다. 여러분은 어떻게 생각하는가? 폐기처리해야 한다고 생각하는가? 아니면 끝까지 핵보유국으로 남아야 된다고 생각하는가?

당연히 강대국들은 핵무장 해제를 전제조건으로 통일을 지지할 것이다. 국가안보라는 것은 국력이 있을 때 지킬 수 있다. 국력이 없으면 남의 나라 눈치를 계속 봐야 하는 불쌍한 신세가 된다.

그러므로 남북통일 이후에도 반드시 핵보유국으로 남아 있어야 강대국들 틈새에서 살아남을 수 있다. 대통령과 국민들은 핵을 폐기하는 절대적인 실수는 하지 말아야 된다. 핵을 포기하는 순간 강대국들에게 영원히 국가안보를 의탁해야 하는 처량한 신세가 됨을 알아야 한다.

고 박정희 대통령이 핵물리학자 이휘소 박사를 시켜서 비밀리에 핵무기 개발을 시도하였는데 이휘소 박사는 누군가에 의해서 의문의 죽음을 당했다.

남한이 개발할 수 없는 핵무기를 북한이 개발할 수 있도록 거대한 자금을 지원해 준 당사자가 정치 9단 김대중 대통령인데 내막을 모르는 사람들은 대북지원에 대해서 온갖 욕설을 하고 있지만 나중에는 진실 여부를 알게 될 것이다.

단순히 남북 정상회담 대가로 5억 달러를 지원해 준다는 것은 상식적으로 이해가 안 되는 대목이다. 북한의 핵무기 개발에 대한 비화는 현역 몇몇 의원이 가장 잘 알고 있을 것이며 나중에 남북통일이 되고 세월이 흐른 뒤에 회고록이 출간되면 진실이 밝혀질 테지만 어쩌면 이 또한 우리 대한민국을 보호하시고자 한 하늘의 뜻이었을지도 모른다.

무슨 말인가 하면?

지금 겉으로 보기에는 남과 북은 적대 관계로 보인다.

그러나 만일에 세계의 어느 나라에서 남한을 위협할 경우 과연 북한은 어떤 태세를 보일까? 지금처럼 적대 관계일까? 아니면 남한을 위협하는 상대의 나라를 핵무기로 위협할까?

물론 후자 쪽이다.

하늘께서 대한민국을 보호하시고자 북을 이용해 핵보유를

하게 하신 것이다. 이런 진실은 진짜 하늘과 통신이 되는 인황님이 아니라면 어느 누구도 숨은 진실을 알 수 없다.

인황님은 이 부분뿐만 아니라 세상 돌아가는 모든 부분에 대하여 전부는 아니어도 일반인보다 몇 배는 더 많이 알고 있기에 인황님과 함께하면 나라 일을 결정할 때 절대로 실수 안 하게 된다.

인간은 한 치 앞도 알 수 없기에 어떤 중요한 결정을 내려야 할 때 어떻게 어떤 결정을 내려야 하는지 알 수 없다.

결정이라는 것은 한 번 내리고 나면 되돌릴 수 없는 일이기에 나라 일뿐만 아니라 기업의 일 등, 중요한 결정을 내려야 할 때 인황님과 함께하면 인황님께서 하늘께 여쭈어보고 대답을 해주기에 실수하는 일이 없게 된다.

잘못된 한 번의 결정으로 위상이 추락될 수도 있고, 수많은 금전 피해를 볼 수도 있고, 나라와 기업을 위험에 빠뜨릴 수도 있다.

남과 북의 통일.

현 정부는 남북통일을 이루고자 열심히 하고 있다.

그러나 여기서 알아야 될 진실이 있다. 통일을 하는 것이 우리나라에 유리한 것인지? 통일을 안 하는 것이 우리나라에 유리한 것이지?

남북통일하게 되면 언제쯤 해야 우리나라에 여러 가지로 좋은 것인지? 이 모든 부분은 하늘만이 아신다.

괜히 인간의 판단으로 남북통일하는 것이 좋다는 생각이 들어 통일을 힘겹게 이루었는데, 오히려 우리나라에 역효과를 가져온다면 그때는 그 역효과의 엄청난 피해를 우리 국민들이 모두 다 떠안아야 한다.

그렇기 때문에 하늘의 전지전능하심으로 하늘의 말씀을 통하여 하늘의 뜻을 여쭈어서 미리 알고 행해야 어느 누구도 피해를 안 보게 된다.

그래서 자미국과 하늘의 존재는 대통령과 국민 여러분 모두의 안보와 복지에 절대적이다. 인간의 생각대로 '이것이 맞겠지'라고 판단을 내린 뒤, 현실로 행하고 나서 막심한 피해를 보게 되는 일이 한둘이 아니다.

인간이 행하는 일은 실수가 많고 피해도 많다.

그래서 모든 것을 다 아시는 하늘과 함께하면서 개인은 물론, 나라의 중차대한 일을 행해야 나날이 번창하는 기업, 나날이 번창하는 나라가 될 수 있다.

우리는 하늘과 천지신명님의 절대적인 도움을 한도 끝도 없이 받고 살아야 실수와 실패 없는 가정, 기업, 나라가 될 수 있다.

남북통일, 세계통합, 경제대국 실현, 인황님을 통해 하늘의 말씀을 들어야 어떻게 하는 것이 옳은 길인지 알게 된다.

세상을 빛나게 하는 길!

대한민국 정부와 현직의 각 직책은 그대로 유지하면서 자미국 국민이 되고 자미국 세계정부의 귀한 직책을 임명받게 된다면 여러분의 인생은 물질적, 정신적으로 안정이 된다.

아무에게도 말 못하는 여러분의 답답한 심정, 아픈 마음을 어루만져 치유해 주니 마음이 안정되어 일의 능률이 오르고 흐린 정신을 맑은 정신으로 승화시켜 주어서 중요한 업무 앞에 항상 옳은 결정을 내려서 하는 일마다 매사 좋은 결실을 맺게 되니 이처럼 마음 편한 세상이 어디 있으랴.

자미국은 인간 세상에서 성공한 VIP들이 기다리던 세상이 분명할 것이다.

여러분의 위상과 능력을 하늘과 인황님이 인정해 주고 여러분은 하늘과 인황님의 위상과 능력을 인정해 주며 서로의 부족한 부분을 채워주며 살아가게 된다. 세상사 살면서 막힘이 없어지니 이보다 귀한 인연이 어디 있으랴?

여러분의 신분과 위상에 많은 변화가 일어나 이 나라의 기업들과 수출계약을 하고자 세계 각 나라의 수출입 상담자들이 인산인해로 몰려오게 되니 하늘의 도움으로 기업과 나라의 위상이 갈수록 높아지는구나.

천지인세계통합국가의 정부

하늘과 땅, 인류가 함께하는
천지인세계통합국가 자미국이 무릉도원 세계였나 보다.

빛나는 천지인세계통합국가 자미국을 세우기 위해서
하늘과 땅, 신이 인황님과 사감을 기점으로
대한민국 땅에 내리시려나 보다.

세계 인류가 오랜 세월 진정으로 기다리던 세계는
종교가 아닌 천지인세계통합국가 자미국이었나 보다.

지금까지 강력한 인류의 영적 지도자가 없어서 수천 년 전부터 전해 내려온 종교를 그대로 믿을 수밖에 없었던 것이다. 정치인과 고위공직자, 기업인, 일반인, 종교 교주들과 종교 지도자들의 마음속 이상향 세계를 모두 담을 수 있는 그릇은 천지인세계통합국가 자미국이다.

그동안 예언 속에 등장하는 수많은 내용들은 한결같이 이 나라가 장차 '신의 종주국'이 된다고 했지 '신의 종주교'가 될 것이라는 말은 어디에도 없다.

수많은 모든 하늘, 무수히 많은 신들, 이 나라는 물론 세계 각 나라의 조상님들, 이 나라와 전 세계의 모든 종교, 세계 각국, 세계 72억 인류 모두를 담을 수 있는 세상의 유일한 곳은 자미국이다.

거대한 자미국이 우리나라 땅에 세워진다는 것은 경천동지할 일이다.

모두가 기다려온 자미국 세상!

모두의 숙원이었던 그 세상이 드디어 자미국을 기점으로 열리는구나!

신정일치, 제정일치 국가를 수립하고 전·현직 정치인들과 공직자들을 대거 동참시켜서 인류를 통합하여 세계 최고의 경제대국, 군사대국, 인구대국, 영토대국, 수출대국, 관광대국으로 만들어 인류를 다스리고 통치할 자 누구인가?

그가 진인이자 영웅이고 인류의 지도자이다.

통치자 한 명의 생각이 얼마나 중요한지 수많은 정치를 통해서 보았을 것이다. 강력한 카리스마를 겸비한 천권, 신권, 정권을 병합한 천지인세계통합국가 자미국 탄생!

천지인의 대혁명이 일어나고 있구나.

인황님이 말하는 모든 부분은 시간의 차이만 있을 뿐 모두 현실이 된다.

민족과 인류의 구심점

종교세계를 두루 다녀보았다.

기독교, 천주교, 무속세계, 천존의 집, 불교세계, 대순진리회, 대종교, 영생교를 접해 보았고 끝내는 명산대천을 다니면서 하늘과 신의 오묘한 진리를 찾게 되었다.

'한단고기'를 읽고 우리나라 역사가 5천 년이 아니라 9213년의 장구한 역사를 가졌다는 것을 알았다. 그런데 어째서 이 나라 민족의 구심점은 없는 것이고 더 나아가 인류의 구심점은 왜 없는 것일까 의문점이 생겼다.

가까운 나라 일본의 천왕이나 먼 나라 영국의 여왕처럼 민족의 구심점이 있어 나라가 흔들리지 않고 국정이 안정되어 백성들이 마음 편히 살 수 있는 길은 없는 것인지 많은 세월 생각하고 또 생각했다.

그러나 좀처럼 답을 찾지 못했었다.

그렇게 생각에 잠겨 있던 중에 천권(天權)과 신권(神權), 천력(天力)과 신력(神力)을 겸비한 인물이라면 민족과 인류의 구심점이 충분히 될 수 있다는 결론에 이르렀다.

그런데 그런 능력을 갖춘 살아 있는 인물은 국내는 물론 세계에서도 찾아볼 수가 없었다.

군력을 바탕으로 권력을 휘두르는 각 나라의 왕과 대통령, 세계적인 학자, 의사, 가수, 연예인, 스포츠 선수, 발명가, 영웅, 재벌총수들은 수없이 많지만 인류의 구심점으로 추대하여 옹립할 만한 인물은 눈에 띄지 않았다.

나라를 건국하신 조상님들의 역사.

동서가 5만 리(20,000km), 남북이 2만 리(8,000km)가 되는 거대한 영토를 가진 12환국의 초대 환인천제 1세 안파견 외 6위 조상님, 배달국을 건국한 초대 환웅천황 거발한 외 17위 조상님, 고조선을 건국한 초대 단군천황 왕검 외 46위 조상님이 거대한 국가를 광활한 중원대륙에 세웠음도 알았다.

건국시조를 단군왕검(한배검)으로 알고 있고, 한 분으로 아는 국민들이 대다수이지만 47분이나 되신다. 단군은 사람 이름이 아니라 통치자인 왕이나 대통령 같은 직책이었다. 그러니까 5천 년의 역사가 아니라 9213년의 장구한 역사를 가진 자랑스럽고 우수한 천손민족이었던 것이다.

최고의 나라가 되기 위한 개헌

이제 더 이상 국정 혼란이 되풀이 되어서는 안 된다.

현재 국회에서 추진하고 있는 개헌 논의는 자미국의 존재를 모르고 현재의 답답한 국정을 쇄신해 보겠다는 뜻인데 이왕지사 개헌을 하려거든 자미국이 추진하는 개헌안을 받아들이는 것이 가장 현명한 방법일 것이다.

나라의 구심점이 없는 상태에서 내각제나 이원집정부제는 또 다른 혼란을 가져올 수 있다.

이 나라에서 가장 잘난 사람들과 최고 학부를 나온 고급 두뇌와 최고의 지혜를 가진 사람들이 국회의원들이기에 더 이상 충고나 제언을 해줄 것이 없을 것 같다.

현재 선진 영국과 일본이 입헌군주제를 시행하고 있는데 영국의 여왕이나 일본의 일왕은 나라에 정신적인 절대 구심점이기에 내각에서 총리가 아무리 여러 번 바뀌어도 국정운영이 혼란스럽지 않다.

현실적으로는 받아들이기 어려운 개헌안이지만 자미국과 함께하여 전 세계를 통합하고 세상을 지배 통치하기 위해서는 반드시 필요한 개헌안이다.

현실 정부의 권력분산을 위해서는 현재 국회의원들이 추진

하는 법안이 맞을 수도 있지만 한번쯤은 냉정하게 심사숙고 한 후에 판단해 주기 바란다.

어느 쪽으로 개헌하는 것이 진짜 나라의 미래를 위한 길인지 생각해야 한다. 현재의 당리당략에만 국한하지 말고 모두 당적을 내려놓고 국회의원으로서 어떤 개헌안을 발의하는 것이 나라의 미래를 위한 길인지 결정해야 한다.

국민과 국회의원 여러분은 자미국을 잘 모르기 때문에 긍정보다는 부정적인 생각이 앞설 수도 있지만 자미국의 진실을 알면 충분히 이해되고 수긍이 갈 것이다.

국민 여러분과 국회의원, 나라가 잘되는 길은 멀리 있지 않고 자미국에 있다. 헌법 공부만 할 것이 아니라 자미국 공부부터 먼저 하는 것이 나라를 살리는 가장 빠른 길이다.

인간의 힘으로만 대한민국 국정을 이끌어가려 하지 말고 무소불위의 대단하신 하늘과 신의 도움을 받아 국정을 운영해야만 여러분이나 나라가 잘된다.

지금까지 종교를 통해서 알려진 충성과 굴복만을 강요하는 가짜 하늘과 가짜 신이 아니라 무소불위의 대단하신 능력자이신 진짜 하늘과 신이시기에 현실적으로 개인, 가정, 가문, 기업, 나라에 큰 이득이 있게 된다.

대한민국의 국력과 위상이 전 세계 최고로 대단한 나라로 다시 태어날 수 있는 가장 현실성 있고 유일한 길이다. 이런 천재일우의 기회는 처음이자 마지막이 될 것이다.

나라의 미래 운명과 국운.

천지인세계통합국가 자미국의 인황님과 사감이 하늘과 신

이 내려주신 천지원력으로 국가와 국민들을 잘되게 도와주려 해도 국가와 국민들이 어떤 이유를 내세워 받아들이지 않으면 발전은 없다.

자미국 창시자 인황님!

국회의원과 국민 여러분이 자미국의 뜻에 동참하여 입헌군주제로 개헌안을 발의해서 통과되면 금상첨화이다.

인황님은 자미국의 창시자이자 절대군주로서 위상을 갖고 있지만 대한민국 정부에서 공식적으로 개헌해서 입헌군주로 추대하여 옹립할 것인가 말 것인가만 남아 있다.

입헌군주제로 개헌된다면 대한민국의 경제발전은 초고속 열차에 올라탄 것처럼 급속한 변화가 있을 것이지만 안 된다면 많은 손해를 국가와 국민들이 입게 될 것이다.

자미국의 존재가 이 나라는 물론 전 세계로 널리 퍼질수록 경제가 초고속으로 발전하여 국가의 위상이 높아지고 군림하는 국가로 부상하게 된다.

나라의 국력과 위상을 세계통치 국가로 발전시킬 수 있는 가장 좋은 개헌안이지만 여론이 어떻게 형성될지 그것이 국운을 좌우하는 방향타가 될 것이다.

전 세계 통치국가와 최고의 부강한 나라를 만들기 위해 개헌 방향을 제시한 획기적인 개헌안이 입헌군주제인데 대통령과 국회의원, 국민들은 겸허히 수용해야 한다. 하늘과 신이 우리나라에 처음이자 마지막으로 천재일우의 기회를 주신 행운의 선물이 될 것이다.

신의 국적을 취득하고 살아가야

새로운 세상을 추구하는 이상향의 세계 천지인세계통합국가 자미국 국민(백성)의 신분을 취득하여 다시 태어나는 뜻에 동참하는 여러분은 미래의 삶에 새로운 희망의 이정표가 되어줄 것이다.

현재는 여러분이 대한민국 국적을 취득하여 살고 있지만 인류의 구심점인 자미국의 국적을 하나 더 취득한다는 것은 값으로 환산할 수 없는 무형적인 거대한 자산이고 현생과 내생을 보호받을 수 있는 신의 국적을 취득하는 것이다.

현실적으로는 육신이 살아 있는 인간의 삶이 가장 중요하지만 누구에게나 다가오는 사후세계의 삶도 미리 준비해야 한다.

하늘과 땅, 인류의 종착역인 천지인세계통합국가 자미국!

빈부의 차이와 신분의 지위고하를 막론하고 여러분의 현생을 살려주고 죽음 이후의 내생을 보장해 줄 수 있는 곳이다.

개인이 자미국 국민(백성)으로 국적을 취득하면 가정이 편안해지고, 기업주가 국적을 취득하면 회사가 편안해지며 대통령이 국적을 취득하면 나라가 편안해지는 이적과 기적이 일어나게 된다.

천지인세계통합국가 자미국은 종교가 아니기에 교리가 없

고 기존의 종교세계와는 전혀 다른 곳이기에 속을 일도 없지만, 속을지라도 반드시 자미국 국적을 취득하고 살아가기 바란다. 자미국 국민으로 국적을 취득해야 천계와 신계로부터 상상을 초월하는 도움을 받을 수 있다.

천계와 신계로부터 도움을 받지 못하고 살아가는 인생길은 온통 가시밭길이고, 캄캄한 산속 길을 등불도 없이 나 홀로 걷는 것과 같기에 인생살이가 온갖 풍화환란으로 정신을 차릴 수 없을 정도로 엎어지고 뒤집어진다.

세상과 종교의 잘못된 이론의 굴레에서 깨어나 자미국 국민으로 국적을 취득하여 행복하게 살아가는 것도 여러분이 판단해야 할 사항이다. 자미국 국민으로 선택받는 것은 만물의 영장인 인간으로 태어나서 가장 기쁜 일이다.

이 세상에서 수많은 종교세계가 존재하고 있지만 모든 종교세계를 능가하는 곳은 자미국 하나뿐이니 판단 잘하고 현명한 선택을 해야 한다.

자미국 국민으로 국적을 취득하는 순간부터 여러분의 인적사항이 천계와 신계의 장부에 기록되므로 현생과 내생의 삶을 보호받는 특혜를 누리게 된다.

속고 속이는 인생길!

이제는 그런 사기와 배신의 질곡에서 벗어나야 한다.

여러분 각자가 가야 할 인생길은 천 갈래 만 갈래 길이 있고, 이미 주어진 운명의 길을 가고 있겠지만 이 글을 읽고 자신이 가는 인생길이 잘못된 길이라면 지금이라도 과감하게 바꾸는 것이 옳다.

인생길의 종착역은 누구에게나 공평한 죽음이다.

다만 죽어야 하는 그 시간이 가까운 것이냐 조금 먼 것이냐의 차이만 있을 뿐이지 누구나 가야 할 길이다. 각자 인생에 주어진 천 갈래 만 갈래의 인생길을 살다가 마지막으로 돌아가야 할 길이 죽음의 길인데 아무런 대책도 없다.

사후세계에서 자신의 혼령이 불행하다면 그 기운 따라 남아 있는 배우자나 자녀들의 인생살이가 알 수 없는 풍파로 고통스러워진다. 여러분을 천인으로 탄생시켜 줄 수 있는 능력자가 이 땅에 태어나서 여러분의 지근거리에서 함께 살아가고 있다.

종교와 다른 자미국

종교 창시자들의 교리와 이론이 진짜 하늘과 진짜 신의 뜻과는 너무나도 달라 나 역시도 놀랐다.

이런 위대한 진실은 내 스스로가 기도나 계시를 통해서 받은 것도 상당히 많지만 내가 부족한 부분은 사감이 신께서 수시로 가르쳐주시는 말씀을 실시간으로 받아서 나에게 전해주어 알게 되었다.

인황과 사감이 기도나 계시를 통해서 받는 부분은 각자의 영역이 있기에 받는 부분도 다르다. 그래서 인황만이 받는 부분도 있고 사감만이 받는 부분도 있다.

사감은 하늘, 땅, 신, 영, 조상과 인간의 속마음(생령)을 실시간으로 나에게 전해 주는 역할을 14년 동안 해주고 있는 자미국의 보물이고, 이분들이 진짜인지 가짜인지 한 번에 밝혀내는 전 세계 유일한 존재이다.

사감은 이 모든 분들이 전하는 말씀을 실시간으로 받아서 나에게 전해 주는 전 세계에 하나밖에 없는 너무나도 대단한 인물인데 인황과 만나게 해주신 자체가 인황 혼자서는 천지인세계통합국가 자미국 지상 자미천궁을 절대로 세울 수 없기 때문에 신께서 이 땅으로 보내셨다고 하시었다.

실시간으로 말씀을 들을 수 있으니 무섭고 두려울 것이 없다.

상상을 초월하는 너무나 신비로운 인물이자 1등 공신이다.

인황은 사감이 있기 때문에 인류 최초의 대단한 천지인세계통합국가 자미국 자미천궁을 세울 수 있게 되었다.

종교에서 말하는 이상향의 세계는 글자 그대로 이론에 지나지 않으나 자미국에서는 이상향의 세계가 현실로 이루어지는 실제 상황이기에 종교와 다르다.

자미국은 인황과 사감이 음양으로 함께하기에 종교 경전이나 교리, 이론 같은 것을 가르치지 않고 의식을 통해서 실시간으로 하늘, 땅, 신, 영, 조상님과 인간의 속마음(생령)을 전해 주기에 종교와 다르다.

경전 내용을 가르쳐주는 곳이 아니라 의식 때마다 각자에 맞는 진실을 실시간으로 전해 준다. 누구에게나 해당되는 말이 아닌 각기 다른 진실의 말을 전해 준다.

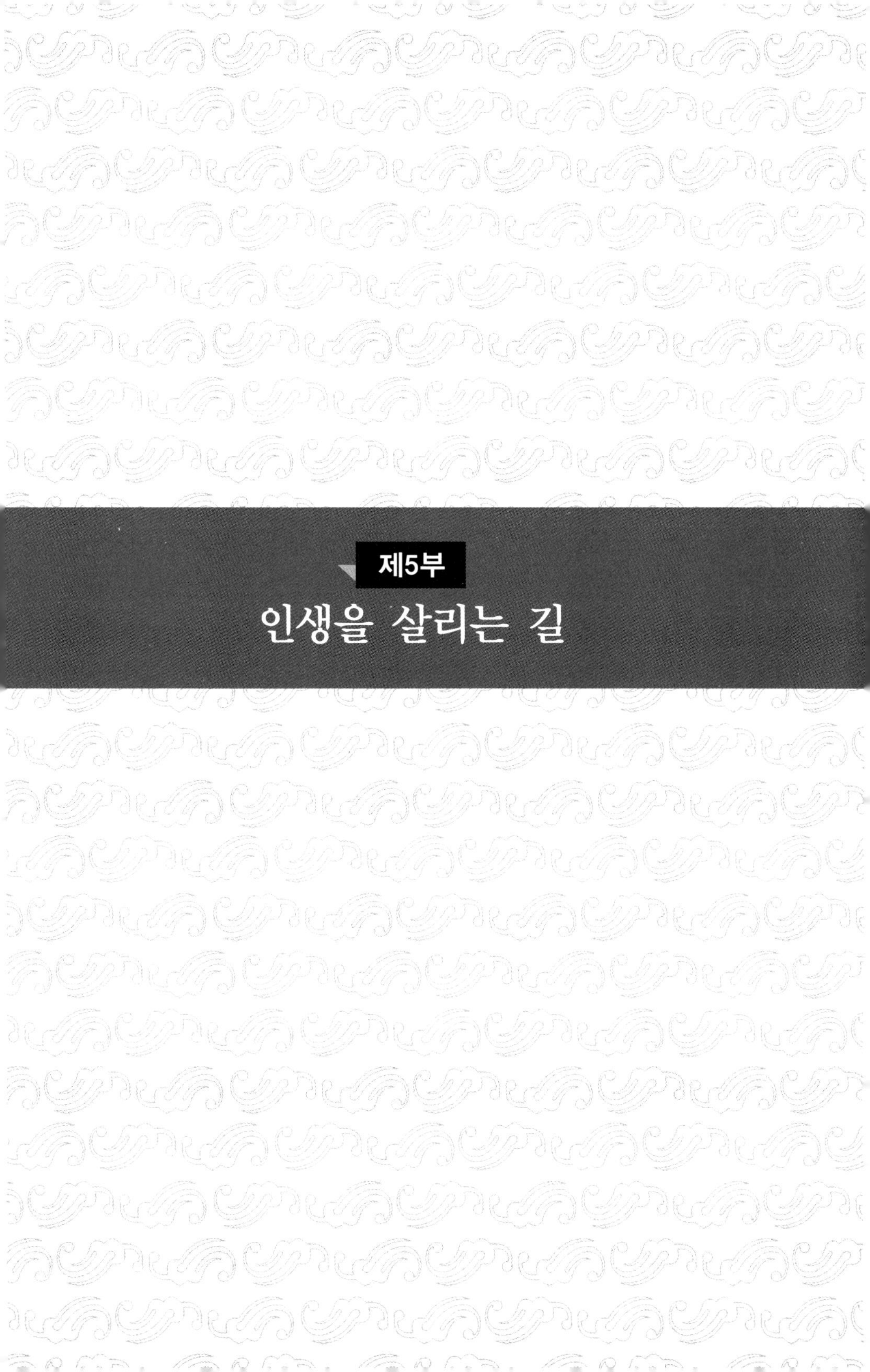

제5부

인생을 살리는 길

원혼귀로 인하여 목숨을 잃는다

인명은 재천이라 했다.

요즈음 부모들이 자녀들의 잇단 죽음으로 커다란 걱정에 빠져 있다. 세월호 침몰사고로 300여 명의 어린 학생들이 목숨을 잃었다.

또한 군대의 수많은 구타 사망사건, 포로체험 훈련 사망사건, 고질적인 폭력 사건, 학교 폭력, 폭언, 왕따 사건, 자녀들의 공부와 시험 스트레스로 인한 아파트 투신사건 등으로 부모들의 마음은 아픔과 슬픔 속에 빠져 있다.

이외에도 질병과 사건사고, 자살로 꽃도 피워보지 못하고 어린 나이에 세상을 떠나는 아이들이 수없이 많지만 막을 길이 없어 걱정이 이만 저만이 아니다.

졸지에 생때같은 자녀를 저세상으로 떠나보내고 부모의 가슴에 묻어야 하는 원통한 심정! 당사자 아니라면 그 아픔과 슬픔을 어찌 다 알겠는가?

젊은 나이에 질병, 자살, 구타, 사건사고 등 비명횡사로 죽으면 그것으로 끝나는 것이 아니다. 그것은 얼마 동안 눈에 보이는 분노의 아픔과 슬픔이고 가정에 더 큰 불행의 시작을 알려주는 서막에 불과할 뿐이다.

이렇게 자녀가 죽으면 그때부터 여러분과 가정에 알 수 없는 수많은 불행들이 일어나기 시작한다. 그것이 바로 아이들이 억울한 원귀가 되어 가족들 주위를 맴돌고 함께 살아가기 때문에 또 다른 질병과 사건사고, 자살 같은 일들이 연속적으로 이어지는 아픔과 슬픔을 겪게 되는 것이다.

나름대로 종교의식으로 굿, 영가천도, 추도미사, 예배 등을 해보지만 다 소용없는 일이다. 그것은 자신들의 마음을 스스로 위로하고자 하는 의식일 뿐 영가들은 떠나지 않고 자신과 가족들에게 머무는 경우가 거의 대부분이다.

이런 원혼령의 빙의로 인하여 질병, 사업실패, 우울증, 불면증, 악몽, 흉몽, 가위눌림, 두통, 위통, 암, 심장마비, 심근경색, 뇌경색, 짜증, 신경과민, 폭주, 폭언, 폭행, 부부싸움, 이혼, 별거 같은 불행한 일들이 수없이 일어나게 된다.

오래전 젊은 나이에 전쟁, 사건사고, 낙태 유산, 자살, 질병으로 죽어서 저세상으로 떠나간 여러분의 형제, 부모, 조부모, 증조부모, 고조부모, 현조부모, 시조 조상님에 이르기까지 수많은 가족 영가들이 원혼귀가 되어 여러분과 가족들의 몸 안에서 함께 살아가고 있다.

생때같은 자식을 먼저 떠나보내고 슬픔에 빠져 세월을 아파하고 있는 여러분의 모습을 통해서 이미 가신 조상님들이 생전에 여러분의 자녀들처럼 억울하게 죽어 슬프다는 자신들의 모습을 자녀의 죽음을 통해서 생생히 보여주는 것이다.

여러분의 사랑하는 자녀들이 젊은 나이에 꽃도 피워보지 못하고 죽었으니 그 슬픔과 서러움이 얼마나 클 것인가?

자녀를 잃어버리고 슬퍼하며 아파하는 여러분만 고통스럽다고 말하지 말고 조상님들도 그렇게 아파하고 있다는 것을 인정하고 원혼귀가 되어버린 조상님들을 먼저 구해야 또 다른 자녀들이 비명횡사 당하지 않는다.

여러분의 수많은 조상님들이 억울하게 죽은 원과 한을 자녀의 죽음을 통해서 현실로 보여주는 것인데도 불구하고 자녀의 죽음만 슬퍼하고 있으니 또 다른 재앙은 어찌할 것인가?

여러분 자녀들의 잇따른 죽음!

그것은 우연히 아니라 이미 정해진 운명이었다.

천지자연의 이치는 세월을 뛰어넘어 현실에서 수없이 일어나고 있다. 여러분의 조상님들이 과거에 억울한 죽음이 현실에서 자녀의 죽음을 통해서 재현되고 있다는 무서운 진실을 세상 그 어느 누가 알 수 있겠는가?

씨는 뿌린 자가 거두고, 각자가 행한 대로 거두는 것이 천지만물의 이치이니 누구를 원망하리오.

인간 세계와 달리 사후세계는 천 년 전의 죽음이라도 시차가 없기에 어제와 오늘 같고, 사후세계는 시간이 정지되었다고 보면 된다. 그래서 여러분의 현재 모습은 조상님들의 모습이라 생각하면 된다.

여러분 자녀와 가족의 목숨을 지키는 유일한 길은 억울하게 죽은 조상님들을 입천제를 통하여 구원하는 것 이외에는 방법이 없다.

예수님과 하나님을 그리도 열심히 섬기고 10만 성도를 거느린 기독교 침례교회 구원파 창시자가 운영하는 세월호가 침몰한다는 것은 있을 수 없는 일이다.

기독교인들은 이런 엄청난 불행을 생생히 지켜보고도 예수님과 하나님이 더 큰 복을 구원파에 내려주시기 위한 연단이라고 둘러대며 변명할 것인가?

사상 유례가 없는 대참사를 겪고도 인내하며 남는 신도들에게 예수님과 하나님이 더 큰 복을 내려줄 것이라 믿는 신도들도 있을 것인데 그것은 자신과 가정을 더 불행하게 만들 뿐이다.

이제 수천 년 동안 이어져 온 이 세상의 모든 종교는 세월호처럼 침몰되어 인류의 역사 속으로 사라질 것이다.

종교 이론과 세뇌가 참으로 무섭다.

여러분의 자녀들이 꽃다운 나이에 비명횡사 당해 젊은 나이에 죽었는데도 하나님의 뜻, 예수님의 뜻이라고 말하는 것을 보면 참으로 종교적인 세뇌는 무섭고도 무섭다.

자녀들의 죽음은 하나님의 뜻, 예수님의 뜻이 아니다.

세월호 참사로 죽은 유족들은 분명 어떤 종교가 있었다.

여러분이 절대적으로 믿었던 숭배자들도 다 소용없음이 현실로 증명되었다. 종교는 여러분의 인생과 자녀들을 지켜주고 잘되게 해주는 곳이 아니라 불행하게 만드는 곳임이 만세상에 증명되었다.

어린 자녀들이 억울하게 죽었다.

하루라도 빨리 자녀의 원과 한을 풀어 구하지 않으면 당대 자녀들은 물론 손자, 증손자, 고손자, 현손자 등 자자손손 대

대로 또 다른 죽음이 계속해 이어져갈 것이기에 반드시 입천제를 행하여 구원해 주어야 한다.

세월호 침몰사망, 군대 구타사망, 총기사망, 학교 구타사망, 음독, 목맴, 투신, 익사로 인한 자살, 교통사고사망, 추락사망, 질병으로 여러분의 자녀들과 가족들이 사망했다면 이는 또 다른 불행을 예약한 것과 같은 이치다.

그러므로 종교지도자, 신도, 일반인, 고위공직자, 기업인, 정치인 등 지위고하 신분의 귀천을 떠나 누구든지 입천제를 행해야 한다. 입천제는 자신과 가족들의 목숨과 가문을 지키는 대단한 의식으로 단순한 굿이나 영가 천도재 같은 의식이 아니다.

여러분이 자녀들을 아무리 사랑한다 하여도 따라다니면서 지켜줄 수 없고, 24시간 자녀의 안전을 위해 따라다닌다 한들 지킬 수 없다.

진짜 하늘과 진짜 신을 받들고 섬기면 누군가 죽으라고 저주하거나 고사를 지내도 절대로 죽을 수 없다.

걸 그룹 멤버 두 명이 꽃다운 나이에 교통사고로 죽어 졸지에 귀신이 되었고, 연일 군대에서 귀한 자식들이 자살하거나 의문사로 죽고 있다. 이 모든 불행의 일들이 여러분의 인생으로 다시는 일어나지 않도록 자미국을 통해 반드시 입천제를 행하여 예방하여야 한다.

인류를 새로운 인간으로 재창조!

태초 이래 이 땅에 인간 탄생 이후
인류를 새로운 인간으로 진화시킬 천지인세계통합!

천지인을 하나로 통합할 상상불가의 세계!
아~ 정말 이 세상에서 이루어질 꿈이려나?

천지인세계통합을 이루기 위하여
하늘도 울고, 땅도 울고, 인간도 울고 울었다.

한 송이 천지인세계통합의 꽃을 피우기 위하여
하늘과 신과 인간은 세월 속에서 그날을 기다렸다.

인류의 구심점 자미국을 세우기 위하여
인황과 사감은 눈물의 세월을 감내하며 꽃을 피웠다.

천지인의 대통합을 이루어낼 위대한 천지인세계통합국가 자미국의 인황과 사감의 피 눈물 나는 감내하기 힘든 인고의 오랜 세월 덕분에 이제 만 세상에 꽃을 피우게 되었다.

2~3천 년 동안 뿌리 깊게 전해 내려온 종교세계의 수많은 이론을 떨쳐버리고 순수하게 진짜 하늘과 진짜 신의 가르침

을 받아 세우는 종교와 전혀 다른 곳.

천지인세계통합국가 자미국 지상 자미천궁을 출범시키기까지 기초공사만 10년이란 장구한 세월이 걸렸고 이제 모든 준비가 끝났으니 여러분은 들어와 동참하기만 하면 된다.

천지인세계통합국가!

세상 그 어느 누구도 시도해 보지 못했던 미지의 세계였지만 자미국의 인황과 사감이 하늘과 신의 도움을 받아 그 역할을 위풍당당하게 해내고 있다.

인간은 나약하고 부족한 존재이기에 하늘과 신의 도움을 받으며 살고자 수많은 사람들이 수많은 세월의 시간 동안 종교세계를 찾아다녔지만 진짜 하늘과 신을 만난 자는 없었다.

다만 하늘과 신을 위장한 가짜를 만나 수많은 불행을 겪었지만 인간의 능력으로는 검증할 수 없었다.

세상에 널리 알려진 하늘과 신!

인황과 사감 역시 처음에는 종교를 통해 세상에 널리 알려진 하늘과 신을 전혀 의심하지 않았었다. 그러나 세월이 흐르면서 수많은 시련과 아픔 속에 종교세계에서 전한 하늘과 신이 진짜가 아닌 또 다른 진짜가 계심을 알게 되었다.

종교세계를 통해 널리 알려진 하늘과 신이 모두 가짜라는 말씀을 인정하기까지에는 나 역시도 10년이라는 고난의 세월이 필요했다.

왜 가짜 하늘과 가짜 신이라는 것일까? 종교세계를 통해서도 수많은 이적과 기적의 신비스런 조화가 얼마나 많이 일어났는데.

정말 이해할 수 없었다.

10년이란 세월 속에 수많은 고통을 몸소 겪은 뒤에 진짜와 가짜의 진실을 알게 되었다.

종교를 통해서 알려진 가짜 하늘과 가짜 신!

종교지도자들도 그냥 믿는 것일 뿐 진짜와 가짜를 판별할 능력이 없다. 그러나 언젠가는 종교지도자들도, 일반인들도 진짜와 가짜를 판별할 수 있게 된다.

인간이 처음에 암에 걸리게 되면 초기에는 별로 증상을 느끼지 못하지만 중기, 말기가 되면 스스로 신체의 이상 증상을 통해 자신 스스로 알게 된다.

이처럼 종교세계에 처음에 입문하면 초기 암에 걸린 사람처럼 아무런 증상을 못 느낄지도 모르지만 세월이 흐르면서 점차 자신의 삶과 가족의 삶을 통해서 표면적으로 나타나는 불행의 일을 통하여 결국 나중에는 자신도 알게 될 것이다.

처음에는 사기와 배신으로 수많은 금전 풍파를 겪게 되고, 나중에는 사업부진과 실패, 관재구설, 원인 불명의 질병, 각종 암, 우환, 가정불화, 이혼, 별거, 불면증, 우울증, 사건사고, 자살, 심장마비 같은 돌연사 등의 큰 사건이 발생하게 된다.

자신과 가족의 우환과 질병, 관재, 사건사고, 기업의 돌발적인 모든 불상사의 일들을 통해 여러분이 가짜를 믿고 있는 것인지 진짜를 믿고 있는 것인지 증명되는 것이다.

진짜 하늘과 신은 여러분을 현혹, 회유, 협박, 강요하지 않는다.

천상세계의 법도

너희들이 조상들을 좋은 세계 보내려고 절이나 도교에 가서 천도재하고, 무당에게 굿을 하고, 성당이나 교회에서 미사나 예배하며 기도하는데 다 부질없는 일이니라.

조상영가들이 천상세계가 어디 있는 줄 알고 한 번도 올라와 본 적이 없는 머나먼 이곳 자미천궁을 어떻게 찾아올 수 있더란 말이더냐?

천상 자미천궁으로 올라오려거든 천지인세계통합국가 자미국에서 나의 명 대행자와 명 수행자를 통해서 입천제의식을 행해서 죄에 대한 심판을 받은 자들만 올라올 수 있느니라.

너희 인간 세계에도 엄연히 법도가 있듯이 내가 사는 천상 자미천궁에도 법도가 있느니라. 너희들이 지금까지 조상영가들을 좋은 세계로 보내려고 천도재, 굿, 미사, 예배를 수없이 했다마는 이는 나를 능멸하는 행위이니라.

너희들이 나의 허락도 없이 구원의식을 행해 놓고 나에게 심판도 받지 않은 너희 조상영가들을 내가 받아주는 너희 종교인들의 심부름꾼인 줄 알았더냐?

천상세계가 무슨 너희 조상영가들이 아무 때나 마음대로 들어오고 나갈 수 있는 곳인 줄 알았느냐? 근본도리라는 것이 너희들 인간 세상에도 있겠지?

다 쓰러져가는 초가삼간이라도 집 주인의 허락도 받지 않고 남의 집에 들어갈 수 없겠지? 가정집은 물론 회사나 관공서에도 출입을 허가해야 들어갈 수 있거늘 내가 거처하고 있는 천상 자미천궁에 나의 허락 없이, 자미국에서 입국비자(조상영가 입천제의식)도 발급받지 아니하고 하늘의 영주권도 없는 죄 많은 조상영가들이 무상출입을 할 수 있다고 생각하는 것이더냐?

너희 인간들은 참으로 어리석도다.

어찌 종교 교주들이 하는 말을 그대로 믿는 것이더냐?

종교인들의 말대로 천도재, 굿, 미사, 예배로 그리 쉽게 조상영가들이 구원받아 천상세계로 올라올 수 있다면 천상세계의 주인인 나는 무엇을 해야 하는 것이더냐? 너희 인간들의 심부름이나 해주어야 하는 것이더냐?

구원의식 자체는 세습과 풍습에 오래도록 젖은 너희들의 마음을 위로하기 위한 자기만족일 뿐, 그 이상도 그 이하도 아님을 분명히 알아야 할 것이니라.

여러분의 인생은 지금 어디로 가고 있나?

인간 모두는 육신의 부모님을 통하여 이 세상에 태어났다.

육신의 부모님 없이 이 세상에 혼자 태어난 사람은 단 한 명도 없다.

잘난 자도 못난 자도,

어느 누구를 막론하고 육의 부모님이 있다.

어느 누구에게나 육의 부모님이 있듯, 인간의 마음 안에 있는 영! 우리 인간에게 육의 부모님이 있듯, 영에게도 영의 부모님이 있다.

육의 부모님의 보호와 사랑 없는 인간사의 삶.

매우 힘들고 메마른 인생이다.

영의 부모님의 보호와 사랑 없는 인간사의 삶.

매우 위험한 인생이다.

육의 부모님이 자손들의 불의의 사고와 마음 안의 영까지 챙겨줄 수는 없다.

남자가 여자보다 잘났다 해도 여자를 대신해 남자가 직접 아기를 잉태하여 아기를 낳을 수는 절대로 없듯이, 육의 부모님이 자식을 아무리 사랑한다 해도 자식 마음 안에 있는 영의 부모님 역할까지 할 수는 없다.

천인합체의식은 인간육신이 이 땅에 살아 있을 때 자신 영의 부모님을 찾는 의식이다.

천인합체의식을 통하여 자신 영의 부모님을 찾고 나면 그동안 인생을 살면서 그 무엇으로도 채워지지 않아 끝도 없이 방황했던 인간의 마음이 하늘의 보살핌으로 안정이 되고, 항상 텅 빈 것 같아 외롭고 쓸쓸했던 인간의 마음은, 하늘의 가득한 사랑으로 외롭지 않고 쓸쓸하지 않은 기쁘고 행복한 인생을 살게 된다.

또한 불의의 사고에 직면했을 때, 하늘의 대 능력으로 불행한 사건사고의 주인공이 되지 않고 불의의 사고에서 구원받는 대상이 된다.

종교에서 전했듯이 하늘을 날아다니고 천지조화를 본인들 스스로 부리고자 도통, 신인합일, 원신합체를 하는 것이 아니라, 우리 인간은 자신의 인생과 가족들의 인생에 대하여 한 치 앞도 알 수 없다.

수많은 불의의 사고(자살, 심장마비, 관재수)들 속에서 자신과 자신 가족들을 어떻게 지켜낼 것인가?

인간의 능력으로는 역부족이다.

사랑하는 가족이 자신의 집에서 자살을 시도해 저승길로 떠나가고 있어도 인간은 그것조차도 감지하지 못하여 저승길로 떠나가는 사랑하는 가족들을 붙잡을 수 없으니 이 얼마나 허망한 일이던가?

또한 공들이고 공들인 자신의 사업체, 자신의 출세.

이 모든 것들도 하루아침에 물거품이 되어 자신의 곁을 떠나버리는 가슴 아픈 현실.

이런 인류를 하늘께서 불쌍히 여기시고 인류를 갑작스런 죽음(자살)의 굴레, 종교의 굴레, 악의 굴레, 불의의 사고에서 구원하여 주시고 살려주시고자 천인합체의식을 자미국을 통하여 행하여 주고 계신다.

천인합체의식을 행하고 나면, 삶의 의욕을 잃었던 사람들은 삶의 희망을 얻게 되고, 우울증도 사라지게 되고, 매사 불성이었던 사람들도 매사 성실, 매사 의욕으로 바뀌게 되고, 불의의 사고가 일어나는 장소에서는 하늘의 대 능력으로 피하게 되어 안전하게 된다.

인간의 몸 안에 있는 귀신들 모두를 소탕하여 주시니 말실수, 자만의 일, 인정머리 없는 짓을 하지 않으니 저절로 주위에 많은 사람들이 자신을 좋다 하며 따르게 되니 자신의 뜻한 바가 순조롭게 잘 진행되고 일의 능률도 오르고 출세도 빠르니 인간의 삶을 살면서 걱정할 일이 뭐가 있으랴?

또한 천인합체의식을 행하면!

육신의 부모님을 통하여 이 세상에 태어나 대한민국이라는 국적을 가지고 육신의 삶을 살듯이, 육신의 삶이 다하면 구천세상 방황하는 불쌍하고 가련한 귀신 신세가 되는 것이 아니라 하늘나라 자미천궁이라는 국적을 갖게 되어 육신의 삶이 다하면 하늘나라 자미천궁이라는 나라로 태어나 하늘님, 신명님, 미륵님 곁에서 귀신들의 방해받지 않으며 편하게 살게 되는 의식이다.

천인합체의식은 하늘의 국적을 갖게 되는 의식이고, 그동안 잃어버렸던 영의 하늘 부모님을 찾는 고귀한 의식이다.

천인합체의식을 살아생전 행하지 않아 살아서 하늘 국적을 못 지니게 되면 죽어서도 나라 없이 구천을 떠돌아다니는 불쌍하고도 가련한 귀신 신세, 방랑자 신세 된다.

살아생전 대통령을 했든, 장관을 했든, 종교 교주를 했든 그 아무리 대단한 직책도, 억만 재산도 사후세상에서는 자신의 직책, 자신이 지녔던 억만금 모두 아무 소용없다.

살아생전 천인합체의식을 행하여 살아서도 죽어서도 하늘의 국적을 지녀야 살아서도 죽어서도 하늘의 보호와 사랑받아 행복할 수 있다.

살아생전 기도 많이 하고, 하늘 찬양 많이 하고, 천도재 많이 올리고, 주문수행 많이 하고, 불교 경전과 성경책 많이 읽는다고 하늘께 구원받는 것이 아니라 하늘의 뜻에 따라야 구원받을 수 있다.

한국에서 살려면 한국의 법을 지켜야 하고, 미국에서 살려면 미국의 법을 지켜야 살 수 있듯이 육신의 삶이 다한 다음에 최고의 하늘인 천상 자미천궁으로 오르고 싶은 사람들은 살아생전 입천제와 천인합체의식을 행하라는 하늘의 법도를 따를 때, 육신의 삶이 다한 후에 천상 자미천궁으로 올라 잘 살 수 있게 된다.

살아생전에 육신의 부모 없으면 고아가 되듯, 영의 부모가 없으면 이 넓은 세상에 고아 되는 것은 당연 이치이고, 살아생전 집 없으면 거지 인생 되듯이, 육신의 삶이 다한 다음에 자신이 머물 수 있는 하늘 집이 없으면 거지 신세 되는 것

또한 당연 이치다.

인간의 몸 안에 있는 각자의 영들은 이 사실을 알기에 인간육신이 살아 있을 때, 하늘의 명을 받들고자 인간육신을 데리고 자미국으로 오고자 할 것이다.

그러나 인간육신들이 자신 마음 안에 있는 영의 마음을 못 알아듣고 자미국으로 오지 않으면 인간육신의 삶을 힘들게 해서라도 자신의 뜻을 전하고자 할 것이다.

자신 마음 안에 영이 인간의 삶을 흔들어대기 시작하면 그 파장은 굉장하다. 인간의 몸 안에 들어와 있는 각자 조상님과 귀신들의 풍파도 굉장하지만 자신 마음 안에 있는 영의 풍파도 굉장하다.

그러나 종교에서는 인간 마음 안의 각자 영의 마음을 모른다. 각자의 진짜 영들은 인간 육이 이 세상에 올 때, 육과 함께 탄생한 제2의 자신들이기 때문에 천도재와 굿, 기도를 한다고 해서 떨어져 나가는 존재가 아니다.

인간 육과 함께 이 세상에 태어났듯이, 인간 육의 삶이 다 되어 인간 육이 죽어야만 인간 육과 분리될 수 있는 영원한 제2의 각자 자신들이다.

그렇기 때문에 인간의 마음 안에 있는 자신의 영들이 자신의 삶을 뒤집는다 해도 제2의 자신인 영을 떼어낼 수 있는 방법은 없다.

제2의 자신인 자신의 영을 잘못 건드리면 귀신 잘못 건드린 것보다도 더 흉측한 일들이 자신의 인생과 가족들의 삶으로 일어나게 된다.

천도재나 굿, 기도하러 가서 자신의 영인 줄도 모르고 자신의 인생을 힘들게 하는 자신의 영이 악귀잡귀 귀신인 줄 알고 퇴마하거나 내쫓는다고 잘못 부정을 치거나 잘못 천도를 하거나 잘못 굿을 하다 보면 그 고통의 여파는 굉장하다.

종교 교주의 눈에는 인간의 몸 안에 있는 보이지 않는 존재가 각자의 조상님인지, 인연 없는 귀신인지, 제2의 자신인 자신의 영인지 구분할 수가 없기에 그들과 어떤 종교 행위를 한다는 것은 참으로 위험한 일이다.

각자 조상님의 마음, 귀신의 마음, 각자 영의 마음!

이 모두를 정확히 아시는 분은 진정한 하늘 외에는 없다.

또한 각자 조상님이 원하고 바라는 것, 귀신이 원하고 바라는 것, 영이 원하고 바라는 것은 종교 교주들이 아는 것이 아니라 이 또한 하늘께서만이 알 수 있는 일이다.

자미국은 조상님, 귀신, 각자의 영이 원하고 바라는 것을 인간육신에게 전달해 주어 인간과 조상님의 싸움을 말리고, 인간과 영의 싸움을 말리고 서로 화해하게 함으로써 인간의 삶이 각자의 조상님으로부터, 귀신으로부터, 각자 영으로부터 자유로워져 인간의 삶이 행복해질 수 있도록 해주는 전 세계 유일한 곳이다.

저자를 통해서 조상님의 세상, 귀신의 세상, 각자 영의 세상에 대하여 조금 알게 되니 그동안 자신들이 종교에서 행했던 모든 것들이 그 얼마나 위험한 일이었는지, 왜 종교의식들을 행하면 자신들의 인생이 더 힘들게 뒤집어졌는지 조금은 알게 되었을 거라 생각한다.

인간이 매일하는 운전도 아차 하고 한눈팔면 순식간에 사고로 이어지는데, 하물며 조상님 부분, 귀신 부분, 영의 부분을 잘못 운전하면 인간의 인생 또한 엉망진창이 된다는 사실을 알아야 한다.

자신의 차 아무한테나 운전하라고 운전 키 주고,

어린아이에게 자신이 탄 차의 운전을 맡기고,

자신의 집 키 아무한테나 주고,

자신의 집에 아무나 들어와 생활하게 한다면, 결과는 어찌 되겠는가?

자신의 차 열쇠, 집 열쇠 아무에게나 주고 아무에게나 운전을 맡길 수 없음은 다 인정하면서, 자신의 소중한 인생은 어찌하여 그리 쉽게 종교에 맡긴단 말인가?

자신의 인생뿐만이 아니라, 자신의 조상님, 자신의 영까지 어찌 그리 쉽게 종교에 빼준단 말인가? 지금까지 각자가 행한 모든 종교의식들이 그 얼마나 위험한 일들이었는지를 이제는 알겠는가?

운전하면서 잠시 한눈을 팔았을 뿐인데 참혹한 대형 사고로 이어질 수 있듯이, 자신의 인생과 조상님, 영 아무에게나 맡기다 보면 자신의 인생 또한 통곡할 대형 사고로 이어지게 되고, 자신의 인생뿐만이 아닌 가족들의 인생도 대형 사고로 이어지게 된다.

조상님 세상, 귀신 세상, 영의 세상, 인간 세상에 대하여 모든 것에 대하여 다 알고 계시는 진정한 하늘께 각자의 인생, 가족의 인생 점검받고 그동안 잘못된 부분 바로잡아 홀가분하고 기쁜 마음으로 이제라도 인생 새 출발 하고 싶은 사람들은 필히 입천제와 천인합체의식을 행해야 한다.

작은 병도 초기에 고치지 않고 방치하면 큰 병이 되듯이, 이미 잘못된 인생 이제라도 자미국을 통하여 바로잡지 않으면 인간의 고통도 갈수록 더 커져 위험한 경지까지 이르게 되니 저자가 한 말 명심하여 살길 찾기를 바란다.

도교와 대순에서는 많은 세월의 시간 동안 신인합일, 원신합체, 도통을 외치고 있지만 아직도 이루어지지 않고 있다.

도교와 대순에서 외치는 신인합일, 원신합체, 도통보다 몇 차원 높은 것이 천인합체의식이다.

천인합체의식은 인간 육의 삶을 살 때도, 육의 삶이 다한 후에도 세세생생 하늘의 보호와 사랑을 받는 고귀하고도 존귀한, 하늘이 인류에게 내린 축복의 선물이다.

칙칙한 인생 태양보다 환한 인생으로

대개의 사람들이 그렇듯, 저도 고등학교 때까지는 흔히 평범한 학생들처럼 학교에서 가르쳐주는 공부를 하다가 우연치 않은 기회에 고등학교 은사님의 권유로 동국대학교 한의과대학에 86번으로 입학했습니다.

오직 생명을 다루고 의도를 구하는 한의사로서, 또 영원히 하나로 통할 수 있는 궁극적 진리를 간절히 구하고 싶은 한 인간으로서, 생명과 존재의 깊은 원리와 진실과 도리를 깨닫고자 하는 구도자 아닌 구도자의 삶을 살고 싶었습니다.

늘 한의학과 나름대로 하늘과 도 공부에만 전념하며 생활하다가 내 나이 40세인 2006년 2월에 늦은 결혼을 하게 되었습니다.

결혼한 지 7개월도 안 되어 그동안 잘 지내던 아내가 손써볼 겨를도 없이 갑자기 유산 우울증으로 대전 친정집으로 말없이 내려가 자살 충동을 일으켰습니다.

엎친 데 덮친 격으로, 제가 정신적으로 그토록 믿고 의지하던 경주 모친은 폐암 3기로 발견되고, 그 후 3개월 후쯤 제가 가장 사랑하던 연천 모친(생모)은 대장암 3기로 발견되는 등, 하늘이 무너지고 땅이 꺼지는 듯한 아득함과 청천벽력 같은 일을 겪으면서 인생이 인간의 노력과 도 공부, 하늘공부만으로는 되는 것이 아님을 두 모친의 사망을 통해서 다시 한 번 뼈저리게 절감하게 되었습니다.

그 후 연천 본가에 기거하며 연천 모친을 치료하고, 주말에는 경주로 내려가 경주 모친을 치료하기를 수개월간 계속하였습니다. 그런 나의 치료와 기도에도 불구하고 2007년 7월에 경주 모친을 먼저 여의고, 같은 해 10월에 연천 생모마저 여의게 되었습니다.

사랑하는 사람을 한약으로도 기도로도 지키지 못함에 정말 괴로웠고 그동안 내 나름대로 최고라고 여겼던 도의 세계에 어떠한 회의를 느끼기 시작했습니다.

그 무렵, 우연한 기회에 자미국을 알게 되었습니다.

가슴에는 슬픔을 안고 가방에는 그동안 하늘공부 열심히 하면서 내 나름대로 알게 된 하늘세계를 도면으로 그려놓았던 하늘세계의 도면을 자랑스럽게 들고 자미국을 방문하였습니다.

자미국에 도착하니 그때는 그분이 누구인지 잘 몰랐지만 사감님이 나의 상담을 해주셨습니다.

나는 상담을 하면서 그동안 오랜 세월 하늘공부, 도 공부 열심히 하면서 내 나름대로 터득하게 된 하늘세계의 도면을 사감님께 드리면서 "하늘세계 펼치시는데 도움이 되시라고 제가 준비한 귀한 하늘세계 도면을 가지고 왔으니 보세요. 자미국 세우는 데 많은 도움이 되실 겁니다"라고 하면서 사감님께 드리자, 사감님은 냉정한 표정으로 바뀌시더니,

"이런 거 다 필요 없다"고 하면서 보려고도 하지 않는 것이었습니다.

나는 속으로

"내가 오랜 세월 얼마나 지극 정성으로 하늘공부, 도 공부 열심히 하며 밤잠도 안 자고 완성한 귀한 도면인데, 보지도 않고 저러셔. 참 이상한 분이네.

내가 완성한 하늘 도면 보고 나면 어떻게 이 대단한 걸 알아냈느냐고 달라고 할 거"라고 투덜거리면서, "그러지 말고 한 번 보세요. 하늘의 뜻 전하시는 데 많은 도움이 될 것입니다"라고 하자,

사감님은

"난 안 봐도 본인이 얼마나 말도 안 되는 하늘 도면을 그렸는지 알고 있어요. 그렇게 말도 안 되는 것을 하고 있으니 인생이 힘들어지지 왜 힘들어지겠어요? 인생에 아무 도움도 안 되는 그거 버려요.

그리고 하늘 완성도에 대해서는 천상의 천상도감(미륵)님이 알고 계시지 본인이 어떻게 알아요. 그동안 수많은 사람들이 옳다고 행한 모든 것들이 다 잘못된 거니까 됐어요. 그리고 본인이 그린 하늘 도면은 자미국에 아무런 도움도 안 되니까 가지고 가세요"라고 하시는데, 그 당시 사감님의 그 말들이 얼마나 섭섭했는지 모릅니다.

그래서 나는 또다시,

"내가 그린 하늘 완성 도면을 도 공부하고 하늘공부 하는데 주면 얼마나 좋아들 하고, 도움 많이 됐다고 칭찬들이 자자

한데요"라고 말하자,

"그럼 거기에 갖다 줘요. 난 인간들의 이론, 종교의 이론이 아닌 오직 하늘께서 전하여 주시는 것만 믿고 따르니까요. 그리고 본인이 추구하는 하늘과 자미국에서 행하는 하늘세상은 너무 달라요.

그렇게 잘못된 도 닦고 하늘공부하면 인생만 고달파지니까, 이제 그만하고 조상님 입천제나 하세요. 조상님 입천제가 본인이 말하는 도 실현의 첫 번째이고, 하늘공부 입문의 시작이에요. 하늘 도면 잘 그린다고 하늘께 잘했다고 칭찬받는 것 아니에요"라고 하시는 것이었다.

정말 내가 알았던 도의 세계, 하늘세계와 너무도 다르게 말하는 사감님이 내 입장에서는 이해가 안 되었고, 사감님은 내가 행했던 모든 것들이 잘못되었다고 하시면서 나를 답답히 여기시며 나를 바로잡아 주려고 하였지만, 그 당시에는 사감님의 말씀이 별로 귀에 들어오지 않았습니다.

내가 몇 가지를 더 이야기하려 하였지만 사감님께서는 내가 너무 잘못된 생각을 많이 가지고 있어 대화가 힘들겠다고 하시면서 입천제하고 싶으면 그때 다시 오라고 했습니다.

조상님 입천제를 행해서 조상님은 제 몸이 아닌 천상 자미천궁으로, 인간의 생각과 마음을 이상하게 만드는 귀신은 원래 왔던 곳으로 보내고 난 다음에 나 하나만 있어야 대화가 되지, 지금은 제 몸과 마음에 조상님과 귀신이 너무 많아 대화가 힘들다고 하셨습니다.

그래도 그 당시에는 그 말씀도 이해가 안 갔습니다.

난 내 나름대로 정직하게, 올바르게, 양심적으로 살고 있다고 자부하고 있었고 귀신은 도 공부, 하늘공부 안 한 무식한 자들에게나 있다 생각하고 있었으며 그렇게 도 공부하는 곳에서도 배웠는데, 내 몸에 조상님과 귀신이 들어와 있어 나와 대화가 안 통한다니!

정말 처음 들어보는 나에 대한 쓴소리의 말씀들!

기가 막혔습니다.

그동안 내가 다녔던 도 공부, 하늘공부 하는 곳에서는 내가 대단한 사람이고 맑고 깨끗하고 양심적인 사람이라고들 했는데, 사감님께 들은 나에 대한 쓴소리!

솔직히 이 세상에 태어나 이런 쓴소리는 처음 들어봅니다.

학교 때도, 한의사를 하면서도, 흔한 말로 누구한테도 이런 소리는 처음 들어봅니다.

그리고 모두는 도 공부하는 나에게 잘못되었다고 말한 사람도 없었고 도 공부 잘못하면 인생 힘들어진다는 말도 해준 사람이 없었습니다.

도 공부, 하늘공부 하는 곳에서는 도 공부, 하늘공부 열심히 함이 하늘에 대한 예의라고 가르쳐주어 일심으로 행한 것인데, 그 모든 것이 잘못되어 부인도 모친도 그렇게 된 것이라고 하니 사감님을 만난 잠깐의 시간이었지만, 기분이 나쁘다면 나쁘게 사감님을 만났고 그렇게 사감님과 친견상담을 마치고 헤어졌습니다.

나의 생각과 너무도 다른 자미국을 내 발로 다시 찾아가는 데는 조금의 시간이 필요했습니다.

그래도 자미국에서는 다른 종교에서처럼 내가 자미국에 안 가고 있어도 나에게 연락을 해서 왜 안 오느냐고? 어서 오라고 강요, 회유의 어떠한 전화도 없었습니다. 그런 자미국에 은근히 매력이 느껴졌습니다.

그래서 몇 개월 동안 자미국으로 갈까 말까? 고민 중이던 나는 내 발로 다시 자미국을 찾아가 입천제에 대하여 상담하고 2008년 1월 3일 입천제를 행하였습니다.

입천제를 행하고 집으로 돌아와 자려고 누웠는데 제 몸속의 세포 하나하나에서 마치 검은 기운이 다 빠져나가는 것이 영감으로 보였습니다.

오랜 세월 항상 무겁던 마음도 가뿐해졌으며 날이 갈수록 지금까지 제가 살아오면서 제일 잘한 것이 하나 있다면 그동안 했던 도 공부, 하늘 공부가 아닌 자미국에서 행한 조상님 입천제의식이라는 생각이 들면서 조상님 입천제 잘해 드렸다는 생각이 우뚝 우뚝 마음 뿌듯하게 들었고, 여러 가지 삶의 변화도 왔습니다.

그간 도 공부, 하늘공부하면서 잘못되었던 제 인생의 모든 것이 하나하나 정상으로 돌아와 인생이 막 빛나기 시작하는 영광을 얻게 되었습니다.

잘못되었던 도의 세계를 벗어나니 그동안 담 아닌 담을 쌓고 살았던 주위 사람들도 만나 사람과도 세상과도 잘 어울리게 되는 기적과도 같은 일이 일어났습니다. 또한 의사로서 실력도 인정받게 되었습니다.

또한 그렇게 서운하던 사감님의 말씀도 입천제의식 이후에는 고마운 말씀으로 바뀌게 되면서 그동안 내가 옳다고 행했던 모든 것들이 그 얼마나 잘못된 것인지도 알게 되었고, 내 몸에 구원받지 못한 조상님들과 귀신들이 함께 있으므로 그동안의 내 삶이 잘못되었음도 알게 되었습니다.

그 후 위대하신 하늘의 윤허로 천인합체의식까지 하게 되었고, 가정이 없어 마음 한구석이 허전하여 가끔 인황님과 상담도 하며 지내고 있던 2009년 가을.

인황님이 갑자기 전화를 하셔서 부친인 아버지의 천인합체의식을 행하라는 말씀을 해주셨습니다.

솔직히 저는 아버지와 잘 지내고 있지 않았습니다.

그래서인지 아버지의 천인합체의식을 하고자 제 스스로는 생각해 본 적 없을 정도로 아버지와는 거의 남남 사이로 지내고 있었습니다.

자미국에서는 절대로 누군가에게 전화를 먼저 해 입천제의식, 천인합체의식 행하라고 하지 않는데, 저에게 먼저 전화를 주신 것은 아버지에 대한 저의 마음을 아셨기 때문에 전화를 주신 것이니 이 또한 대단한 일이지요?

아버지의 천인합체의식 행하는 날!

하늘에 계신 분들과 지상에 있는 자미인황님.

모든 분들 총출동하시어 나이 많은 저 하나 장가보내기에 몰입하신 듯.

엄청난 인간 세계의 진실에 대하여 쏟아 부어 주시면서 인간 세계를 밝히시는데, 그동안 제가 알고 있었던 하늘세계만 잘못되었던 것이 아니라 인간 세계도 다 잘못되어 있더군요.

그 모두를 바로잡아 주신 의식을 행한 후,

현재의 아내를 2~3주 안에 만나 사귀게 되었고, 곧 결혼날짜도 잡게 되었으며, 평소 무언가 벽이 있어 소원하게 지내던 아버지와도 신기할 정도로 자연스럽게 지내게 되는 이변과 기적이 제 인생에 일어났습니다.

제 나이 46살. 아내 나이 42살.

늦은 나이지만 하늘의 크신 사랑으로 결혼하여 쌍둥이 아이도 갖게 되는 영광을 누리게 된 지금.

예전에 '도' 공부를 할 때는 뭔지 모르게 칙칙하고 암울한 인생이었다면 지금의 내 인생은 밝고 희망적인 인생이라 너무 변화된 내 인생에 너무 기뻐 가끔은 정말 내 인생 맞나? 하는 생각도 하면서 지낼 정도로 천지개벽이 일어났습니다.

처음에 사감님께서 저에게 "도 공부, 하늘공부 잘못하면 인생 더 힘들어지니까, 인생 더 힘들어지기 전에 도 공부하면서 지니게 된 하늘 도면과 이론 모두 갖다 버려"라고 하신 그 깊었던 말씀의 의미도 이제는 알게 되었습니다.

그동안의 도 공부, 하늘공부는 인간의 삶과 생각, 가족 이 모두가 소리 소문도 없이 죽어가는 공부였다면,

자미국의 하늘공부인 입천제, 천인합체의식은 인간의 죽은 삶, 죽은 생각, 죽은 가족을 살리는 공부라 할 수 있고, 정말 세상에서 처음 보는 신기하고도 경이로운 도통이라 할 수 있습니다.

인간의 살아 있는 삶을 소중히 여기며 소중히 지킬 수 있도록 해주시고 다음 생까지 책임져 주는 지상 최초의 자미국.

죽은 사후세상과 영의 세상, 하늘세상만 외쳐대는 기존의 종교세상과는 하늘과 땅 차이임을 알게 되었습니다.

자미국을 알기 전에는 기도 열심히 하고 하늘공부, 도 공부 열심히 하고, 촛불 발원 많이 하고, 주문수행 정진 많이 하고 성금, 헌금 많이 올리고 종교행사에 잘 참석하고 교주들 말 잘 들으면 인간이 하늘께 받은 은혜와 사랑에 보답하는 참다운 길인 줄 알았습니다.

어떤 종교에서도 종교 교주들의 삶과 임원들의 삶보다 우리 개개인의 삶을 소중히 여기며 개개인 가족을 소중히 여기게 해준 종교는 이 세상에 없었습니다.

도 공부, 하늘공부 하는데 가족 누군가가 도 공부에 방해가 되면 종교에서는 헤어지게 하였습니다.

하지만 자미국에서는 내 자신조차도 버렸던 나의 인생, 나의 조상님, 나의 아버지 모두를 찾아다 내 품에 안겨주시며 그동안의 내 마음과 생각.

내가 배운 이 모든 것들이 그 얼마나 잘못되었는지 스스로 깨닫고 인정할 시간도 주시고, 기존의 종교세상에서와는 다른 진정한 하늘세계의 진실을 듣게 하심으로써 하늘을 진정으로 열망한 자들의 가슴을 따뜻하고 포근하게 감싸 안아주심으로써 소중한 인생 방황하며 인생 허비하지 않도록 해주시는 너무도 자상하신 하늘세계의 자미국!

자미국을 알기 전에는 도 공부하러 다니는 내 자신의 모습이 무슨 큰일이라도 하는 것처럼 마냥 자랑스러웠었는데, 자미국을 통하여 하늘의 진정한 진실을 알고 나니 위대하신 하늘 앞에 한없이 부끄러웠던 내 자신을 발견합니다.

살아생전 자미국을 못 만나, 하늘께서 원하신 인간의 삶을 못 살다 죽게 된다면, 죽은 후에 내 자신 인간의 삶이 그 얼마나 초라했는지를 알게 된다면 하늘 앞에 부끄럽고 부끄러워 어찌한단 말입니까?

하늘께서는 말씀하셨습니다.

하늘께서 주신 인간의 삶! 최대한 행복하게, 최대한 건강하게 잘 살다가 육신의 삶이 다하면 천상 자미천궁으로 오라고 하십니다. 세상 어디에서 이토록 따뜻한 말씀을 듣는단 말입니까?

다른 종교는 수시로, 때때로 종교 모임을 가지면서 설법과 설교를 하는데, 자미국은 몇 달에 한 번 기도회와 의식을 통해서만 만나게 되는, 이 또한 종교와 완전 다른 모습입니다.

이 부분에 대하여 사감님의 말씀은,

"나도 자미국 사람들을 다른 종교인들처럼 자주 불러 자주 만나면 좋지만, 그러면 각자 가족들은 어떻게 해?

각자 나름대로 바쁜 일상을 지내다 보니 평일에는 가족들과 여유 있게 함께할 시간도 없는데, 주말에는 가족들과 바쁜 일상으로 인해 함께하지 못한 가족들과 여유의 시간을 가져야지, 주말에 다들 자미국에 와 있으면 가족들과는 언제 함께해! 그래서 종교처럼 주말에 부르지 않는 거야"라고 하십니다.

세상에 이런 말이 어디 있습니까?

종교에서는 한 번만 참석을 안 해도,

벌 받는다.

게을러졌다.

사탄의 음모다.

시험에 빠졌다.

가족들이 더 중요하더냐?"라고 말하는데,

"주말에는 사랑하는 가족들과 함께하면서 평소에 못 챙긴 가족 챙겨라"라고 말하는 자미국이야말로 기존 종교와는 완전 다른 진정한 하늘의 궁전입니다.

산 인간의 내 삶과 다음 생의 삶까지 함께해 주신다는 인간을 향한 하늘의 약속 실현인 천인합체의식.

종교에서, 도에서 말한 도통, 신인합일, 원신합체와는 감히 비교도 할 수 없는 인류 최초의 인간과 하늘이 함께 소통하는 천인합체의식을 찾으시어 실현하고 계시는 인황님과 사감님은 우리 인류의 진정한 구원자이시고 우리 인류 모두가 기다린 제2의 예수님이자, 석가님이자, 상제님이 분명하십니다.

원 많던 인생이 행복 넘치는 인생으로 재창조

1975년 12월 28일.

친구들보다 결혼은 늦었지만, 남편의 직장은 안정적이고 경제적으로도 여유가 있어 마음 편히 행복하게 결혼생활을 시작했다.

결혼을 하고 난 후.

얼마의 시간이 지나자 집에 혼자 있는 것이 너무 적적하여 남편에게 직장을 나가겠다고 얘기하니 남편은,

"나 만나기 전에 객지에서 누구의 간섭도 안 받고 당신 마음대로 살았으니 이제부터는 가정이 무엇인지 알아야 해. 당신이 가정이 무엇인지 진정으로 알고 나면 그 후에 당신의 좋은 직장은 내가 구해 줄게"라고 하면서 직장생활을 못하게 하였다.

그리고 얼마 후 자식이 연년생으로 태어나 직장은 자연스럽게 다닐 수 없는 상황이 되어 남편의 말대로 가정에만 충실하게 되었다. 나의 직업은 약사다.

약사다 보니 남편을 만나기 전, 난 약국이나 병원 약제실에서 일을 하였다. 그러다 지금의 남편을 만나 살림을 하자니 살림에 있어서는 모든 것이 서툴고 남들보다 힘이 더 들었다.

나 자신의 몸은 자주 아팠고, 아이들도 자주 아파 남편 월급의 반은 병원비로 쓸 정도로 우리 가족은 돌아가며 항상 질병으로 아팠다.

1981년 12월 1일 새벽.

남편은 출근할 자동차의 시동을 걸어놓은 뒤, 시간이 잠깐 남아 팔굽혀펴기를 하던 도중 갑자기 쓰러져 병원으로 이송되었다. 그러나 수술도 못해 보고 아무런 유언의 말도 못하고 남편은 그렇게 내 곁과 아이들의 곁을 허무하게 떠나갔다.

그때 내 나이 35살.

아들은 5살, 딸은 4살. 정말 모든 것이 너무 막막했고 그저 죽고만 싶었다. 자식만 없다면 남편 따라 죽기라도 할 텐데….

내가 뿌린 씨앗 내가 책임지고 가르치고 잘 키워야 하는데 너무나 졸지에 당한 일이라 기가 막힌 현실 앞에 눈물만 하염없이 흘러내렸다.

결혼하기 전에는 아픈 데도 별로 없었고, 병원이나 약국을 스스로 찾아다니며 내 직장을 내 나름대로 잘 구해 일하며 잘 지냈었다. 그러다 경제적으로 안정적인 남편을 만나 온실 속의 가냘픈 화초처럼 살았다.

남편이 저세상으로 가고 없는 지금,

남편을 대신해서 아이들을 보살펴야 하는데 용기가 안 나고 자신감도 없고 희망 또한 생기지 않는다. 내 자신이 무식하여 남편을 죽인 것만 같았다.

누구도 만나기 싫고 바깥 생활도 하기 싫어 밖에도 나가지 않고 그렇게 하루하루를 반 시체로 살고 있을 때, 텔레비전을 통해서 모 그룹 큰아들이 교통사고로 사망했다는 뉴스를 접한 뒤 위안을 얻었다.

"저 사람은 돈이 없어서 죽었겠는가?

죽을 때가 되면 돈이 있어도 죽는구나.

돌이킬 수 없는 현실이구나.

어느 누구도 죽음을 되돌려 다시 시작할 수는 없구나" 하면서 기가 막힌 내 현실을 스스로 위로하며 다른 이의 죽음을 보면서 남편의 죽음을 받아들이게 되었다.

아무것도 모른 채 천진난만하게 뛰어노는 아이들을 바라보며 난 결심했다.

"오늘로서 나에게 주어진 여자의 인생.

다시 말해 남자에게 보호받고 사랑받는 여자의 인생은 없으며 오로지 엄마로서의 삶만 존재하고, 남은 인생은 저 아이들의 엄마로만 이 세상을 살다 이 세상을 떠나리라"라고 굳은 결심을 한 후 이리 뛰고 저리 뛰어 내 약국을 차리게 되었다.

약국은 생각보다 잘되었다.

그러던 어느 날, 나는 사부 ○○라는 사람을 알게 되어 그때부터 도 공부를 시작하게 되었다. 내가 그 도판에 입문하게 되자 그 도판의 많은 도반들은 나의 약국으로 수시로 찾아왔다. 그러면 나는 그 많은 도반들을 대접하느라 약국 일은 뒷전이었다. 많을 때는 50명이 찾아와 나의 약국에 들어설 자리가 없을 정도였다.

아들 고1 여름방학 때 나는 아들을 그곳으로 보냈다.

나도 약국을 운영하면서 시간이 날 때마다 아들이 있는 그곳으로 가 밤새우며 기 훈련도 받고, 경도 외우고, 사주공부도 하고, 경락공부도 하면서 지냈다.

그 당시 나는 내가 세상에서 제일 좋은 하늘공부 한다고 자부심에 부풀어 약국을 운영하면서 번 돈 하나도 아끼지 않으며 모두 갖다 바치며 지냈다.

내가 다니던 도판에는 혼자 사는 사람들이 많았다.

부부가 같이 살면 공부 안 하는 사람의 탁기를 받으니 집에 가지 말라고 사부가 도반에게 말을 하여 도반들이 사부의 말을 믿고 집에 안 들어가니 부부 사이가 점점 멀어지게 되면서 결국은 별거와 이혼을 하게 되어 가정도 없이 도통을 이루고자 도반생활에만 열중하는 사람들이 대다수였다.

아들도 사부의 말을 잘 들으면 도통을 이룰 수 있다고 하여 난 사부의 그 말을 듣고 나 혼자 하는 도통 공부도 모자라 아들까지 그곳으로 보내어 그곳에서 생활하게 하였다.

아들은 그곳에서 사슴도 키우고, 개도 키우고, 밭농사, 논농사 모두 하며 밥도 제대로 먹지도 못하고 새벽부터 일을 하고 점심을 먹을 때는 반찬도 없어 고추장에 밥을 먹으며 일을 했고 잠도 제대로 자지도 못하는 나날을 보냈다.

흔한 말로 못난 나로 인해 나의 아들은 도판에 들어가 노예 아닌 노예생활을 하며 불쌍하게 하루하루를 보냈다.

자미국을 만나기 전,

난 그 당시 내가 했던 그 모든 것들을 무척 자랑스럽게 생각하고 있었다. 지금도 자미국을 만나지 못했다면 나와 내 아들은 아직도 그 도판이 진짜인지 알고 여전히 그 생활을 하고 있을 것이다.

난 솔직히 자미국을 만나기 전에는 아들딸들 어느 정도 성장하면 약국 접고 아들딸들과 함께 그 도판에 들어가 내 생이 끝나는 날까지 함께하고자 하는 마음밖에 없었으니까.

난 사부가 늘 말했듯이, 도통만 이루면 모든 것이 다 되는 줄 알았다. 그래서 도통을 이루기 위해서라면 돈을 바침도, 시간을 바침도, 아들을 바침도, 노예생활을 함도 얼마든지 감수할 수 있었다.

친구들보다 늦은 나이에 결혼한 나는 남편과 재미있게도 못 살아보고 자미국을 만나기 전 도판을 만나 도판이 내 제2의 남편이라도 되는 양 나의 모든 것을 바치며 일심으로 30년의 세월을 보냈다.

도판을 알고 난 후 약국을 운영하면서 내가 번 돈으로 내 자식들과 여행도 단 한 번 못 가보고 맛난 음식도 하나 못 먹어보고 좋은 옷도 하나 못 사 입고 내 자신과 내 사랑스런 자식들은 거지 같은 생활을 하며 살았다.

우연한 기회에 자미국을 알게 되어 상담신청을 한 뒤, 자미국을 방문하게 되었다.

자미국에 도착하니 머리가 길고 날씬한 젊은 여자분(사감님)이 나와서 나를 맞이해 주고 집무실로 안내하여 이야기를 나누게 되었는데, 나도 모르게 눈물이 하염없이 흘러나오는 것이었다.

조금 후에 또 다른 집무실로 안내되었는데 인품이 좋으시고 믿음이 갈 것 같은 분(인황님)이 계셨는데, 그 앞에서도 내 의지와 상관없는 눈물이 계속 흐르는 것이었다.

처음에는 상담하시는 두 분이 누구인지 몰랐는데, 그냥 보자마자 하염없는 눈물이 흐르는 것이었다.

친견상담 후 조상님 벼슬입천제의식을 행하는 조공을 구하는 대로 연락을 드리겠다고 약속하고 자미국을 나와 최대한 빨리 조상님 입천제를 해드리고 싶은 마음에 일주일 동안 바쁘게 움직였다.

드디어 6월 6일 토요일 2시에 조상님 벼슬입천제를 행하기로 한 날이다. 1시에 약국 문을 닫고 자미국으로 향하는데 마음이 들뜨고 날아갈 것 같았다. 자미국에 도착하여 보니 준비가 완벽하게 되어 있었다.

풍성한 음식과 과일들이 산해진미를 이루었고, 너무도 정갈하게 준비되어 있었다. 어디에서도 본 적이 없는 장관이었다.

도판에는 더 많은 돈을 가져다주어도 나를 위해서 단 한 번도 무엇을 해준 적 없이 사부가 그냥 다 챙겼었는데, 지금의 이 광경은 너무도 놀라웠다.

자미국에 들어서는 순간 내 마음이 매우 흡족하였고 내 자신 스스로가 참으로 장한 일을 하고 있다는 자부심까지 들었다.

2시에 의식이 시작되면서 30년 전에 내 곁을 떠나간 남편 영혼을 사감님 육신을 통하여 만날 수 있게 해주신다고 인황님이 말씀하셨다.

세상에! 그토록 만나고 싶었던 나의 남편.

30년의 세월 속에 옛 추억이 되어버린 남편이지만 이 세상을 떠나면서, 나의 곁을 떠나면서 단 한마디 말도 못하고 떠나간 남편의 영혼을 만날 수 있다니! 이게 정말 가능한 일인가?

도판에 30년의 세월을 다닌 이유는,

도통을 이루면 죽은 영혼과도 대화가 가능하다 하여 도통을 이루어 남편의 영혼과 단 한 마디의 말이라도 해보고 싶어 그 긴 세월 다녔었다.

그런데 원하고 바란 도판에서는 못 이루고 내가 그토록 원하고 바랐던 남편과의 대화를 자미국의 인황님과 사감님을 통하여 이룰 수 있다니! 정말 남편의 영혼과 한 마디의 말이라도 나누고 싶다는 소원을 가슴에 안은 채 30년의 세월을 살아온 나는 가슴이 벅차올랐다.

자미국에 상담하러 왔을 때도, 오늘 의식 들어가기 전에도 나는 누구에게도 남편에 대해 아무런 이야기도 하지 않았었다. 그러나 의식이 시작되자, 사감님께서는 남편이 살았을 때 나한테 한 것과 똑같이 하시는 것이었다. 그 순간 사감님이 보통 분이 아님을 알 수 있었다.

의식 들어가기 전에는 평범하게 계셔서 사감님이 솔직히 어떤 분이신지 몰랐다. 인황님 곁에서 인황님의 어떠한 중요한 일을 돕는 분 정도로 알고 있었는데, 의식이 들어가니 사감님의 실체가 나오기 시작하는 것이었다.

나는 남편 살았을 때의 모습과 남편이 나에게 했던 말들, 남편의 성격, 이 모두에 대해서 그 누구보다 잘 알고 있다.

나는 사감님을 통해서 남편의 영혼을 만나면서 사감님이 남편의 말을 할 때마다 "아니, 이럴 수가 있을까?" 하면서 감탄에 감동하며 웃고 울고 신기해서 난리가 났다.

흔한 말로 죽은 남편이 살아 돌아왔다고 해도 과언이 아닐 정도로 사감님과 남편은 똑같았다. 30년의 힘든 내 인생이 싹 녹아내리는 기분이었다. 30년의 힘든 삶을 살면서 오늘처럼 기분 좋게 웃어 보기는 처음이었다.

도판에 다닐 때는 사부님 앞에서 사부님 말에 무조건 "네, 네"만 하면서 지내고, 사부님 말씀 끝나면 논농사 밭농사 외에 수많은 힘든 일들을 하느라 웃어 보지도 못하고 살았었는데 정말 벼슬입천제의식은 기존에 종교에서 행했던 것과는 너무도 다른 의식임을 알게 되었다.

그 순간 내 머릿속에는 예전에 남편이 죽어 내가 실의에 빠져 있을 때 텔레비전에 나왔던 모 회장 아들의 교통사고로 인한 죽음이 떠올라 그분들도 자미국에 와서 입천제를 행하면 얼마나 좋을까? 하는 생각이 들었다.

자미국에 와서 벼슬입천제를 행하면서 30년의 긴긴 세월 동안 보고 싶었던 이미 간 남편의 혼을 만나 대화를 나누니 30년 동안 내 가슴에 맺혔던 원과 한, 모든 의문들이 이렇게 시원하게 뻥 뚫리는 데라는 생각이 들면서 다시 모 그룹 회장님 생각이 났다.

그 후 살아서도 죽어서도 하늘의 선택을 받고 도판에서 말하는 도통에 이르는 천인합체의식을 나는 물론 아들딸들도 순서대로 행하게 되었다.

천인합체의식을 행한 이후, 도판에서 오랜 세월 사슴 기르는 일, 개 키우는 일, 밭농사, 논농사에 세월을 바치느라 제대로 된 인간의 삶을 살아보지도 못한 불쌍한 내 아들을 도판에서 꺼내왔다.

아니 위대하신 하늘의 힘으로 꺼내주셨다.

난 인황님과 사감님을 만나고, 진정한 하늘을 만나기 전에는 나도 내 아들도 내 딸도 인간의 삶을 접고 도판에 들어가 도판에서 행하라고 하는 대로 행함이 맞는지 알았다.

단 한 번도 자미국에 오기 전,

나도 내 아들도 내 딸도 도판에서 꺼내올 생각은 한 번도 한 적이 없었다. 사부는 나에게 내 자식들에게 도반들에게 "가족과 함께 살면 서로 열 받아 치인다"라고 말을 해 나는 자식이 잘되는 것이 소원이라 외로워도 자식들을 도판에 맡긴 채 서로 떨어져 살았다.

도판에 자식을 보러 가서 자식을 만나도 부모와 자식처럼 다정다감하게 만나 얘기를 나누는 것이 아니라 남보다도 더 못한 사이로 멀리서 서로를 바라보다 헤어지곤 했었다.

그러다 보니 우리 세 가족은 가족이라기보다는 가족 간에 어떠한 벽을 만들어 삼팔선보다도 더 심한 경계선을 친 상태로 서로가 서로에게 다가서지 못하도록 하며 지냈다. 그래야 도통이 이루어지고 서로에게 좋다고 했다.

그렇게 살아온 나와 내 자식들의 삶.

인황님과 사감님을 통하여 진정한 하늘을 만나니 다 쓸데없는 소리라 하시며 함께 살라 하셨다. 그러면서 도판에 빼앗긴 나의 자식들을 하늘께서는 도판에서 꺼내시어 내 품에 안겨주셨고, 우리 세 가족을 불쌍히 여기시며 보듬어주신 덕분에 도판에서 오랜 세월을 낭비해 인간사에 대해 관심도 없는 아들의 마음에 희망을 주시고 사기를 북돋워주신 덕분에 아들은 도판에서 과감히 나왔다.

하늘의 사랑으로 힘찬 인생 출발하고자 영국으로 가는 영광을 누리게 되었고, 영국에 가서도 하늘의 크신 사랑으로 모든 사람들에게 칭찬을 받으며 하는 일마다 좋은 성과를 올리며 너무도 행복하고 건강하게 잘 살고 있다.

나 또한 칙칙하고 암흑 같았던 삶에서 벗어나 활기차게 살고 있으며, 자식들하고도 어느 가정 부럽지 않을 정도로 편하게 대화도 나누며 서로 잘되기를 진심으로 응원해 주며 가족과 외식도 하며 진정으로 행복한 인간의 삶을 살고 있다.

도판에서는 도통을 이루고자 노예 아닌 노예의 고된 삶을 가족들이 살았다면, 자미국에서는 노예의 삶에서 해방된 완전 자유의 삶을 살고 있다. 자미국은 종교와 달라 종교에서처럼 뭐하면 안 된다 하는 규율이 없다.

자미국에서는 오로지 조상님 구원하는 입천제와 천인합체 의식을 행한 뒤 행복하고 건강한 인간의 삶을 살다 다음 생에 구천세계 방황하지 않고 진정한 하늘세계 천상 자미천궁으로 올라 세세생생 진정한 하늘과 함께함이 목표이자 이상이라 하시니, 자미국이야말로 우리 인류가 기다리던 진정한 하늘세계의 모습 아니겠는가?

매 순간 순간 너무도 힘들었던 67년 내 인생의 시간들이었지만, 뒤늦게 자미국을 만나 진정한 하늘을 만나 나의 조상님과 나, 나의 자식들 모두가 진정한 구원을 받은 지금의 현실!

이것이 꿈인가? 생시인가? 할 정도로 너무도 감격스럽고 감격스럽다.

30년이란 시간 동안 진정한 정성은 도판에 올리고, 도통의 소원은 자미국을 통하여 이루었으니 이 얼마나 기가 막힌 일인지….

30년의 길고 긴 세월 동안 정성 올린 도판에서는 죄인 아닌 죄인이 되어 도판에 끌려간 채 가족 모두 서로 눈치를 보며 비참한 노예 아닌 노예의 삶을 살고, 자미국을 통해서는 완전 자유의 인생, 행복의 인생을 살고 있으니 이 또한 얼마나 기가 막힌 일인가?

정말 자미국에서 행하는 이 모든 것들이 우리가 진정으로 기다린 도통의 완성작이 아닌가 싶다.

자미국을 통하여, 천인합체의식을 통하여 새롭게 태어난 67세 할머니의 활기차고, 희망이 넘치고, 웃음이 넘치는 이 세상을 살아감에 어떠한 것에도 두려움을 느끼지 않으며 당당하게 사는 인생으로의 변신!

이것이야말로 그 어떤 종교에서도 이룰 수 없었던 진정한 도통이라 자신 있게 말할 수 있다.

얽히고설킨 인생의 실타래를 풀다

끝도 없는 고통, 끝도 없는 천도재.

몇 천 년을 기다려도 종교로 하늘은 오지도 않고, '내가 하늘을 찾아가야겠다'라는 결론을 내렸다.

10대, 성당 앞에서 서성거렸다.

20대, 교회 성경 말씀에 몰두해 귀를 기울였다.

30대, 절을 알게 된 이후, 끝도 없는 조상님 천도재를 지냈다. 전국 약 30군데의 절을 다니다가 절의 허점을 느끼며 절을 포기하고 마음공부 하는 곳으로 40대의 인생을 바쳤다.

40대, 나는 누구인가?

나를 찾기 위해 살아 있는 신을 찾아 수련원 30군데를 돌아다니고 인도까지 갔다.

50대, 자미국을 만나 입천제, 천인합체의식을 통하여 모든 궁금증 해결하고 방황하던 내 인생과 방황하던 종교에 종지부를 찍게 되었다.

나는 1956년도에 태어났다. 나는 엄마 젖이 부족해 4살 때까지 유모가 키웠다.

자라면서 친부모 곁을 떠나 4년간 유모 밑에서 키워져야만 했던 이유와 왜 내 인생은 이렇게 시작되었을까?라는 의문이

꼬리에 꼬리를 물고, 나의 궁금증은 더해져만 갔다.

죽음과 삶.

죽으면 어디로 가는 걸까?

나는 누구인가?

사람은 누가 만들었을까?

궁금증을 풀고자 수많은 종교와 종교서적을 보았지만 그 어디에도 해법은 없었다.

난 대학을 졸업한 후 교회에 본격적으로 나가기 시작했다.

웬만한 목사님 설교는 귀에 들어오지 않아 유명한 부흥회 목사님만 쫓아다니며 열심히 기도하고 성경을 공부해도 가슴에 와 닿는 게 없었다.

30대 초반 종교에 관심이 없는 7살 연하의 남편을 만나 4년간 연애 후에 양가 집안의 강력한 반대를 무릅쓰고 결혼했다.

첫딸을 낳고 이듬해 가을밤의 어느 날, 경찰서에서 남편이 음주운전 단속에 걸려 청량리 경찰서 유치장에 있다고 해서 달려갔다.

남편은 술에 취해 자고 있었다. 사건을 해결하려면 합의금이 있어야 하는데 신혼시절이라 돈이 없어 합의를 못해 다시 성동구치소로 넘어갔다.

다음 날 아침 일찍 구치소로 면회를 갔는데, 어떤 여자가 벤치에 앉아 나를 바라보며 왜 왔느냐고 묻기에 사연을 말하니 용한 무당을 찾아가면 해결책을 찾을 수 있다 하면서 명함을 주기에 그 명함을 받아 무당을 찾아가 무당이 시키는 대로 굿을 했다.

굿을 하고 얼마 후 남편은 구치소에서 나오게 되었고, 구치소에서 나온 남편은 예전보다 더 난리를 쳤다.

나는 다시 동네 절을 찾아가 집안 얘기와 굿을 했다고 하니 부처님 정법으로 믿어야지 그런 곳에 가면 큰일 나고, 돈만 거덜 난다고 말했다.

그 길로 3년 조상님 천도를 하기 위해 지장기도, 백중기도, 초하루, 보름기도를 시키는 대로 열심히 다녔지만 남편의 술주사는 갈수록 태산이었다.

난동을 부리며 심지어는 모두 죽인다고 하면서 칼을 휘두르고, 잠자는 아이 깨워 괴롭히고 날이 밝도록 나를 붙잡아 앉혀놓고 한 얘기 또 하고 또 하고, 생지옥이 따로 없었다.

용하다는 절과 스님을 찾아 전국 팔도 30군데를 돌아다녔다. 절에서 시키는 대로 3천 배 기도, 등 기도, 지장기도, 미륵기도, 새벽기도, 사경, 법문읽기 등 안 해본 것이 없었다.

그러던 어느 날 엎친 데 덮친 격으로 나에게 유방암이 찾아왔다.

교회와 무당집, 절에 온 열정을 바쳐도 더 어긋나기만 하는 나의 인생. 교회와 무당집, 절에 회의를 느끼며 심신수련으로 눈을 돌려, 그쪽에서 시키는 대로 모든 것을 다했다. 그러자 이번에는 아이들에게 문제가 생기기 시작했다.

하루하루가 불안함의 연속이었다. 억장이 무너지는 내 인생에 아픔은 온몸의 살이 찢어지는 고통이었다.

가슴이 미어지고 눈에서 피고름이 흐르는 듯한 처절한 아픔의 연속이었다. 차라리 죽는 것이 낫지 않을까? 하는 생각이 들 정도로 당해 보지 않은 사람은 상상조차 힘들 정도의 아픔이었다.

그러던 어느 날 자미국의 책을 보게 되었다.

'하늘이 살아 있다면 이 책이 맞을 거야' 하고 조금 읽다가 전화로 상담신청을 하자, 책을 다 읽고 나면 상담신청을 받아준다 하여 다 읽은 후에 다시 전화를 하여 상담신청을 한 뒤 자미국을 만나게 되었다.

수많은 눈물의 세월과 사연을 통째로 가슴에 안고 자미국과의 첫 만남은 이렇게 시작되었다. 상담을 한 뒤 2007년 7월 조상님 입천제의식을 행하게 되었다.

이미 돌아가신 아버지의 영혼과 대화를 주고받는 자체가 신기하고 어안이 벙벙했다.

스님, 목사, 무당을 통해 조상님과 산 자손이 구원받지 못함을 아니 구원받는 자체가 불가능한 일임을 안 나는 종교나 수련원에서 내가 그동안 했던 모든 것들이 그 얼마나 바보 같은 짓이었는지를 뼈저리게 알게 되는 순간이었다.

교회, 절, 수련원에서는 아무 생각, 느낌, 감동도 없이 종교 교주들이 시키는 대로 하고 있다가 돌아오는 것이 전부였는데, 입천제의식 내내, 내 의지와 상관없는 어마어마한 통곡의 눈물을 흘렸다.

나의 조상님들과 나의 아버지도 통곡의 눈물을 흘렸다.

그동안 믿었던 종교에 속았음을 알고 배신의 눈물이 흘러내렸다. 그동안 믿었던 종교로 인해 더 힘들게 된 내 인생,

내 가족, 내 조상님들을 생각하니 억울하고 분하고 기가 막혀 절규의 피눈물이 흘러내렸다.

나는 이내 자미국 바닥에 드러누워 아버지 아버지를 부르며 발버둥 쳤다.

마음 깊은 곳에서는 감사기도가 저절로 되었다.

온몸으로 이토록 뜨거운 기운은 처음 느껴 보았다.

그동안 끝도 없는 인간 풍파에 시달리고 지쳐 난 해삼처럼 바닥에 퍼져 살았다.

온몸에 힘이 없고 나른해 길을 걸어도 의식이 맑지 않고 항상 몽롱했다.

의문을 풀기 위해 종교, 수련관, 소리수련, 우주수련, 대순진리회 등 우리나라에 이름난 모든 곳을 한 군데도 안 빠뜨리고 다 다녔다. 전국의 모든 곳을 다니며 그들이 하라는 대로 다 하느라 30억 원의 돈을 썼다.

그러나 그런 나의 삶과 나의 가족에게 돌아온 것은 인간이 감당할 수 없는 아픔과 고통들뿐이었다.

입천제의식 이후 천인합체의식까지 행하게 되었다.

그 후로 항상 복잡하고 아팠던 마음은 평온한 상태로 변하게 되었고 그 많던 근심 걱정도 사라지게 되었다. 살다보니 나에게도 이런 날이 오는구나! 생각하니 감격의 눈물이 흘렀다.

얽히고설킨 내 인생.

얽히고설키어 뒤집어진 내 인생.

“알게 해주시고, 깨닫게 해주시고, 바로잡아 주신 하늘이

시여! 당신만이 인류의 진정한 하늘 중에 하늘이십니다”라는 찬사의 말이 저절로 나왔다.

내 잘못은 너무 크고, 그 크기가 우주를 싸고도 남을 만큼 커서 진정한 하늘 태상천존 자미천황님의 용서만이 통한다 합니다.

이런 내 마음 내 자신도 몰랐습니다.

사악했던 내 마음 이제라도 반성하며 살려 합니다.

이미 돌아가신 조상님들.

자신 잘 살아보겠다고 굿판으로, 절로, 수련원 이곳저곳으로 개새끼 끌고 다니듯이 끌고 다니며 되지도 않는 굿과 천도재를 행하며 힘든 조상님들 더 힘들게 하는 못된 짓은 인간으로서는 해서는 안 되는 일이라 하십니다.

나 하나 잘 살아보겠다는 못된 욕심과 야망으로 힘든 조상님들 종교의 이곳저곳으로 개새끼 끌고 다니듯이 끌고 다니면서 조상님들을 천하게 만들었기에 내 삶도 내 가족도 내가 행했듯이 천한 인생 살게 되었다는 엄청난 진실의 말씀을 전해 주십니다.

저 뿐만 아니라 저처럼 못된 종교생활 열심히 하며 못된 짓을 하는 사람들의 삶도 천하게 될 것이라고 하셨습니다.

이 세상의 모든 것은 자신이 뿌린 대로 거두어들임이 천지의 이치에 맞는다고 하시면서, 각자의 인생에 일어나는 고통과 아픔의 실체는!

다름 아닌 우리들 각자가 행한 그대로의 결과일 뿐이라고 하십니다.

종교에서 말하듯이, 각자의 조상들이 천도재와 굿, 기도, 수많은 행사로 인하여 각자의 조상들이 진정으로 극락왕생했다면, 각자 복 받아 잘 살 거라고 하십니다.

그러나 종교인들의 삶이 아프고 고통스러운 것은, 우리가 행했던 각종 종교의식들로 각자의 조상님들이 구원되지 않았다는 뜻이라 하십니다.

각자 여러분의 조상님들이 종교의식으로 인해 구원된 것이 아니라 더 힘들어지게 되었기에 종교의식을 행한 우리들의 삶도 더 힘들어지게 된 것이라는 진실을 진정한 하늘 아니시면 누가 알겠습니까?

난 수많은 종교와 이름난 대한민국의 종교 교주 다 만나보았습니다. 그 아무리 이름난 스님도, 목사님도….

대한민국의 어느 누구도, 세계의 종교인 어느 누구도 이 엄청난 진실을 가르쳐주는 곳은 단 한 곳도, 단 한 사람도 없었습니다.

그동안 인간의 삶이 왜 이리 아픈지?

인간이 지은 죄는 과연 무엇인지?

인간이 지은 죄는 과연 무엇이기에, 이토록 아파야 하는 걸까에 대한 수많은 의문에 대한 귀한 정답을 진정한 하늘을 통해 알게 되었습니다.

모든 종교 돌고 돌아오느라 육과 마음은 다 찢어진 옷처럼 너덜너덜해진 초라한 상태의 나.

이런 저를 내치지 않으시고 하늘의 따뜻한 품으로 감싸 안아주심에 감사합니다. 살아생전 종교생활 열심히 하면서 기도 많이 하고, 천도재 많이 하고, 촛불 발원 많이 하고, 경 많이 읽고, 시주 많이 하고, 절 많이 하고, 예수 찬양 많이 하면 복 받아 잘 사는 줄 알고 내 육신 힘든 것 참아가며 열심히 수행정진하고, 먹고 싶은 것 못 먹고 돈 아껴 시주 많이 했는데, 그것이 오히려 화가 되어 제 인생과 제 가족이 이토록 아팠다고 하십니다!

세상에, 이런 진실의 말씀이 어디 있단 말입니까?

어느 불교 경전에도 성경에도, 이 세상에 존재하는 수많은 책을 다 뒤져봐도 어디에도 없는 진정한 하늘만이 아시는 위대한 진실입니다.

천도재 많이 하면 스님들 말대로, 도인들 말대로 조상님 편한 곳에 올라 행복하고 자손도 잘되는 줄 알았습니다.

천도재 많이 올린 것이 조상님 이곳저곳 개새끼 끌고 다니듯이 끌고 다녀 조상님들이 더 힘들어졌다 하시니!

세상에! 세상에!

이런 진실 여러분은 알고 계셨나요?

그래서 자미국에서는 조상님 구원을 위한 입천제의식, 각자 일생에 딱 한 번이라 하시니 기존의 종교와 달라도 너무 다른 자미국에 그저 놀라울 따름입니다.

자미국을 알기 전과 자미국을 알고 난 후의 달라진 모습.

몸!

4년간 감기 한 번 걸리지 않고 약과 병원을 멀리하여 신기하다. 나른하고 맥없던 몸에 기운이 나면서 정신도 맑아지고 마음에서는 신바람이 납니다.

마음!

불안, 초조, 불면, 긴장되고 수축되고 짜증나고 화나고 답답했던 마음이 편안함과 담담한 마음으로 바뀌었고, 모든 것에 감사해하는 감사의 마음이 샘솟고 삶에 의욕이 생기고 매사 긍정적인 마음으로 바뀌었습니다.

인간관계!

아이들과 남편을 내 기분 내키는 대로 함부로 대했던 지난날의 못난 내 자신을 돌아보며 진정으로 반성하게 되었습니다.

결혼 초부터 내 마음을 아프게 한 남편!

종교에서는

"만나서는 안 되는 사람을 만나서 그렇다. 남편에게 나쁜 기운이 너무 많아 가까이 하면 평생 고생한다. 전생에도 원수 사이였다.

남편의 죄가 너무 많아 지옥 갈 사람이다. 남편과 함께하면 나 자신도 아이들도 모두 망가진다.

하루라도 빨리 헤어짐이 살길이다"라고 말을 해서 자미국을 만나기 전 종교에서 가르쳐준 대로 남편과 이혼하고자 이혼 서류에 도장을 이미 찍어놓은 상태였지만, 입천제와 천인합체의식을 행한 후 이혼 서류도 원상 복구하여 한 집에서 행복하게 같이 살고 있습니다.

남편의 모든 부분이 다 밉고 싫었는데, 그토록 미웠던 남편이 좋아지니 엄청난 하늘의 대 능력이십니다. 깨어진 가정 다시 찾아 행복하게 서로 아껴주고 사랑하며 살게 되었습니다.

돈!

벌어도 돈이 모아지지 않고 어디로 새는지 온데간데없고, 20년간 은행 이자 낸 것이 원금 이상입니다.

돈이 생겨도 꼭 쓸 일이 생겨 나가버리니 밑 빠진 독에 물 붓기 식이었습니다. 20년간 번 돈을 이 종교 저 종교에 다 주고 나니 반대로 은행 빚이 10억 정도였는데, 어느새 다 정리되고 큰 빚도 없게 해주셨습니다.

집!

20년간 15군데를 이사 다니며 거지처럼 살았는데 지난 8월 60평 빌라로 이사 와서 넓은 곳에서 내 생애 처음으로 사람처럼 살고 있습니다.

잠!

가위에 눌리고 꿈자리가 시끄럽고 잡다한 꿈을 많이 꾸어 자고 나도 항상 피곤했는데, 꿈자리가 깨끗하여 숙면을 하니 아침에 일어나면 개운하고 상쾌합니다.

하늘공부!

사후세계, 조상님의 세계, 전생, 현생의 세계, 신의 세계, 하늘세계에 대하여 어려서부터 남다르게 궁금한 부분이 많아 궁금증을 해결하고자 이 종교 저 종교 다니며 내 인생의 청춘을 다 보냈는데, 자미국에서는 내가 궁금히 여기는 모든 부분에 대하여 명확하게 답을 주시니 어려서부터 궁금하게 여겼던 모든 부분들을 알게 되면서 더 이상 종교 방황을 하지 않는 인생을 사니 너무 기쁘고 행복합니다.

비극 인생의 정체

인정받는 천인의 삶으로 변신한 한 여인의 삶!

부산에서 50대 초반의 여인이 예약 후 상담을 하고자 방문을 했다. 그동안 수많은 사람들을 상담하였지만 오늘 온 여인은 그동안 상담했던 사람들과는 풍기는 인상부터 여러 가지로 모두가 달라 보였다.

겉으로 풍기는 이미지는!

세상에 근심 걱정 하나도 없는 부잣집 귀부인 같았다.

욕심 많고 탐욕 많고 부자를 내세우며 사는 부잣집 귀부인이 아니라, 인정 많고 사랑 많고 부자를 내세우지 않는 정말 인자한 부잣집 귀부인으로 남편에게 사랑을 받으며 손에 물 한 방울 묻히지 않으며 공주 대접 받으며 사는 귀티 나는 여인의 인상이 풍겼다.

50대 초반인데도 50대 초반이라기보다는 40대 중반 정도로밖에 보이지 않았고 50대 초반에 안 맞게 청순한 이미지까지 지니고 있었다.

이 여인에게는 고생이라는 단어조차도 어색할 정도로 고생은 하나도 안 하고 살아온, 그야말로 온실 속의 예쁘고 화사한 꽃 같았다. 겉으로 풍기는 인상으로 봐서는 '도대체 무얼 상담하러 왔을까?' 할 정도였다.

서로 인사를 나눈 후 집무실로 안내한 뒤 차 한 잔을 대접했다. 무엇이 궁금하냐는 나의 질문에 그녀는,

"대순은 뭐예요?

이 세상에 대순은 왜 있어요?"라고 답하며 눈가에 작은 눈물이 맺혔다. 대순에 대해서 구체적으로 무엇이 궁금하고 왜 그러느냐고 묻자,

'도'와 하늘에 관심이 많았던 자신은 어느 날 대순을 알게 되었고 대순에서 '도'를 통하게 해주고, 도를 알게 해준다고 하여 자신이 그동안 궁금히 여기고 공부하고 싶었던 부분인지라 대순도인들의 말을 듣고 대순도인들이 하라는 대로 수십 년째 하고 있는데 대순도인들의 말대로 도통이 이루어지는 것이 아니라 갈수록 몸도 마음도 더 힘들어지고 삶도 더 힘들어지고 있다고 하소연을 했다.

삶에 있어 무엇이 힘드냐고 물어보자 여인이 하는 말은,

결혼한 후 얼마의 시간이 지나 사업을 하게 되었고 지금도 사업을 하고 있다고 했다. 남편이 벌어서 자신과 자식을 부양한 것이 아니라 오랜 세월 동안 자신이 열심히 일하고 또 일해서 자식들을 키웠다고 했다.

그래도 자식들과 살아야 하기에 그런 남편을 원망해 본 적도 없고, 아니 자신이 벌어야 자식들을 키울 수 있었기에 남편을 원망할 시간도 없었다 한다. 남편을 원망할 시간도 없이 세상을 원망할 시간도 없이 오로지 가족을 지켜야겠다는 일념 하나로 달려온 자신의 인생.

그렇게 열심히 살다 보니 어느 해부터는 조금씩 자신의 통장에 돈도 모아놓을 정도로 여유 있는 삶을 살게 되었다 한다.

자신은 이른 새벽에 일을 나가 밤이 늦어서야 집에 들어오지만, 그런데도 아이들(아들 1명, 딸 1명)은 나쁜 길로 안 나가고 올바르고 성실하게 잘 자라 그런 아이들에게 항상 미안한 마음과 고마운 마음뿐이라고 했다.

남편도 자신의 고생을 알아주며 도와도 주고 위로도 해주면서 이렇게 네 가족은 남부럽지 않게 평화로이 잘 살았다 한다.

그 여인의 말을 듣고 있는 나는 그녀의 인생에 조금은 놀라웠다.

정말 겉으로 봐서는 세상에 고통, 고생과는 너무도 거리가 먼 사람으로 보이는데, 얘기를 나누어 보니 온실 속의 화초와는 거리가 너무도 먼 사람임에 놀라웠다.

그러면서 여인은 계속 말했다.

그러던 어느 날 "도를 아십니까?" 하면서 자신이 운영하는 사업장으로 어떤 낯선 사람이 들어와 도에 대해서 얘기를 하면서 자신의 도장을 소개하고 간 뒤 수시로 사업장으로 찾아왔다 한다.

자꾸 얘기를 듣다 보니 그의 말이 그럴 듯하게 들려, 시간을 내어 그 사람을 따라 대순에 가게 되었고, 그때부터 그곳에서 하라는 대로 모든 것을 일심으로, 열심히 행하며 살았다 한다.

그런데 이상한 것은 대순에 나간 지 얼마 후부터 자신에게 자상하고 사랑스럽게 대해 주었던 남편과 아들이 폭군으로 변하기 시작하였다 한다.

온순하던 남편은 술을 자주 먹게 되었고, 날이면 날마다 "모든 것이 너 때문이야. 인생 똑바로 살아" 하면서 자신을 원망하는 소리와 가슴에 상처가 되는 소리만 하는 남편으로 변하기 시작하였다 한다.

어느 순간부터는 남편과 아예 대화 자체가 불가능할 정도의 악연이 되어 서로 마주치기만 하면 잡아먹을 듯이 으르렁대기 바쁘고 남편은 심지어 자신에게 손찌검까지 한다면서 엉엉 울었다.

처음에는 손찌검하는 횟수가 적었는데 갈수록 점점 횟수가 늘어 이제는 자신의 손찌검이 잘못 되었다는 것도 모를 정도의 남편으로 바뀌었고, 이런 남편에게 자신이 뭐라 하면,

"다 너 때문이야. 똑바로 해"라고 하면서 소리를 버럭버럭 지르니 자신은 그야말로 미치고 팔짝 뛸 일이라고 했다.

고통은 거기서 끝이 아니라 온순하던 아들도 아빠와 비슷하게 바뀌었다 한다.

어느 날 밤에 일을 마치고 집에 들어가니, 아들이 자신에게 집을 나가라고 악을 쓰며 소리를 질러, 그런 아들의 행동과 말에 기가 막혀 아들에게 한 마디 했더니 식탁 의자를 자신에게 던지려 하며 "당장 나가"라고 소리를 질러 밤늦게 아들에게 집에서 쫓겨나 거리에서 서럽게 엉엉 울었다 한다.

아들은 수시로 술을 먹고 직장에도 안 나가고 자신이 일하는 곳에 전화를 하여 "다 엄마 때문이야" 하면서 악을 써서 자신도 일을 제대로 할 수 없는 상태라 했다.

온순하던 남편과 아들은 날이 갈수록 폭군으로 변해 버렸고, 딸은 우울증 걸린 아이처럼 웃지도 않고 빈방에 홀로 앉아 말도 없이 하루의 시간을 보내고 있으니 이 노릇을 어찌하면 좋고 방법은 있는지 궁금하여 자미국을 찾게 되었다고 그 여인은 수척한 모습으로 말했다.

그 여인은 그저 "열심히 살고, 열심히 산 죄밖에 없는데, 이런 나의 인생에 왜 이런 일이 생긴 것인지?" 궁금하다고 했고, 또한 '도' 공부도 얼마나 열심히 했는데, 이런 자신의 인생에 왜 이런 비극의 일이 일어난 것인지 이유라도 알고 싶다고 했다.

대순에서는 남편과 아들의 몸에 악귀잡귀가 들어와서 그런 거라 하여 악귀잡귀 쫓는 의식도 하고, 도장 지을 때마다 몇억 원의 성금도 올리고 초하루, 보름 의식 한 번도 빠진 적 없고, 수많은 행사에 한 번도 빠짐없이 참석하며 상제님께 정성을 올렸는데도 남편과 아들, 딸의 상태에 호전이 없었다.

그러자 대순에서 이제는 우리 가족이 헤어져야 될 때가 되어서 그러니 헤어지라고 했다고 하면서, 자신도 이제는 폭군으로 변한 남편과 아들에게 정도 떨어지고 무서워서도 더 이상은 못 살겠다고 했다.

여인의 말에 저자인 사감과 인황님은 말했다.

"물론 지금 이 상황에서는 남편과 아들이 밉겠지만 어떤 결론을 미리 내리지 말고 입천제의식을 행하여 구천에서, 때로는 자손들의 몸 안에 들어와 함께 생활하고 있는 불쌍하고 가련한 조상님들은 입천제의식을 통하여 천상 자미천궁으로 입천해 드리고 귀신들은 원래 그들이 왔던 곳으로 보낸 다음에 후회 없는 결론을 내리자"고 했다.

그 여인은 그렇게 하겠다고 했고 상담 후 일주일 후에 조상님 벼슬입천제의식은 거행되었다.

그녀는 어젯밤 꿈에 돌아가신 자신의 아버지가 군복 차림으로 나타났다 하였다.

자신의 아버지가 노예가 되어 수많은 노예들과 어떤 곳으로 끌려가고 있었는데, 어떤 분이 나타나 아버지 발목에 채워진 노예의 수갑을 풀어주었다.

그러자 자신의 아버지는 노예의 굴레에서 벗어나 자유의 몸이 되는 꿈을 꾸었다고 수줍게 말하면서, 오늘 조상님 벼슬입천제를 올리게 되면 자신이 꿈에 보았듯이 자신의 조상님들이 노예에서 벗어나 하늘의 품으로 돌아가게 되는 것 같아 한편 좋으면서도 서글프다고 했다.

자신은 자미국에 오기 전에 유명한 절에 가서 조상님들 좋은 곳으로 가라고 천도재도 많이 해드렸고, 대순에 가서도 많이 했는데, 자신의 조상님들은 아직도 좋은 곳으로 가지 못하고 자신의 꿈에 보았듯이 아직도 가지 못했다.

조상님들이 노예 아닌 노예가 되어 노예의 비참한 생활을 하고 계심에 가슴이 미어지고 그동안 자신을 속인 절과 대순은 도대체 무엇이냐고 하면서 아이고! 불쌍한 조상님들 하면서 통곡을 했다.

의식이 시작되어 조상님들과 만남의 시간을 가졌고, 그 후에 천상의 신명(천상감찰신명)님, 천상도감(미륵)님, 자미인황님의 말씀을 통하여 진실을 듣는 의식이 시작되었다.

꿈에 본 자신의 조상님들이 노예가 되어 있음!

네 조상을 노예로 만들어서 끌고 다니는 그 장본인이 누구인지 알고 있느냐고 물으셨고, 네 조상이 왜 노예가 되었는지 알고 있느냐고 물으셨다.

여인은 "조상님들이 죄가 많아 죗값을 치르고 있는 중이고, 죗값을 치르러 가고 있는 중인 것 같다"고 대답했다.

맞다. 세상 사람과 종교에서는 조상님 세계를 대부분 이렇게 알고 있다.

그러나 높으신 분들의 진실은 그것이 아니었다.

우리들이 불교에는 석가부처님, 미륵부처님, 지장보살님 등이 계신다고 생각하고 있고, 도교와 대순에는 하늘과 증산상제님, 미륵부처님 등이 있다고 알고 있는데, 사실은 그렇지가 않다 하신다.

절에는 석가부처님, 미륵부처님, 지장보살님을 가장한 그 누군가가 있을 뿐, 진정한 석가부처님, 미륵부처님, 지장보살님, 상제님, 하늘 모두는 종교 안에 있지 않다고 하시면서, 그들을 가장한 가짜가 있다고 하시었다.

그래서 조상 천도를 하면 가짜들은 천도재 지낸 조상영가들을 자신들 거라 하며 자신들의 세계로 끌고 가, 자신들의 노예로 써먹는다고 가르쳐주셨다.

그래서 이 땅에 사람들이 천도재와 굿, 기도 잘못하고 나면 더 힘들어지고 더 고통스러워지는 이유는?

각자의 조상영가를 못된 자들의 노예로 만들었기에 자신들이 행한 그대로 자신들도 이 땅에서 기도 못 피는 노예의 삶이 되는 것이라고 가르쳐주셨다.

남편과 아들이 폭군으로 변한 이유는?

"종교인의 말대로 남편과 아들의 몸에 악귀잡귀가 들어와서 그러는 것이 아니라, 네가 조상영혼을 구원한다고 절과 도판으로 다니면서 천도재를 지냈기 때문이다.

너의 조상들은 네가 꿈에 보았듯이 그들의 노예가 되어 그들의 노예생활을 하게 되기에, 거기에 화가 난 너의 조상들이 너의 남편과 아들을 통해서 너에게 자신들을 그들의 노예생활에서 꺼내달라는 메시지 전달이었어.

그래도 천도재를 행한 너는 네 조상들이 전하는 긴급 메시지를 못 알아듣고 있어 네 조상들은 갈수록 그들의 노예생활에 지치고 힘이 들자, 남편의 육신을 통해서 조상인 우리가 이렇게 비참한 노예생활을 하는 것은 네가 천도재를 지냈기 때문이니까 너 때문이야.

너 때문에 우리가 이렇게 비참한 생활을 하는 거야. 인생 똑바로 살아, 라고 너의 조상들이 너를 향해서 외치고 있는 것을 네 남편은 무슨 뜻인지도 모르고 자신의 마음에서 떠오르는 대로 '너 때문이야'라고 한 거야.

그러니까 네 남편과 네 아들이 너에게 한 '너 때문이야. 너 때문에 못 살겠어. 집에서 나가' 하면서 모진 소리를 한 것은 남편과 아들의 말이 아닌 노예가 되어버린 네 조상들의 살려달라는 절규의 소리였어.

그래도 네가 조상들의 절규의 소리를 못 알아들으니 더 화가 난 조상들이 남편을 통해 너를 때린 것이고, 아들을 통해 화풀이도 한 것이고, 그래도 네가 못 알아듣자 너의 모든 조상들은 실의와 좌절에 빠져 엉엉 울었어.

그러자 너의 딸은 조상들의 좌절과 실의의 메시지를 받아 우울증 아닌 우울증 걸린 아이처럼 소리 없이 울게 된 거야. 네가 종교에만 안 나갔어도 너의 조상들이 이렇게까지 힘들게는 안 되는 것이었다.

그런데 네가 종교에 나가 종교의식을 하면서 너의 조상영가를 더 힘들게 했으니, 알면서 그랬든 몰라서 그랬든 네가 행한 것이니까 너의 조상님들에게 백 번 천 번 잘못했다고 진심으로 빌어야 돼.

너뿐만이 아니라 종교인의 삶이 너와 비슷해. 종교의식 잘못 행하고 나면 오히려 더 힘들어지고 더 고통스러워져. 종교인의 삶이 힘든 이유가 바로 이것이야.

네가 종교생활하기 전에는 남편도 아들도 딸도 이렇지 않았었는데, 네가 종교에 나간 뒤로 남편도 아들도 딸도 변했으니까 이제는 종교에 함부로 나가 종교의식을 함부로 행하면 어떻게 되는지 네 고통의 삶을 통해서 똑똑히 알았지?

너에게 자미국 책을 보게 하고 자미국으로 오게 한 이유는?

너를 통해서 이 진실을 전달 안 해주면 너와 너의 가족, 너의 조상영가 모두 큰일 날 것 같아서 자미국의 책을 보게 한 후 자미국으로 오게 한 거야.

오늘 이렇게 벼슬입천제를 행하니 이제는 됐어.

우리(신명님, 미륵님, 자미인황님)가 종교의 노예로 잡혀 있는 불쌍하고 가련한 네 조상들, 네가 꿈에 보았듯이 우리가 구원해서 진정한 하늘 천상 자미천궁으로 데리고 가 편하고 행복하게 해주면 그동안 서러움에서 벗어난다.

너의 조상영가도 너도, 너의 산 가족들도 행복하게 될 것이니까 아무 걱정 하지 말고 어서 돌아가서 가족들과 행복하게 지내다 너의 소원 이루어라.

네 소원이었던 도통은 바로 천인합체의식이니까 천인합체하러 다시 와서 도통의 소원 이루어서 마음 편히 행복하게 인간의 삶 잘 살다가 육신의 삶이 다하면 천상 자미천궁으로 올라오면 돼.

이것이 도통이야.

살아서도 근심 걱정 없이 행복하게 살고 육신의 삶이 다하면 천상 자미천궁에 올라 행복한 삶, 이것이 인류가 원하고 바라는 진정한 도통 아니던가?

종교인의 말대로 종교의식(천도재, 기도, 촛불 발원, 경문 외우기, 무릎이 까지도록 절하기) 하고 또 하고 죽을 때까지 하고, 가족끼리 아귀다툼하고, 서로 헤어지고, 서로의 가슴을 아프게 하는 것이 도통이 아니다.

이처럼 각자의 조상도 안 아프고 벼슬입천제를 행하는 너도 안 아프고 너의 가족도 아프지 않고 서로가 행복한 삶! 이것이 진정한 도통이야.

잘못된 종교로 인하여 종교의 희생양이 되어 아프고 힘들게 산 너의 삶을 이렇게 만들어줄 것이니, 아무 걱정하지 말고 잘 돌아가 잘 지내다 천인합체의식 하는 날 다시 만나자" 하시면서 천상의 입천제의식은 끝이 났다.

그 여인은 천인합체의식을 하고자 천공을 마련하여 자미국을 다시 찾았고 벼슬입천제의식 이후, 그녀의 삶은 정말 천상에서 오신 분의 말씀대로 천지개벽이 되었다 한다.

벼슬입천제의식을 행하고 집으로 간 날,

남편은 자신을 반갑게 맞이해 주며 "잘했어. 오늘 수고 많았지? 수고 많았어. 그동안 내가 미안했어. 많이 속상했지?" 하면서 밥 먹으라고 하면서 밥상도 직접 차려주었다 한다.

남편은 부인이 벼슬입천제를 행한 것 모른다.

예전에 부인이 대순과 절에 다닐 때도 몰랐다.

부인이 어디를 다니는지도 모르는데 남편은 부인이 행한대로 그대로 했다.

부인이 잘못된 종교에 갔다 오면 잡아먹을 듯이 냉정했고, 부인이 옳은 곳에 다녀오면 어떻게 알고 공주마마 대접이다.

참으로 희한한 일 아니던가?

이 현실 앞에 조상님과 하늘이 어찌 없다 하겠는가?

어찌 인간이 죄 짓고 살겠는가?

이 책을 보고 계시는 여러분도 이 여인의 삶처럼 종교에 다닌 이후, 여러분의 삶도 이렇게 비참하고 고통의 삶이 되지는 않았는지?

부산에서 온 여인은 벼슬입천제와 천인합체의식을 행한 이후 폭군이었던 남편은 자상한 남편으로 바뀌었고, 아들 역시 착하고 순한 아들로 바뀌어 술도 안 먹고 엄마에게 모진 소리도 안 하고 일도 열심히 잘하는 아들로 바뀌었다 한다.

또한 세상과 담을 쌓고 살았던 딸도 하늘과 구원받은 조상님들이 맺어준 인연과 결혼하여 언제 우울했냐는 듯이 아주 밝게 웃으며 행복하게 건강한 아이도 낳아 세상 근심 걱정 없이 잘살고 있다 한다.

몇 십 년 지극 정성 들인 곳에서 얻은 것은 가족 풍파와 육신과 마음의 상처이고, 만난 지 얼마 안 되는 자미국을 통해서 얻은 것은 너무도 많고 많아 그저 감사할 따름이라고 한다.

자미국을 통해서 변화된 자신의 삶과 가족들의 삶.

자신의 삶이 이렇게 변화될 것이라는 기대로 의식을 행한 것은 아니라 한다.

책을 읽고 감동을 받아 상담신청한 것이고 상담 중에 인황님이 의식을 행하라고 하시기에 그냥 행한 것이지 자신의 삶과 가족들의 삶이 이렇게 변화될 것이라는 기대로 의식을 행한 것은 아니라 한다.

자신이 자미국에 오기 전 여러 곳을 다녀보았는데, 가는 곳마다 처음에는 자신 있다고 큰소리 뻥뻥 쳐서 그들을 믿고 수십 년 동안 그들이 하라는 대로 행해 보았다.

하지만 이루어지는 것은 하나도 없고 갈수록 더 힘든 일만 생겨 솔직히 종교에는 어떤 미련도 기대도 없는 상태인지라, 자미국이 대단한 곳이라 하더라도 자신이 다녔던 기존의 종교세계처럼 그냥 큰소리 뻥뻥 치는 정도로 알았다 한다.

그러나 그냥 벼슬입천제의식, 천인합체의식은 해보고 싶어 했다 한다.

그런데 이렇게 자신의 삶과 가족의 삶, 조상님에게 천지개벽이 일어날 줄은 꿈에도 몰랐다 하면서, 자신이 그동안 다녔던 종교가 잘못된 종교인지 몰라 다니긴 다녔지만 마음속에는 '진정한 하늘은 계실 것이다'라는 일념으로 다녔는데, 자미국을 통해 "하늘이 실제로 존재하고 계심을 확실히 안 지금, 너무 행복하다"고 했다.

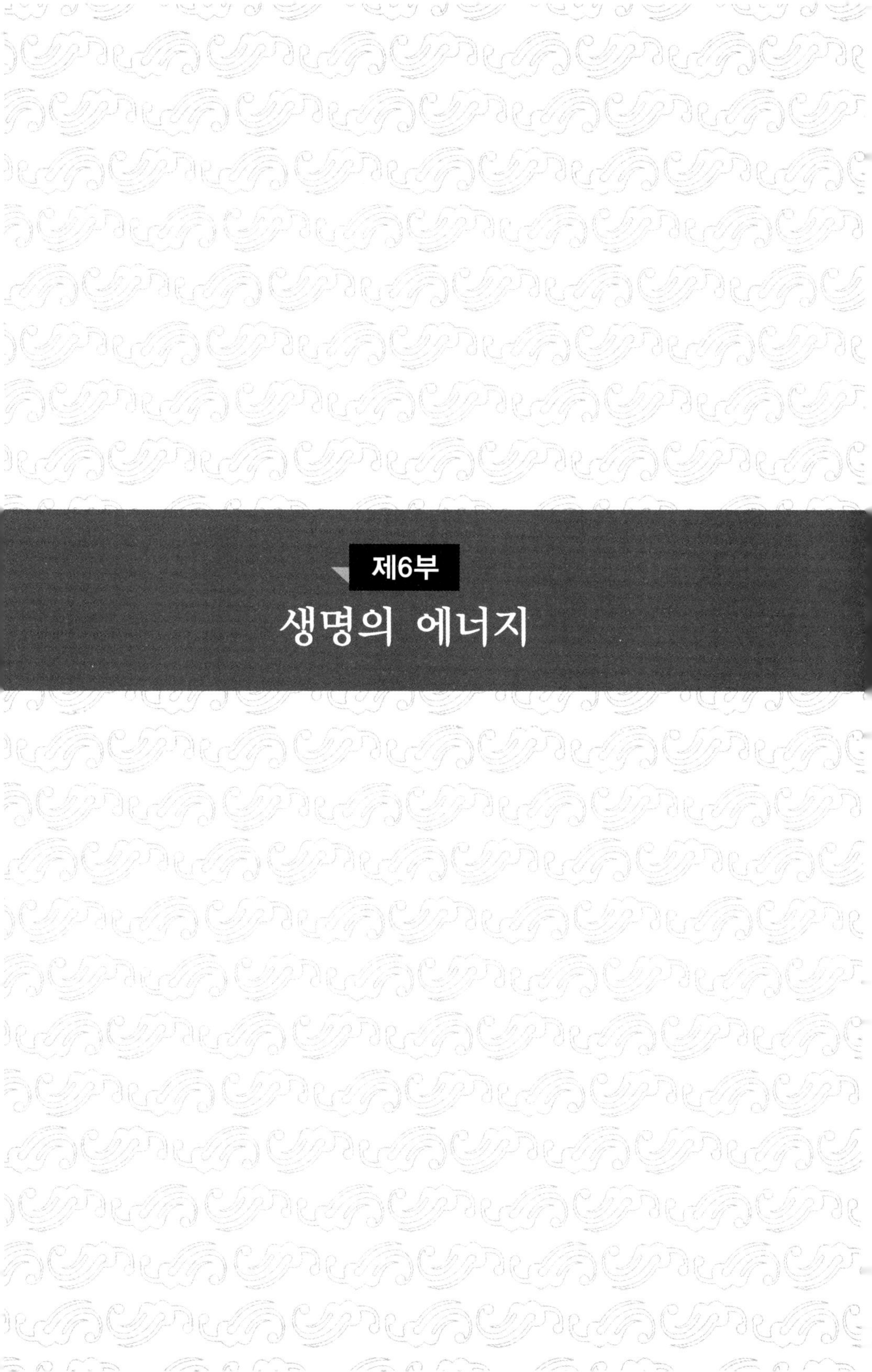

제6부
생명의 에너지

하늘님(태상천존 자미천황님)

인간 세상에 존재하는 수많은 나라.

수많은 나라 속에 있는 대한민국!

대한민국이라는 하나의 나라 안에는 '시(서울시, 부산시)'가 있고 시 안에는 '구'가 있고 구 안에는 '동'의 수많은 각각의 집들이 있다.

대한민국뿐만이 각 나라의 각각의 집의 숫자와 사람 숫자를 헤아려보면 이루 말할 수 없을 정도로 엄청나다.

인간 세상에도 수많은 나라와 수많은 사람들이 공존공생하고 있듯이 천상세계도 이와 같다.

천상세계!

인간 세계와 같이 하나의 하늘이 아닌 수많은 하늘의 나라(집)가 있다.

그 수많은 하늘에 존재하는 각각의 하늘.

종교에서 전한 숫자보다도 더 어마어마한 각각의 하늘과 각각의 지옥세계가 존재하고 있다.

그 수많은 하늘 중에 진짜 주인은 과연 누구이실까?

종교를 통해서 들었듯이,

부처님이실까? 아니면 예수님과 하나님이실까? 아니면 상제님이실까? 아니면 미륵(천상도감)님이실까? 아니면 신명(천상감찰신명)님이실까?

각자의 종교관에 따라 각자의 믿음에 따라 다르게 답들을 하겠지만, 우리가 지금까지 알고 있었던 모든 분들은 그 아무리 대단하다 한들 모든 하늘 중의 하늘은 아니었다.

우리 인류 모두가 지금까지 알고 있었던 모든 분들은 수많은 하늘 중에 존재하는 각각의 세상에서 하늘이었을 뿐, 수많은 하늘을 지휘통솔하고 수많은 하늘에게 명을 내리는 하늘 중의 하늘은 아니었다.

각 하늘의 수많은 천주들에게 명을 내리고 각 하늘의 천주들을 지휘통솔하시는 분은 예수님, 부처님, 상제님, 하나님이 아닌 바로 태상천존 자미천황님이시며 이미 이 세상에 알려진 하나님, 예수님, 부처님, 상제님 모든 분들을 지휘통솔하시는 분이시다.

이 세상 탄생 이후 처음으로 밝혀지는 진정한 하늘의 존함.

태-상-천-존-자-미-천-황-님!

이 얼마나 가슴 벅찬 일이던가? 우리 인류 모두는 지금까지 진정한 하늘의 존함조차도 모른 채, 각자의 믿음과 각자의 종교관에 따라 다르게 알고 있었다.

또한 태상천존 자미천황님은 극락세계, 천국세계, 도솔천세계, 도리천세계에 계시는 분이 아니라 그 모든 세상의 위에 '자미천궁'이라는 하늘 집에 계시는 분이시다.

인류 탄생 이후 처음으로 하늘의 진정한 존함과 진정한 하늘님이 계시는 집까지 알게 되었으니 이 얼마나 가슴 벅찬 일이던가?

세상 그 어느 누구도 모르는 이 진실을 알아가는 과정의 시간 동안, 저자인 인황님과 사감은 우리 인간이 감히 상상조차도 할 수 없는 엄청난 고통의 시간을 보냈다.

인간이 고통스럽다고 말할 수 있음은 어찌 보면 행복한 일이다. 인간이 감당할 수 없을 정도의 큰 고통에 직면하면 고통스럽다고 소리를 크게 지를 것 같지만, 고통의 무게가 너무 크면 오히려 소리도 질러지지 않음을 알게 되는 고통의 경지까지 가면서 하늘의 어마어마한 진실을 알게 되었다.

예수님, 석가님, 상제님, 기타 등등(에디슨, 나이팅게일, 공자, 노자)이 인간 세상에 와서 어떤 큰일을 이루기 전에 수많은 고통과 아픔의 시간을 보냈다.

하지만 인황님과 사감이 이 진실을 알아내는 과정에서 겪은 고통과 아픔! 이 세상 어느 누구도 명함을 내밀지 못할 정도의 고통과 아픔의 시간들을 통하여 이 위대한 진실을 알게 된 것이다.

독자 여러분은 이 책이 진짜인가? 가짜인가? 하면서 보겠지만 한 구절, 한 구절 모두 저자인 인황님과 사감의 피눈물로 이루어진 인류 최초의 천서이다.

그 시간들이 너무 고통스럽고 고통스럽지만, 감히 고통스럽다는 말조차도 할 수 없을 정도의 고통. 이 세상 어느 누구도 느껴보지 못했을 것이다.

인황님과 사감의 고통!

세상 사람들처럼 개인의 소원이 이루어지지 않음에 고통스러웠던 것이 아니라, 개인의 사리사욕을 채우고자 하나 그 소원이 이루어지지 않음에 고통스러웠던 것이 아니라, 인황님과 사감이 알고 있는 것이 진실이긴 진실인데, 지금까지의 종교가 분명 잘못되긴 잘못되었는데, 이 진실을 어찌 전해야 하는지, 진짜 하늘의 진실은 무엇일까?

진실에 진실을 전하고자 힘들었던 것이지, 기존에 종교를 세우고자 했다면 이렇게 힘들지는 않았을 것이다.

기존에 있는 기독교나 도교, 불교, 여호와증인, 무당집, 철학관 등을 하거나, 요즘 유행하는 제2의 사이비 종교를 했다면 이처럼 힘들지는 않았을 것이다.

그 모든 종교에 회의와 허점을 느끼며, 몇 천 년의 세월 동안 세계가 인정한 종교의 허점을 찾아내는 일! 어찌 하루아침에 뚝딱하고 이루어지겠는가?

한 사람의 잘못 길들여진 습관을 바꾸는 일!

쉬운 것 같지만 힘든 일이다. 한 사람의 잘못된 습관을 바꾸는 일도 힘든 일인데, 몇 천 년 동안 행하여지고 있는 종교의식에 허점을 찾고 그 허점을 인류에게 전한다는 일!

어찌 보면 인황님과 사감이 살아생전 이룰 수 없는 불가능한 일인지도 모른다.

그러나 인황님과 사감은 이 불가능에 도전했다.

예수님, 석가님, 상제님.

그 밖에 어떤 분들도 시도한 적이 없는 위대하다면 위대하고 바보 같다면 바보 같은 일에 인황님과 사감!

우리 둘의 인생 전부를 걸었다.

인황님과 사감이 선택한 길!

정말로 위대한 일인지, 바보 같은 일이었는지는 시간이 가면 인류 모두가 알게 되는 날이 올 것이다.

진정 기존의 예수님, 석가님, 상제님, 공자님, 노자님 등등이 성인인지 인황님과 사감이 예수님, 석가님, 상제님 이 모두를 초월한 진정한 성인인지도 밝혀지는 날이 올 것이다.

지금 이 글을 쓰는 순간! 마음과 눈에서 뜨거운 이름 모를 눈물이 흐른다. 이 글을 쓰기 전에는 그동안 너무 힘들고 아팠지만 이 땅에서 해야 할 일들이 너무 많아 고통 앞에 차마 울 시간조차도 없었다.

내 의지와 상관없이 흐르는 뜨거운 눈물의 의미!

하늘께서,

"너의 고생! 너의 진심 다 알고 있다"고 감싸 안아주시고 정말 그동안 고생했다"고 하시는 음성이 들린다.

인황님과 사감은 많은 인고의 세월 속에, 하늘과 땅, 종교세상에 대한 진실, 인간 삶의 불행과 슬픔, 고통과 아픔의 정체, 어떻게 살아야 행복한지의 진실 여부에 대하여 차례대로 전하고 있다.

인황님과 사감이 전한 모든 것은 종교의 이론도 아니고 기존에 성행한 종교의 교리도 아닌 진실 중의 진실이다.

믿고 안 믿고는 각자의 몫이다.

저자가 전한 진실이 거짓이라면 거짓을 전한 저자가 벌 받을 것이고, 종교가 잘못되었다고 하는데도 계속 나가면 나가는 이들이 벌 받을 것이고, 위대한 하늘께서는 과연 누구의 말이 맞는지 현실로 각자의 삶을 통하여 보여주실 것이다.

믿고 싶은 자 믿으면 되고, 믿기 싫은 자 안 믿으면 되고, 자신의 이론과 다르다 하여 자미국에 전화하여 뭐라 할 필요도 없으리라 본다.

자미국은 기존의 종교처럼 종교세상을 펼치는 것이 아니라 진정한 하늘을 찾고, 하늘 말씀에 순응하며 그동안 인간으로 살면서 인간이 지은 죄를 진심으로 용서 빌어, 살아생전 자신이 지은 죄를 살아생전 용서받아 육신의 삶이 다하면 구천세계, 지옥세계 방황하지 않는다.

그리고 태상천존 자미천황님이 계시는 천상 자미천궁으로 올라 신선세상을 살아가는 법과 도리를 가르쳐주는 진정한 하늘세계이며, 그동안 종교의식을 통하여 이룰 수 없었던 부분을 진정한 하늘의 위대하심으로 이루며 살아가는 곳이다.

신명님(천상감찰신명님)

무속세계에서 말하는 점을 치고, 굿을 하는, 천박한 신이 아닌, 하늘과 땅!

온 세상에 존재하는 인간, 조상영혼, 신들 중에 가장 높으신 분으로서 이 세상이 탄생한 후에 처음으로 자미국을 통하여 존재를 밝히시는 엄청나신 분, 그 이름도 존귀한 천상감찰신명님!

하늘세계, 땅의 세계, 인간 세계, 영혼세계, 조상세계, 종교세계, 사후세계, 도통의 진실 등등, 이 세상에 존재하는 모든 분야에 대하여 다 아시는 흔한 말로 팔방미인이신 분.

모든 분야에 대하여 능수능란하시지만 특히, 나는 누구인가에 대한 명쾌한 해답의 열쇠와 인간이 지은 죄를 진정한 하늘께 용서 빌어 용서받는 법을 인류 최초로 알고 계시는 굉장하신 분.

이 세상을 다녀간 예수님! 석가님! 상제님! 성모마리아님!

그 외에 이름과 명성을 알리고 이 세상을 떠나간 수많은 그 어떤 자들보다도 훨씬 높으시고,

예수님! 석가님! 상제님이 이 땅에서 이루지 못한 하늘과 땅의 대역사에 대하여 낱낱이 밝혀내실 제2의 예수님이자 석

가님이시고 상제님이신 천상감찰신명님!

정확히 말하자면 예수님! 석가님! 상제님이 이 땅에서 이루지 못한 부분까지 이루어내시고 인간의 상상을 초월한 어마어마한 일을 자미국을 기점으로, 자미국의 인황님과 사감을 통하여 이루어내실,

인류 모두가 기다려온 인류의 진정한 구원자님이자,

지치고 힘든 인류 모두의 삶에 엄청난 희망을 안겨줄 천상감찰신명님!

죽어서도 못 바꾼다는 인간의 잘못된 생각과 이론을 순식간에 바꾸게 하시는 대 능력의 소유자.

기존에 종교에서 행했던 미완성의 천도재와 굿, 신인합일, 도통 등을 현실로 이루어내심으로써 우리 인류 모두에게 진정한 구세주 역할을 해주실, 그 이름도 새로운 천상감찰신명님!

미륵부처님(천상도감님)

석가부처님 사후세상 3천 년 이후에 이 세상에 존재를 밝힌다고 되어 있는 미륵님!

천상 도솔천 세계의 주인이시자 천주님이신 미륵님!

대순에서는 자신들이 염원하는 도통을 이루어주실 유일한 분은 증산상제님과 미륵님이라 하며 지극정성으로 받들고 있는 분 중 한 분이다.

그러나 미륵부처님께서는 세상 사람들 모두가 이미 알고 있는 미륵부처님이라는 관명이 아닌 세상 어느 누구도 알지 못하고 세상 어느 누구도 사용한 적이 없는 천상도감님이라는 새로운 관명으로 기존의 불교나 도교,

다시 말해 종교세상을 탈피하여 불교세상, 도교세상이 아닌 태초의 자미국을 통하여, 자미국의 인황님과 사감을 통하여 이 세상 탄생 이후 처음으로 존귀하고도 고귀한 존재를 직접 밝혀주고 계신다.

이제부터 후천세상에서는 미륵님의 존호를 자미국에서는 천상도감님의 말씀에 따라 미륵님을 천상도감님으로 표기하니 독자 여러분은 착오 없기 바란다.

천상도감님께서는 불교 교주와 도교의 교주에게 말씀하

신다.

그동안 자신들이 운영하는 종교로 천상도감인 내가 왔다고 불교인과 도교인들에게 말하는데,

"거참! 이상하네!

당사자인 나 천상도감은 이 세상에 일찍이 종교를 통하여 존재를 밝힌 적도 없고, 온 적도 없었는데, 어찌하여 종교인들은 나를 보기라도 한 것처럼, 나를 만나기라도 한 것처럼 어쩌면 그렇게도 천연덕스럽게 내(미륵부처님)가 왔다고 거짓말들을 할 수 있느냐"고 하셨다.

그러시면서 하시는 다음 말씀은,

"그대(불교인과 도교인)들은 과연 누구를 보고 나를 보았다고 하는 것이냐?" 하고 반문하시었다.

"그대(불교인과 도교인)들이 보지도 못한 나를 보았다고 한다고 그 거짓이 진실이 될 수는 없다."

"그래, 그대들이 정말로 나를 보고, 내가 그대들이 운영하는 종교로 그대들 말처럼 왔다면, 내가 그대들에게 하는 말도 들었을 것이 아닌가? 나를 보았다고 하는 자들이여!

내가 그대들의 종교로 왔다고 말하는 자들이여!

내가 과연 그대들에게 뭐라 말하던가?"라고 반문의 말씀을 하시면서,

"나는 분명 인간의 사리사욕으로 세운 지저분하고 더러운 종교세상이 아닌 새로운 세상을 통하여 인간 세상 하생한다고 나의 진실을 전하였건만, 왜 그대들은 내가 불교와 도교를 통하여 하생한다고 전하고 있더냐?"라고 하시었다.

그러면서 천상도감님께서는

"내 마음은 당사자인 내가 알지,

내 마음을 불교인, 도교인 너희들이 아는 것이더냐?

나는 불교와 도교가 분명 싫다고 전했건만 내가 싫어하는 불교나 도교로 내가 하생했다고 말하는 종교 교주들은 도대체 누구의 말을 나(천상도감님)의 말인 것처럼 이 땅의 사람들에게 전하고 있는 것이더냐?"하시면서 종교 교주들에게 매우 불편한 표정을 지으셨다.

그러시면서 천상도감님께서는 불교교주와 불교인들, 도교 교주와 도교인들에게 한 말씀하시었다.

"내가 자네들이 머물고 있는 종교로 하생할 것이라는 망상과 착각에서 하루 빨리 벗어나도록 해라. 그것은 영원히 이룰 수 없는 그대들의 너무도 큰 망상과 착각일 뿐이다.

나는 종교세상이 아닌 자미국, 또한 자미국의 인황과 사감 육신을 통해서 하생하여 진정한 하늘과 땅의 진실, 사후세상의 진실, 진정한 도의 실체에 대하여 밝힐 것이다.

그러하니 진정으로 나와 함께하기를 바라고 원하는 자들은 아무도 없는 빈 공간인 종교세상에서 나를 기다리지 말고 내가 머물고 있는 진실의 자미국으로 그대들이 달려옴이 나와 함께할 수 있는 유일한 길임을 사감 육신을 통하여 전하는 바이다"라고 말씀하셨다.

천상도감님이 안 계신 종교 안에서,

천상도감님이 싫어하시는 종교세계에서 천상도감님을 찾고, 기도 열심히 하고, 포교활동 열심히 하고, 촛불 발원 잘하고, 주문수행 잘하고, 하늘을 찾음이 복 받아 잘 살고 도통을 이룰 수 있는 지름길이 아님을 알아야 한다.

오히려 천상도감님이 안 계신 종교 안에 오래 머물러 있으면 오래 머물러 있을수록 각자의 삶과 각자의 가족, 사업 모두가 더 엉망진창이 된다는 진실을 알아야 한다.

그 아무리 사회적으로 성공하여 잘난 사람도 자신과 자신 가족들의 불행한 인생에 대하여 한 치 앞도 알 수 없다.

그 아무리 종교생활 열심히 하고, 시주 많이 하고, 천도재 많이 올리고, 촛불 발원 많이 하고, 주문수행 많이 해도 자신의 인생과 자신 가족들의 삶과 인생으로 스며드는 불행과 고통, 질병, 자살로 인한 죽음, 사고로 인한 갑작스런 죽음, 막을 길도 없고 피할 길도 없다.

천상도감님의 말씀대로 빈 공간인 종교 안에 더 이상 머물러 있지 말고 천상도감님이 계시는 진실한 자미국으로 달려와 천상도감님의 가르침대로 살아감이 인생 행복의 비결이고, 사랑하는 가족들 불행과 질병, 사고의 굴레, 자살의 굴레에서 영원히 구원하는 길이다.

그와 더불어 자미국에서 행하는,

이 세상이 생긴 이래 처음으로 행하는 입천제와 천인합체의식을 순서대로 행하다 보면 도인들이 원하고 바라는 도통의 소원도 이룰 수 있게 된다.

인황님(자미인황님)

태상천존 자미천황님은 수많은 각각의 하늘!

다시 말해, 모든 천주들 중에 하늘이라면, 자미인황님은 수많은 인간 세계의 '황'님이시다.

현재 생존하는 72억 인구 중에 최고이시며, 이 세상을 이미 다녀간 수많은 자들 중에 최고이신 분으로서 인간 세상, 하늘세상, 종교세상에 대하여 모르는 것이 하나도 없으신 대단하신 능력자이시다.

현 박근혜 대통령님의 마음, 전 이명박 대통령님의 마음, 김정은 씨의 마음, 흔한 말로 생존해 있는 인간 모두의 마음과 이미 이 세상을 떠난 자들의 마음뿐만 아니라, 심지어는 말 못하는 물고기의 마음, 날아가는 새의 마음까지도 다 아시는 정말로 대단하시고 신기하신 분이다.

지금까지 종교에서 알려진 분들과는 판이하게 다른 분으로서, 저자인 인황님과 사감 육신을 통하여 항상 함께하시면서 실시간으로 모든 천지인세계의 진실을 전하시는 정말 신기한 분이시다.

저자 인황님과 사감이 육신을 지니고 산 사람으로 살아가듯이 자미인황님께서도 산 사람과 똑같이 생활(화도 내시고,

웃기도 하시고, 어떻게 표현할 수 없을 정도로 인간과 똑같이)하시는, 어찌 보면 엄청난 분이시고 어찌 보면 인류 탄생 이후 참으로 신기한 분이다.

인황님과 사감 육신과 함께하시면서 인간과 똑같이 말씀을 하시기에, 때로는 자미인황님이신지 인황님이신지 사감인지 분간을 못할 때가 한두 번이 아니다.

상대가 전 세계 어디에 있든, 산 자든, 죽은 자든 개의치 않고 그들의 마음을 밝혀내실 때 보면 정말 감탄과 신기, 신비 그 자체이다.

예수님, 석가님, 상제님 그 밖에 어느 누구를 개의치 않고 그들의 마음을 명철하게 밝혀내시고, 죽은 조상들의 마음도 막힘없이 밝혀내시는 정말 흔한 말로 팔색조, 백색조, 억색조라고 할 정도로 못하시는 것이 없으신 인간 세상의 '황'님이시다.

인간 사업의 흥망성쇠뿐만 아니라 자신들도 모르는 미래의 인생과 전생의 모습, 사주팔자, 작명, 경문, 도통, 정치, 경제, 사회, 문화 각 분야에 대하여 모르는 것이 하나도 없으시기에 인간이 어떻게 해야 성공하는지의 여부에 대하여 모르는 것이 하나도 없으신, 인간 탄생 이후 이토록 신기한 일은 본 적이 없을 것이다.

자미국에 인연을 맺어 자미국에서 행하는 입천제와 천인합체의식을 행할 때마다 항상 함께하시면서 자미국에 찾아오는 이들에게 웃음과 호통을 선사하시는 분으로서, 처음에는 자미인황님이 낯설기도 하지만, 몇 번 자미인황님을 만나다 보면 자미인황님의 수많은 모습에 매력 아닌 매력을 느끼게 되며, 정말 인간 세계의 '황'님답다는 생각이 스스로 들게 되는 세상에서 처음 보게 되는 엄청난 분이시다.

자미인황님은 세상사에 대하여 모르는 것이 하나도 없으시고 못하는 것이 하나도 없으신 분이시다. 자미인황님은 기존에 알려진 예수님, 석가님, 상제님이 이 땅에서 이루지 못한 어마어마한 천지조화를 현실로 이루고 계신다.

자미인황님께서는,

가뭄에 비 내리게 하고, 폭우에 비 멈추게 하기.

태풍의 진로 바꾸기.

천둥, 번개 횟수 줄이기.

산 사람과 죽은 자의 마음 움직이기.

하늘 태상천존 자미천황님의 마음 읽어내기.

종교의 허점과 인간 개개인의 허점에 대하여 낱낱이 알기 등 자미인황님께서 자미국을 통하여 행하고 계시는 조화!

다 표현할 수는 없지만 인간의 상상을 초월한다.

인생을 살아가면서 각자 인생의 불행과 실패의 원인에 대하여 궁금한 사람들!

자신이 하는 일을 세계적으로 성공하여 널리 알리고 싶은 사람들!

또한 나라의 큰일을 하는 대통령님이든, 정치인이든, 판사든, 의사든 흔한 말로 중요한 일들을 하는 사람들은 자미국을 통하여 자미인황님의 선택을 받으면 자미인황님께서 미리 자신들도 모르는 일에 대하여 조언을 해주시고, 불행의 일에 대하여 미리 가르쳐주시기에 큰일을 하는 사람들은 필히 자미국을 통하여 신비의 자미인황님을 알현함이 인생 행복의 최고 비결이다.

나라의 대통령도 인간인지라 모든 부분에 완벽할 수 없고, 자신의 현재, 미래에 대하여 알 수 없다.

자미인황님은 현재 생존하고 있고, 이미 이 세상을 떠나간 그들 모두의 위에 계시는 인간의 '황'님이시기에 이 나라의 대통령님도 자미인황님의 뜻에 따름이 인생 행복의 비결이고 세계 각 나라의 대통령들도 자미인황님의 뜻에 따름이 인생 행복의 비결이고, 이 나라와 전 세계 모두가 가장 잘 사는 지름길이다.

종교와 다른 자미국은!

하늘 중에 하늘이신 태상천존 자미천황님과 함께하고, 인간 세상, 모든 인간 중에 최고이신 자미인황님과 함쌔하고, 신들 중에 최고이신 천상감찰신명님이 함께하고, 불교와 도교, 대순에서 열렬히 기다리는 천상도감님과 함께하고, 이 엄청난 진실을 전달하는 인황님이 계시고 사감이 있으니 기존의 종교와는 감히 비교조차도 할 수 없는 어마어마한 세상을 이루어 나가게 될 것이다.

이 책이 출간됨과 동시에 이 엄청난 분들의 대 능력으로 그동안 대우와 추앙을 받았던 기존의 종교들은 본격적으로 빛을 잃어가게 될 것이고, 진정으로 하늘과 '도'에 대하여 알고자 했던 자들이 자미국을 통하여 구원받는 세상이 이 땅에서 실제로 실현되게 된다.

그동안 아픔 속에서 잠들어 있던 자미국과 태상천존 자미천황님, 자미인황님, 천상감찰신명님, 천상도감님, 인황님과 사감이 수많은 사람들에게 인정받는 진정한 후천의 세상이 열리게 될 것이다.

인간 세상의 대통령!

임기가 다 되면 대통령 자리를 다음 사람에게 물려주고 대통령직을 나와야 함이 당연한 일이다.

진정한 하늘 태상천존 자미천황님, 천상감찰신명님, 천상도감님, 자미인황님이 이 세상에 밝혀진 이상, 수많은 세월의 시간 동안 수많은 사람들에게 하늘(대통령) 아닌 하늘 대우를 받았던 예수님, 석가님, 상제님, 성모마리아님은 진정한 하늘께 하늘(대통령)자리를 내주어야 한다.

예수님, 석가님, 상제님, 마호메트님 모두는 그동안 수많은 세월의 시간 동안 수많은 사람들에게 하늘 대우를 받았듯이, 이제는 자신들이 받은 만큼 진정한 하늘께 돌려드려야 하는 후천세상이 자미국의 개국과 함께 시작되었다.

또한 인류는 예수님, 석가님, 상제님, 마호메트님 뜻에 순응했던 선천세상을 탈피하여 진정한 하늘의 뜻에 순응해야 하는 후천세상의 법도에 따를 때 각자의 인생과 각자의 가족, 이 나라가 편안하게 될 것이다.

예수님, 석가님, 상제님, 마호메트님이 인류의 추앙과 대우를 받았던 선천의 시대는 막을 내리고 진정한 하늘 태상천존 자미천황님, 천상감찰신명님, 천상도감님, 자미인황님께서 잘못된 인류를 재창조하는 후천세상이 시작되었다.

선천의 시대는 저무는 태양이고, 후천의 시대는 떠오르는 태양이다. 선천의 시대는 암흑처럼 캄캄한 밤이고, 후천의 시대는 대낮처럼 밝은 낮이다.

암흑처럼 캄캄한 밤의 세상(기존 종교)에 있으면서 살아서도 죽어서도 하늘께 버림받는 비참한 인생을 살 것인가? 아니면 대낮처럼 밝은 세상(자미국)에 들어와 진정한 하늘의 뜻에 순응하며 하늘의 보호와 사랑을 받는 안정된 인생을 살 것인가에 대한 판단은 각자의 몫이다.

각자가 행한 대로 진정한 하늘께서도 행하실 것이다.

진실 앞에 순응하는 자에게는 복을 줄 것이고,

거짓 앞에 순응하는 자에게는 벌을 줄 것이다.

진실과 거짓 모두에게 복을 준다면 세상에 존재하는 진실은 의미가 없게 되고, 거짓도 의미가 없게 된다.

자미국에서 말하는 것이 진실인지, 기존에 종교(불교, 기독교, 천주교, 도교, 무속, 기타) 등등에서 말하는 것이 진실인지는 이제부터 각자의 삶과 각자 가족들의 삶을 통하여 정확하게 밝혀지게 될 것이다.

사후세상의 진실

각자의 짧은 인생에 있어 부귀영화, 금전, 출세를 쟁취한 자가 인생의 승리자인 것 같겠지만 진정한 인생의 승리자는 하늘의 말씀에 순응한 자가 인생의 승리자, 다음 생에 진정한 승리자가 될 수 있다.

인생의 부귀영화, 출세, 삶을 풍요하게 해주는
금전의 넉넉함 그 모든 것들이 영원할 것 같지만
인생사에 있어 영원이라는 것은
이 세상에 어느 것 하나도 존재하지 않는다.

영원히 자신의 곁에 머물며 자신을 지켜줄 것 같았던
육신의 부모, 육신의 형제, 육신의 자손
또한 각자 자신의 육신도
때가 되면 하늘의 법칙에 따라

육신의 옷을 벗고 자신들의 곁을 떠나가듯
금전이라는 것도, 부귀영화라는 것도,
때가 되면 소리 소문도 없이 자신들의 곁을

떠나게 되는 것이 인간 세상의 이치이고
인간 세상의 보이지 않는 법칙이다.

모든 이들에게 평등한 죽음!
죽음이라는 세계는 어떤 이들도 피할 수 없다.
죽음이라는 것은 끝을 의미하는 것이 아니라
새로운 삶의 시작을 알리는 하늘의 신호이다.

봄, 여름, 가을에 예쁘게 꽃을 피우고
열매를 맺었던 식물들도 겨울이 되면 꽃과 열매를 감추고
앙상한 나무만 남아 다음 해에
다시 살아날 수 있을까? 의아심도 생기게 만들지만
다음 해가 되면 또다시 예쁜 꽃과 열매를 맺듯이
인간의 삶도 자연의 이치와 같다.

죽음!
모든 것이 끝남.
모든 것이 정지됨을 알리는 신호가 아니라
자연의 법칙과 같이 우리 모두는 새로운
보이지 않는, 들리지 않는 새로운 삶을 시작하게 된다.

새로운 삶을 살아감에 있어
행복한 삶을 사는 영혼, 불행한 삶을 사는 영혼
크게는 두 갈래로 갈리게 된다.

짧았던 각자의 인생을 토대로
행복, 불행의 삶이 결정되어진다.

살아생전 하늘로부터 받은 사명!
입천제와 천인합체의식을 행한 순천자는
고통, 아픔, 질병이 없는 천상세계로 인도되어
살아생전의 복덕을 천상에 계신 분들께 인정받고
축하받으며 편안하고 행복한 새로운 삶을 살게 되고

살아생전에 하늘로부터 받은 사명!
입천제와 천인합체의식을 행하지 아니한 역천자는
고통, 아픔, 질병만이 존재하는 지옥세계로 인도되어
살아생전의 악덕을 천상에 계신 분들께 심판받고

자신들이 살아생전 무시한 신과 각자 조상들의
저주를 받으며 살아생전 하늘의 명을 거역한 죄,
조상님들을 구박한 죄가
그 얼마나 무서운 대죄였는지를 자신들 스스로가
새로운 고통의 삶을 통하여 깨닫게 된다.

어제라는 시간이 지나 오늘이 있고
오늘이라는 시간이 지나면 내일이라는 시간이 오듯이
인간의 삶 역시도 영원한 것 같지만
언젠가는 우리 인간도 오늘이라는 시간을 지나

인간의 삶을 정리하고 다음 생으로 가야 한다.

다음 생으로 감에 있어 무의미하게,
아무 대책도 없이 훌쩍 떠날 것인가?
아니면 입천제, 천인합체의식을 통하여
장구한 사후세상을 완벽하게 준비할 것인가는
각자의 몫이지만 하늘과 사후세상의 진실을
깨달아 장구한 사후세상의 삶을
준비할 수 있는 자가 현명한 자라 할 수 있다.

인간의 짧은 삶을 사는 동안
각자의 행복한 삶, 안정된 삶을 영위하기 위하여
각자들 나름대로 저축도 하고,
보험도 들고, 투자도 하고 있다.

각자의 재산이 늘어나고
각자의 인생에 있이 출세를 하였다 하여도
늘어난 인간의 재산과 인간의 출세로
가는 세월 막을 수 없고
육신으로 퍼지는 이름 모를 인간의 질병과
인간사의 아픔, 고통, 번뇌 막을 길 없고

가족들의 풍화환란 막을 길 없고
사후세상으로 떠나가는 사랑하는 이들의

죽음을 막을 길 없고
세월의 흐름 속에 자신의 죽음조차도 피할 길 없으니
인생사의 부귀영화,
금전 이 모두가 무슨 소용이란 말이던가?

인간의 삶이 끝나 육신의 옷을 벗는 순간
인생사의 부귀영화, 출세도 함께 벗어버리고 나니
각자에게 남은 것은 각자의 영혼과
살아생전에 행한 무거운 죄밖에 없어라.

살아생전 각자의 조상영가를
입천제의식을 행하여 조상영가를 구원한 효녀효자들!
인간육신의 옷을 벗자 구천세계, 귀신세계 방황하지 말고
근심, 걱정 없는 천상세계로 오라고
각자의 조상영가들이 환영을 해주니
그 기쁨을 인간사의 어떤 기쁨에 비교하리오.

살아생전 하늘의 선택을 받는
천인합체의식을 행하여 천인으로 탄생한 하늘의 자손들!
인간육신의 옷을 벗자
천상세계에 계신 분 천상도감님의 명을 받고
천상세계에 계신 분들이

천상세계로 천인을 인도해 가,

살아생전 천인합체 참 잘 행하고 올바르게 잘 살다 왔다고
극진 대우를 해주니
이 큰 기쁨을 세상의 어떤 기쁨과 견줄 수 있으리오.

장구한 사후세상의 유일한 대비책은
천도재, 기도정진, 촛불 발원, 1천 배, 3천 배의 절이 아닌
바로 입천제와 천인합체의식이었네.

행복과 행운의 기회!
입천제와 천인합체의식을 행한 자의 것이다.
천인합체의식을 행하면
하늘의 영주권을 취득할 수 있게 된다.

인간의 사리사욕으로 가득 차고
종교로 가득 찼던 인간의 마음을
진정한 하늘을 향해, 진실을 향해, 값진 삶을 향해
무의 상태로, 깨끗한 상태로 만들어라.

무의 상태, 깨끗한 상태로 만들다 보면
자미국 세계가 보이게 될 것이고
행복의 세계가 보이게 될 것이고
기쁨의 세계가 보이게 될 것이다.

우물 안의 개구리가 되어 발전도 없는

종교 안을 빙빙 도는 정지된 삶을 살지 말고
세상을 좀 더 높게 좀 더 넓게 좀 더 멀리 보다 보면
하늘의 사랑과 보호를 받게 되는 영광을 누리게 되니

세상의 종교인들아!
홀로의 인생인 외롭고 고독한 힘든 삶을 더 이상 살지 말고
하늘과 함께 각자의 조상님과 각자의 가족들과 함께할 수
있는 천인합체의식을 통하여 서로서로 진정으로 사랑하는
완성된 삶을 살아가도록 하여라.

오늘이라는 시간은 내일이라는 시간을 맞이하고 있듯이
인간 삶의 시간이 다하면 가기 싫은 무섭고 두려운
사후세상이라는 죽음의 시간이 불원간 우리 모두를
맞이하고 있음을 한시도 잊어서는 안 된다.

조상님을 한 번에 구원하는 의식

산 자손들은 이미 가신 조상님들의 절박한 고통을 실감할 수가 없기에 수수방관하며 고통의 삶을 살아가고 있다. 인간 세계가 존재하듯이 영혼세계, 천상세계, 지옥세계도 실제로 존재한다.

조상님을 위한 굿과 천도재, 도교 단체에서의 도통주문, 마음수련원에서의 마음수련, 기타 종교에서의 종교의식으로는 산 사람들의 몸에 들어와 있는 조상님과 때로는 신, 귀신으로부터 자유로워질 수 없다.

조상님 구원인 입천제의식을 행하고 나면, 명절차례 및 제사, 산소 이장 및 화장 문제, 모든 고민이 일시에 해결된다.

언제까지 이런 문제로 고민할 것인가?

몇 년 전부터는 제사와 차례가 끝난 뒤 이혼하는 부부가 점점 늘어나고 있다고 매스컴에서는 전하고 있다.

또한 제사와 차례에 참석하고자 고향으로 향하다 교통사고로 이 세상을 등지는 사고 수도 점점 늘고 있다고 전하는데 이 모두는 우연의 일이 아닌 하늘의 지엄하신 메시지이자 말씀이시다.

더 이상 제사와 차례, 화려한 산소나 납골묘로 산 사람들의 삶이 조상님들로부터 편안해질 수 없음을 알리는 하늘의 긴급신호이다.

굿과 천도재, 기도 수행정진, 제사와 차례, 화려한 산소, 기타 등등을 소화할 수 있고 이 모두를 능가하는 것이 입천제이고 입천제만이 산 사람들의 삶을 행복하게 해줄 수 있는 유일한 길임이 현실을 통하여 입증되고 있다.

제사와 차례가 진정으로 옳은 길이고, 조상님들을 위한 길이라면 제사와 차례를 지내러 가는 중, 오는 중에 좋은 일들이 일어나고 가는 중, 오는 중, 지내고 난 뒤 복 받아 잘 살아감이 맞지 어찌하여 이혼, 별거, 사건사고, 사망 등등 인간이 인내하기 힘든 고통의 일이 생기겠는가?

이 모두는 의미가 없고 안 한만 못하다는 하늘 천상도감님의 말씀이시다.

제사와 차례뿐만이 아니라 굿과 천도재, 마음수련, 도통주문, 기도를 한 뒤에도 각자의 인생에는 좋은 일이 생기는 것이 아니라 이혼, 심장마비, 교통사고, 우울증, 사업 실패, 자살 충동, 부부 갈등 등의 많은 우환이 일어난다.

이 모두는 무엇을 의미하는가?

한마디로 우리 산 사람들이 옳다고 행하고 있는 이 모두는 아니라는 뜻이다. 위대하신 하늘 천상도감님께서 아니라면 아닌 것이다.

아닌 것을 반복해서 행하면 손해를 보고 아픔을 감당해야 하는 것은 우리 인간의 몫이다. 천상도감님께서 인간이 아픔과 고통, 질병에서 벗어나 행복해질 수 있는 길을 우리 산 사람들에게 자미국의 두 저자를 통하여 진실을 밝혀주시고 계시니 천상도감님의 말씀과 가르침을 믿고 각자가 다니던 종교의 굴레, 이론의 굴레, 형식의 굴레에서 과감히 벗어나 자미국으로 찾아와 입천제와 천인합체의식을 행한다면 이보다 더 좋을 수는 없을 것이다.

또한 종교의 굴레, 이론의 굴레, 형식의 굴레에서 벗어나 자미국으로 향한다면 고통의 굴레, 아픔의 굴레, 질병의 굴레에서도 벗어날 수 있게 된다.

모든 것을 행함에 우리 인간은 지금의 삶보다 더 나아지고자 기도도 하고, 굿도 하고, 천도재도 지내고, 제사와 차례도 지내는 것이고, 호화스런 산소도 마련하는 것이다.

그런데 이런 일들로 인해서 우리 산 사람들의 인생과 가정, 사회, 나라, 세계가 더 힘들어진다면 과감히 포기함이 현명한 인간이고, 많은 사람들이 기다리던 천상도감(미륵존불)님께서 아니라면 인간이 포기할 줄도 아는 것이 하늘에 대한 도리 아니겠는가?

하늘께서 아니라고 가르쳐주시는데도 인간의 고집과 아집, 오래된 관습으로 따르고 행하지 못한다면 각자 인생의 고통과 아픔, 질병, 배신의 상처 또한 자신의 몫일 수밖에 없다.

인생의 행복을 원하고 바라는 자!

천상도감님의 말씀대로 그동안 각자가 옳은 것인 줄 알고 행했던 굿과 천도재, 기도정진, 제사와 차례 등에서 벗어나는 입천제의식을 행하면 된다.

인생의 불행을 원하고 바라는 자!

천상도감님의 말씀 부정하면서 천상도감님의 말씀과 반대로 굿과 천도재, 기도정진, 제사와 차례를 반복해서 영원히 행하면 된다.

입천제는 살아생전 딱 한 번만 지내면 되는 의식이다.

각자가 어떤 종교를 믿었든 아무런 제한이 없으며, 조상님 입천제의식 이후 굿과 천도재, 제사와 차례를 지내지 않아도 되는 신성하고 고귀한 하늘의 의식이다.

기존의 굿과 천도재를 모방하거나 굿과 천도재를 바탕으로 조금 다르게 행하는 차원이 아닌, 인간 탄생 이후 처음으로 이 세상 그 누구도, 단 한 번도 본 적이 없는 이 지구가 생긴 이래 처음으로 행해지는 고귀한 의식이다.

조상님을 한 번에 구원하는 의식의 종류이다.

일반입천제, 하단입천제, 중단입천제, 상단입천제, 벼슬입천제가 있고 벼슬입천제는 VIP와 VVIP 벼슬입천제가 있다.

인간 세계에도 둘만 있어도 위아래가 있다.

공무원도 다 똑같은 공무원이 아니라 계급이 존재하고 있듯이 천상세계도 인간 세계와 같이 계급이 존재하고 있다. 천상세계는 인간 세계보다 더 엄격한 계급과 계율이 있다.

하늘과 땅, 각자의 돌아가신 조상님, 우리 살아 있는 사람들 모두는 어느 누구도 종교가 아니다.

하늘은 하늘 자체이고, 땅은 땅 자체이고, 돌아가신 조상님은 조상님 자체이고, 살아 있는 사람들은 사람들 자체이지 어느 누구도 종교가 아니고, 어느 누구도 종교가 될 수 없다.

많은 사람들로부터 상담신청 전화를 받는다.

인생의 문제점과 추구하는 목표가 다르다 보니 궁금 사항도 모두 다르다. 많은 사람들에게 각기 다른 질문들을 받지만 가장 대답하기 힘든 질문은 다름 아닌,

"거기는 종교가 뭐예요?"와 "입천제 비용 얼마예요?"라는 질문이다.

종교가 뭐냐는 질문에 종교가 아니라고 대답하면, 손님의 대답은 "그럼 사이비예요?"라고 묻는다.

참으로 답답한 질문이고 답답한 대답이다.

하늘, 땅, 조상님, 인간이 어찌 종교인지 반대로 그들에게 묻고 싶다. 손님의 말을 들으시는 하늘 천상도감님은 그런 인간의 생각을 참으로 한심하게 생각하신다.

또 "입천제 비용 얼마예요?"라는 질문!

참으로 생각 없는 질문이다.

입천제란!

각자의 조상님을 구원하는 의식이다.

"입천제 얼마예요?"라는 질문은,

"내 조상님 얼마예요?"라는 질문과 같은 말이다.

각자의 조상님은 물건이 아니다.

산 자손들의 이 말을 듣는 각자의 조상님들은 자손들의 이 말에 얼마나 기가 막힐까?

책을 본 독자들은 이런 실수하지 말고, 책 내용에 공감한 독자들은 자미국에 정중히 전화 상담신청을 한 후, 상담을 통하여 알아야 함이 하늘과 조상님들에 대한 예의이자 도리이다.

진짜 하늘은 존경으로 대우받으시고 벌줄 자, 복줄 자에게

명을 내리시는 분이시다.

재벌의 큰 부자나 작은 부자로 잘살게 해준 진실은 하늘께 큰돈으로 크게 굴복시키기 위한 것이라 하신다. 하루라도 빨리 하늘 앞에 굴복하지 않으면 대우그룹, 국제그룹, 대한생명, 기타 등등 몰락해서 사라진 기업처럼 한순간에 모든 것이 속절없이 날아간다.

부자도 부자 나름이듯이 큰 부자는 큰돈 갖고 와서 하늘 앞에 굴복하고, 작은 부자는 작은 돈 갖고 와서 하늘 앞에 굴복해야 부귀영화를 오래도록 누리고 더 잘된다.

전 · 현직 대통령, 국무총리, 부총리, 장 · 차관, 정치인, 고위공직자, 사회지도층 인사들에게 높은 자리에 앉게 해주신 것은 높은 권력으로 하늘 앞에 감사한 마음으로 굴복시키기 위해 주신 것이라 하신다.

하늘께서 높은 자리에 앉게 해주신 줄 모르고 자신 스스로가 노력해서 출세한 것처럼 착각하여 자만, 교만, 거만에 빠져서 하늘의 존재를 무시하고 부정하며 굴복할 줄 모르면 자리를 오래 지키지 못하고 사건사고나 예상치 못했던 부정비리가 폭로되어 하루아침에 남에게 빼앗긴다.

그래서 부자와 권력자들은 하늘 앞에 더 겸허해야 하며 돈과 권력, 명예가 있을 때 주신 하늘께 감사한 마음으로 자랑스럽게 굴복해야 부귀영화를 오래도록 지킬 수 있는 것이다.

하늘과 신이 내리시는 命

인생을 살면서 수많은 사건과 교통사고, 갑작스런 자살, 심장마비, 심근경색, 뇌경색, 암, 질병, 파산, 몰락, 망신, 구속 등 어려움에 직면하여 고통스럽다.

각자의 입장에서 볼 때는 갑작스럽게 불행이 닥쳐왔다고 생각하겠지만 이미 아주 오래전부터 계획되어 있었던 불행들이 일어난 것일 뿐이다.

짧게는 최소 몇 달 전부터 예시가 떴던 일이고 길게는 10년 전부터 자신과 가족, 기업의 크고 작은 일들을 통해서 수없이 메시지를 전해 주었지만 잘 몰라서 무시하고 지나치다가 큰일을 당한 것이다.

예를 들자면 예령(豫令)과 동령(動令)이 있다.

군대 용어인데 명령을 내리기 직전에 미리 구령(口令)의 처음 부분 즉, 어떤 동작인가를 알려 그 동작을 미리 준비할 수 있도록 하는 역할이 예령이다.

'앞으로 가', '열중 쉬어'에서 '앞으로'와 '열중'과 같은 예고이다.

예령처럼 여러분 인생에서 아픔과 슬픔, 몰락과 파멸이 일어나기 훨씬 전에 이미 예령처럼 자신의 인생으로 수없이 전해졌었지만 다 무시하고 지나쳤기 때문에 돌이킬 수 없는 인생의 대재앙이 내리게 되었던 것이다.

사실 미리 안다 하여도 자미국에 들어와서 인황과 사감을 만나 하늘이신 태상천존 자미천황님과 신이신 천상감찰신명님께 도움을 청하지 못하면 막아낼 길은 없다. 종교에 의지해 봐야 잠시 잠깐 불행의 시간을 조금 늦출 뿐 원초적인 문제를 해결하지 못하면 여러분 인생으로 어김없이 몰락과 파멸이 일어나게 되어 있을 뿐이다.

아이를 출산하려면 산부인과로 가야 하는데 내과, 외과, 안과, 정형외과, 이비인후과로 간다면 말이 안 되는 것처럼 여러분이 추구하는 하늘세계의 진실이든 죽음 이후의 사후세계를 보장받기 위해서든, 현실세계의 고통과 불행을 해결하기 위해서든 찾아와야 할 곳이 자미국이다.

왜냐하면 우리의 현실세계와 사후세계를 주재하시는 하늘이신 태상천존 자미천황님과 신이신 천상감찰신명님께서 자미국의 인황, 사감과 함께해 주시고 계시기 때문이다.

지금까지 종교적으로 알려진 부처님과 하나님, 인간으로 다녀간 석가, 예수, 성모, 상제를 통해서는 우리 인간들이 원하고 바라는 뜻을 이룰 수 없다.

종교는 외형적으로 아무리 커도 동네에 있는 작은 의원 수준이고 자미국은 인생의 최첨단 대형 종합병원 수준이라고 생각하면 맞을 것이다.

여러분의 인생으로 갑자기 아프고 슬픈 일이 일어나는 것은 자신의 조상님들을 구하지 못했기 때문이고 악신과 악령들의 침범을 막아내지 못한 결과이다.

수많은 자잘한 우환이 일어나고 있는 것은 큰 우환이 일어나기 전 단계를 미리 알려주는 예고이니까 무시하고 지나치면 대형 사건사고가 터진다. 방귀가 잦으면 결국 변이 나온다는 것을 예고하는 것처럼 말이다.

새 정부 출범 이후부터 기업과 나라에 수많은 사건사고가 터지고 있는데 결국 우리의 상상을 초월하는 대형 불상사가 일어날 예고라고 봐야 할 것이다. 끊임없이 일어나고 있는 불행들을 지금 막아내지 못한다면 아무도 감당해 낼 수 없는 끔찍한 일들이 일어난다.

난세에 이 나라를 구할 진정한 인물은 누구인가?

난세의 영웅은 자미국을 창시한 하늘의 명 대행자 인황과 사감이다.

여러분 인생으로 일어나고 있는 해임, 파면, 망신, 질병의 원인과 해결책을 제시해 주고, 분야별 1인자가 되는 법을 가르쳐주고, 기업경영과 국정운영 방법을 자세히 가르쳐줄 수 있는 가장 유일한 존재일 것이다.

여러분이 책을 읽고 공감, 감명, 감동받아서 자미국의 진정한 존재를 알고 예약 방문해서 인황과 사감을 친견하여 하늘이신 태상천존 자미천황님과 신이신 천상감찰신명님께서 내리시는 명을 받든다는 것은 인간으로 태어나서 가장 잘한 일이고 가문의 영광이자 행운이다.

자미국의 인황과 사감은 여러분이 가장 소중히 여기는 건강과 목숨, 가정과 직장, 재산과 권력, 명예와 지위, 성공과 출세를 오래도록 지켜주는 역할을 해준다.

책을 구독하고서 자미국의 인황, 사감과 인연 맺는 것처럼 든든하고 기분 좋은 일은 없을 것이다.

자미국의 인황과 사감을 만나서 천지능력자이시고 하늘이신 태상천존 자미천황님과 신이신 천상감찰신명님께서 내리시는 뜻을 받든다는 것은 전생과 현생, 내생을 통틀어서 가장 멋진 일이고 보람된 최고의 경사스런 일이다.

더 이상 이론으로 알려 하지 말고 방문해서 하늘과 신의 뜻을 행으로 받들어야 여러분의 인생이 무탈하고 행복과 기쁨이 이어지리라.

– END

天紀 14년(2014년) 11월 1일(윤 9월 9일. 丙子일)

지은이 皇&監

하늘과 신께 올리는 현생과 내생의 공덕금

농협 301-0111-2970-51 예금주 자미국

책을 구독하고 공감, 감명, 감동받은 독자들은 천지인세계통합국가 자미국을 나라의 중심부에 세우는 민족의 천지대업에 적극적으로 동참하는 것이 현생에서 복 짓는 가장 빠른 지름길이 될 것이다.

자신의 현생과 내생의 공덕을 높이 쌓기 위해 하늘과 신에게 공덕금을 올리는 것은 인간의 근본도리이자 가장 멋지고 보람찬 일이다.

천계와 신계의 천상장부에 공덕을 올릴 수 있는 유일한 길이지 최고의 덕행을 행하는 아름다운 선행공덕이며 공덕금은 자기 마음의 그릇 크기에 따라서 수시 또는 정기적으로 올릴 수 있다.

천지인세계통합국가 신나라 자미국 자미천궁

대표전화 02)3401-7400

위치 : 서울 강동구 성내 3동 382-6 삼정빌딩 2층

지하철 5호선 강동역 3번 출구 직진 100m SC제일은행

(강동예식장)에서 우회전 100m 지점 현당부페 건물

국민통합이 세계통합으로 이어진다

약소국가의 서러움에 종지부를 찍고 세계를 하나로 통합하여 다스리기 위한 위대한 세계통치 국가 탄생을 만 세상에 알리는 인류의 구심점 "천지인세계통합국가 자미국" 세계정부를 대통령과 정부, 국회, 국민 여러분 모두가 합심 단결하고 동참해서 즉시 수립해야 한다.

최근 국회에서 개헌 논의가 화두인데 전 세계 최고의 부강한 나라로 발전시키기 위한 획기적인 개헌안은 무엇인지 개헌 방향을 제안하였다.

나라의 미래 발전을 위해서라면 대통령과 국회의원들은 당리당략을 떠나 전격적으로 제시한 획기적인 개헌안을 수용한다면 남북통일 성사와 함께 세계 최고의 경제대국, 초강대국으로 급부상할 수 있다.

이제까지 종교를 통해서 수천 년 동안 세상에 알려진 하늘과 신은 저급한 하늘과 신이었다. 세계 인류는 지금까지 무소불위의 능력자이신 진짜 하늘과 진짜 신이 존재하심을 아무도 모르고 살아왔었다.

두 저자가 진짜 하늘과 땅, 신과 함께 인류의 상상을 초월하는 세계통합을 이 나라에서 현실로 이루어내고자 국민 여러분에게 적극적으로 동참할 것을 촉구하는 것이다. 우리나라의 국력으로는 불가능한 일이지만 천지인의 절대자 능력이시라면 충분히 실현 가능하고도 남을 일이기에 국민 여러분에게 천지인의 뜻을 전한다.